一流本科专业一流本科课程建设系列教材

工程管理与工程造价专业新形态教材

工程建设法规与案例

第 3 版

主　编　刘黎虹　袁其华

参　编　赵　丹　崔　琦　荀　杨　孙志红

机械工业出版社

CHINA MACHINE PRESS

本书系统介绍了工程建设领域相关法律法规的理论和应用,全面反映了近年来国内工程建设法规的变化和发展。此次修订在第2版的基础上依据《民法典》等新法规,全面更新了法律条文,整合了部分章节内容,并充实了例题,更新、完善了大部分案例。

为提高学生对工程建设法规的深入理解及应用能力,本书编入大量的工程建设法规相关案例,并对这些案例进行了深入分析,具有较强的指导性和实用性。同时,每章附有大量重要知识点例题及课后习题,且大多选自历年注册建造师等执业资格考试原题,便于学生理解、消化和巩固相关知识,并提高相关执业资格考试的应试能力。

为方便教师开展教学,本书配有丰富的辅助教学资源,主要包括PPT课件、各章例题及解析、各章课后习题及解析(二维码链接小程序在线答题并获取答案解析)、模拟试卷及答案等。采用本书作为教材的教师如果有需要,可登录机械工业出版社教育服务网(www.cmpedu.com),注册并通过审核后,免费下载使用。

本书既可以作为高等院校土木工程、工程管理、工程造价及土建类其他相关专业的本科及高职教材,也可以作为工程建设管理人员的业务参考书。

图书在版编目(CIP)数据

工程建设法规与案例 / 刘黎虹,袁其华主编.
3版. -- 北京 : 机械工业出版社, 2024.9(2025.7重印). --(一流本科专业一流本科课程建设系列教材)(工程管理与工程造价专业新形态教材). -- ISBN 978-7-111-76557-8

Ⅰ. D922.297

中国国家版本馆CIP数据核字第2024RD8653号

机械工业出版社(北京市百万庄大街22号 邮政编码100037)

策划编辑:冷 彬	责任编辑:冷 彬 单元花	
责任校对:王 延 张 薇	封面设计:张 静	
责任印制:张 博		

北京铭成印刷有限公司印刷
2025年7月第3版第2次印刷
184mm×260mm·14.75印张·345千字
标准书号:ISBN 978-7-111-76557-8
定价:49.80元

电话服务　　　　　　　　　　网络服务
客服电话:010-88361066　　　机 工 官 网:www.cmpbook.com
　　　　　010-88379833　　　机 工 官 博:weibo.com/cmp1952
　　　　　010-68326294　　　金 书 网:www.golden-book.com
封底无防伪标均为盗版　　　机工教育服务网:www.cmpedu.com

前　言

　　本书依据土建类应用型本科专业人才培养目标与定位编写,全面反映了近年来国内工程建设法律法规的变化和发展,同时为满足学生就业后对相关职业资格考试的应试需求,融入了国家注册职业资格考试的重点内容。此次修订在第 2 版的基础上依据《民法典》等法律法规,全面更新了法律条文,充实了例题,更新、完善了大部分案例。

　　本书全面、系统地介绍了"工程建设法规"课程包含的知识模块,主要包括建筑法规相关的基本民事法律制度、从业资格制度、城乡规划制度、建筑法施工许可制度、承包发包及监理制度、安全生产和质量管理制度、工程合同法律制度、招标投标制度、工程建设标准制度、环境保护制度、工程纠纷的解决及法律责任制度。全书注重法理、法律规定和案例三者的有机结合,以全面培养学生的法律思维、法治理念,实现"工程建设法规"课程的专业知识教育和思想政治教育的有机统一,提高依法建设意识,贯彻合规发展理念。

　　本书由刘黎虹、袁其华担任主编。具体的编写分工为:长春工程学院刘黎虹负责统稿并编写第 9 章,吉林交通职业技术学院袁其华编写第 4、5、7、8 章,长春建筑学院赵丹编写第 1、2 章,长春工程学院荀杨编写第 10、11 章,长春工程学院崔琦和长春工程学院孙志红共同编写第 3、6 章。

　　本书在编写过程中参考了大量同类教材,查阅了许多专家的资料和著述,在此一并感谢。

　　由于作者水平有限,本书难免存在不足之处,恳请读者批评指正。

编　者

目　录

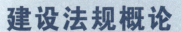

第1章
建设法规概论

本章提要及学习目标

　　建设法规体系、工程建设相关的法律制度，包括债权、代理、担保、诉讼时效及知识产权制度，工程建设程序。

　　提高保护知识产权、依法治国、依法建设的自觉性。

1.1　建设法规的内涵

1.1.1　法及法的形式

　　法是由国家制定或认可，并用国家强制力保障实施的行为规范。

　　法的形式，实质是法的效力等级问题。我国法的形式主要包括：

　　（1）宪法　《中华人民共和国宪法》（简称《宪法》）的法律地位和效力是最高的，由全国人民代表大会制定和修改。任何法律、行政法规和地方性法规不得与《宪法》相抵触。

　　（2）法律　法律是全国人民代表大会及其常委会制定的规范性文件。法律的效力低于《宪法》，如《中华人民共和国建筑法》（简称《建筑法》）、《中华人民共和国招标投标法》（简称《招标投标法》）、《中华人民共和国安全生产法》（简称《安全生产法》）、《中华人民共和国城乡规划法》（简称《城乡规划法》）、《中华人民共和国城市房地产管理法》（简称《城市房地产管理法》）、《中华人民共和国民法典》（简称《民法典》）等。

　　（3）行政法规　行政法规是由最高国家行政机关即国务院制定的规范性文件，如《建设工程质量管理条例》《建设工程勘察设计管理条例》《建设工程安全生产管理条例》《安全生产许可证条例》《中华人民共和国招标投标法实施条例》（简称《招标投标法实施条例》）等。行政法规的效力低于宪法和法律，高于地方性法规和部门规章。

　　（4）地方性法规　省、自治区、直辖市的人民代表大会及其常务委员会在不与宪法、法律、行政法规相抵触的前提下，可以制定地方性法规，如《北京市建筑市场管理条例》

等。设区的市的人民代表大会及其常务委员会根据本市的具体情况和实际需要，在不与宪法、法律、行政法规和本省、自治区的地方性法规相抵触的前提下，可以对城乡建设与管理、环境保护、历史文化保护等方面的事项制定地方性法规。地方性法规只在本辖区内有效，其效力低于法律和行政法规，高于本级和下级地方政府规章。

（5）行政规章　由国家行政机关制定的规范性文件，包括部门规章和地方政府规章。

1）部门规章。部门规章是由国务院各部、委制定的法律规范性文件，其名称可以是"规定""办法"和"实施细则"等。大量的建设法规是以部门规章的方式发布的，如住房和城乡建设部发布的《房屋建筑和市政基础设施工程质量监督管理规定》，国家发展和改革委员会发布的《招标公告发布暂行办法》等，部门规章的效力低于法律、行政法规。部门规章之间、部门规章与地方政府规章之间具有同等效力，在各自的权限范围内施行。

2）地方政府规章。地方政府规章是由省、自治区、直辖市和设区的市、自治州的人民政府，根据法律、行政法规和本省、自治区、直辖市的地方性法规制定的，如《吉林省建设工程质量管理办法》。地方政府规章的效力低于法律、行政法规，低于同级或上级地方性法规。省、自治区人民政府制定的规章的效力，高于本行政区域内的设区的市、自治州人民政府制定的规章。

（6）最高人民法院司法解释规范性文件　最高人民法院对于法律的系统性解释文件和对法律适用的说明，对法院审判有约束力，具有法律规范的性质，在司法实践中具有重要的地位和作用，如《最高人民法院关于审理建设工程施工合同纠纷案件适用法律问题的解释一》。

（7）国际条约　国际条约是指我国作为国际法主体同外国缔结的双边、多边协议和其他具有条约、协定性质的文件。国际条约是我国法的一种形式，具有法律效力。

此外，自治条例、单行条例和特别行政区法律等，也属于我国法的形式。

建设法规可以分为法律、行政法规、地方性法规、部门规章、地方政府规章等层次。

【例题1】　下列法规中，属于部门规章的是（　　　）。

A.《建设工程质量管理条例》

B.《北京市建筑市场管理条例》

C.《重庆市建设工程造价管理规定》

D.《招标公告发布暂行办法》

【答案】　D

【例题2】　《建筑企业资质管理规定》所属法的形式是（　　　）。

A. 法律

B. 行政法规

C. 部门规章

D. 地方性法规

【答案】　C

【例题3】　关于法的效力层级的说法，正确的是（　　）。

A. 行政法规的效力高于地方性法规和部门规章

B. 地方性法规与地方政府规章之间具有同等效力

C. 省、自治区人民政府制定的规章与设区的市、自治州人民政府规定的规章之间具有同等效力

D. 部门规章效力高于地方政府规章

【答案】　A

【解析】　选项A正确，行政法规的法律地位和法律效力仅次于宪法和法律，高于地方性法规和部门规章。

选项B错误，地方性法规的效力，高于本级和下级地方政府规章。

选项C错误，省、自治区人民政府制定的规章的效力，高于本行政区域内的设区的市、自治州人民政府制定的规章。

选项D错误，部门规章之间、部门规章与地方政府规章之间具有同等效力，在各自的权限范围内施行。

1.1.2　法律和法规

法律概念有狭义和广义之分。狭义的法律是指全国人民代表大会及其常委会制定的规范性文件，如《建筑法》《招标投标法》等。广义的法律除包括狭义的法律外，还包括行政法规、地方性法规、行政规章等。

法规概念也有狭义和广义之分。狭义的法规通常是指行政法规和地方性法规。广义的法规是指各类法律规范的总和，如建设法规、交通法规等。

从内涵上看，广义的法律与广义的法规具有相同的内涵。

1.1.3　建设法规的概念和调整对象

1. 概念

建设法规是指国家权力机关或其授权的行政机关制定的，旨在调整国家及其有关机构、企事业单位、社会团体、公民之间在建设活动中或建设行政管理活动中发生的各种社会关系的法律规范的统称。

建设法规是调整建设活动或建设管理活动的法律规范的总称。

根据承担法律责任的不同，建设法规有三种，即建设行政法律规范、建设民事法律规范、建设刑事法律规范。

2. 调整对象

（1）建设活动中的行政管理关系　国家及其建设行政主管部门同建设单位、设计单位、施工单位、建筑材料和设备的生产供应单位及建设监理等中介服务单位之间发生的相应的管理与被管理关系。

（2）建设活动中的民事关系　工程建设是非常复杂的活动，要有许多单位和人员参与，

共同协作完成。在建设活动中必然存在着大量的寻求合作伙伴和相互协作的问题，在这些协作过程中产生的权利、义务关系，也应由建设法规来加以规范、调整。

主要以合同法律为依据的建设经济协作关系，有建设单位与勘察、设计、施工、监理关系，以及材料、设备采购、联合体承包、总包和分包关系等。

建设法规调整的社会关系是多方面的，它是利用综合手段，对行政的、经济的、民事的社会关系加以规范调整的法规，很难将其明确划归某一法律部门，但就其主要的法律规范性质来说，多数属于行政法和经济法的范畴。有些法律不属于建设法规，但它们又都与工程建设有关，称为工程建设相关法律。

1.1.4　建设法规的主要特征

1. 行政隶属性

行政隶属性是建设法规的主要特征，这一特征决定了建设法规必然要采取直接体现行政权力活动的调整方法，即以行政指令为主的方法调整建设法律关系。

调整方式包括以下几种：

1）授权。国家通过建设法律规范，授予国家建设管理机关某种管理权限或具体的权力，对建设业进行监督管理。

2）命令。国家通过建设法律规范，赋予建设法律关系主体某种作为的义务，如限期拆迁房屋，控制楼、堂、馆、所建设，进行建设企业资质等级鉴定，房屋产权登记等。

3）禁止。国家通过建设法律规范，赋予建设法律关系主体某种不作为的义务，即禁止主体某种行为。例如，严禁利用建设工程发包权索贿受贿，严禁无证设计、无证施工等。

4）许可。国家通过建设法律规范，允许特别的主体在法律允许范围内有某种作为的权利。例如，不同的企业等级有不同的承包范围。

5）免除。国家通过建设法律规范，对主体依法应履行的义务在特定情况下予以免除。例如，用炉渣、粉煤灰等废渣作为主要原料生产建筑材料的可享有减、免的优惠等。

6）确认。国家通过建设法律规范，授权建设管理机关依法对争议的法律事实和法律关系进行认定，并确定其是否存在、是否有效。

7）撤销。国家通过建设法律规范，授予建设行政管理机关运用行政权力对某些权利能力或法律资格予以撤销或消灭。例如，没有落实建设投资计划的项目必须停建、缓建，无证设计、无证施工坚决取缔等。

2. 经济性

建设法规是经济法的重要组成部分之一。建设法规的经济性既包含财产性，也包括其与生产、分配、交换、消费的联系性。

3. 技术性

为保证建设产品的质量和人民生命财产的安全，大量的建设法规是以技术规范形式出现的，如各种设计规范、施工规范、验收规范等。

1.1.5　建设法规的实施

建设法规的实施是指国家机关及其公务员、社会团体、公民实现建设法律规范的活动，包括建设法规的执法、司法和守法三个方面。建设法规的司法又包括建设行政司法和专门机关司法两个方面。

（1）建设行政执法　建设行政执法是指建设行政主管部门和被授权或被委托的单位，依法对各项建设活动和建设行为进行检查监督，并对违法行为执行行政处罚的行为，具体包括以下几个方面：

1）建设行政决定，是指执法者依法对相对人的权利和义务做出单方面的处理，包括行政许可、行政命令和行政奖励。

2）建设行政检查，是指建设行政执法者依法对相对人是否守法的事实，进行单方面的强制性了解，主要包括实地检查和书面检查两种。

3）建设行政处罚，是指建设行政主管部门或其他权力机关对相对人实行惩戒或制裁的行为，主要包括财产处罚、行为处罚和申诫处罚三种。

4）建设行政强制执行，是指在相对人不履行行政机关所规定的义务时，特定的行政机关依法对其采取强制手段，迫使其履行义务。

（2）建设行政司法　建设行政司法是指建设行政机关依据法定的权限和法定的程序进行行政调解、行政复议和行政仲裁，以解决相应争议的行政行为。

1）行政调解，是指在建设行政机关主持下，以法律为依据，以自愿为原则，通过说服教育等方法，促使双方当事人通过协商互谅达成协议。

2）行政复议，是指公民、法人或者其他组织不服行政主体做出的具体行政行为，认为行政主体的具体行政行为侵犯了其合法权益，依法向法定的行政复议机关提出复议申请，要求重新处理的申请。行政复议机关依法对该具体行政行为进行合法性、适当性审查，并做出行政复议决定的行政行为。

3）行政仲裁，是指国家行政机关根据当事人的申请，按照仲裁程序对当事人之间发生的特定的争议做出具有法律约束力的判断或裁决的一种仲裁类型。

（3）法院司法　人民法院依照诉讼程序对建设活动中的争议与违法建设行为做出的审理判决活动。

（4）建设法规的遵守　建设法规的遵守是指从事建设活动的所有单位和个人，必须按照建设法规的要求实施建设行为，不得违反。

1.2　工程建设法律关系

1.2.1　工程建设法律关系的概念

法律关系是指法律规范在调整人们的行为过程中形成的具有法律上的权利义务形式的社会关系。法律关系以法律规范为前提，是法律规范调整社会关系的结果。

工程建设法律关系是指由建设法律规范所确认的，在建设管理和建设活动中所产生的权利义务关系。

1.2.2 工程建设法律关系的构成要素

任何法律关系都是由法律关系主体、法律关系客体和法律关系内容三个要素构成的。

工程建设法律关系是由工程建设法律关系主体、工程建设法律关系客体和工程建设法律关系内容构成的。

1. 工程建设法律关系主体

工程建设法律关系主体是指管理和参加建设活动，受建设法律规范调整，在法律上享有权利、承担义务的当事人，也就是建设活动的管理者和参与者。工程建设法律关系主体包括以下类型：

（1）国家机关

1）国家发展和改革委员会以及各级地方人民政府发展和改革委员会。其职权是负责编制长、中期和年度建设计划，组织计划的实施，督促各部门严格执行工程建设程序等。

2）国家建设行政主管部门。国家建设行政主管部门主要是指住房和城乡建设部以及各级地方建设行政主管部门。其职权是制定建设法规，对城市建设、村镇建设、工程建设、建筑业、房地产业、市政公用事业进行组织管理和监督。

3）国家建设监督部门。国家建设监督部门主要包括国家财政机关、中国人民银行、国家审计机关、国家统计机关等。

4）国家建设各业务主管部门。例如，住房和城乡建设部、交通运输部、水利部等部门，负责本部门、本行业的建设管理工作。

（2）社会组织　社会组织包括建设单位，勘察单位，设计单位，施工单位，建设工程监理单位，房地产开发企业，中介、咨询服务单位。

（3）公民个人　自然人也可以成为工程建设法律关系的主体。例如，建筑工人、专业技术人员、注册执业人员等同单位签订劳动合同时，即成为劳动法律关系主体。

2. 工程建设法律关系客体

工程建设法律关系客体是指参加建设法律关系的主体享有权利和承担义务所共同指向的对象。合同法律关系中的客体习惯上也称为标的。工程建设法律关系客体分为以下四种类型：

1）物，如钢材、水泥、建筑物、设备等。

2）财，是指资金及各种有价证券。

3）行为，是指人的有意识的活动，包括作为和不作为。在工程建设法律关系中，行为多表现为完成一定的工作，如勘察、设计、施工安装、检查验收等活动。

4）非物质财富，是指脑力方面的成果或智力方面的创作，也称为智力成果，通常属于知识产权的客体。例如，设计单位对设计成果享有著作权，软件公司对自己开发的项目管理软件拥有版权（著作权）等。

3. 工程建设法律关系的内容

工程建设法律关系的内容即工程建设法律关系主体享有的权利和应当承担的义务。

1.2.3 工程建设法律关系的产生、变更和终止

1. 工程建设法律关系产生、变更和终止的概念

工程建设法律关系的产生是指工程建设法律关系主体之间形成了一定的权利义务关系。

工程建设法律关系的变更是指工程建设法律关系的三个要素发生变化。

工程建设法律关系的终止是指主体之间的权利义务关系不复存在，彼此丧失了约束力，包括自然终止、协议终止和违约终止。

2. 工程建设法律关系产生、变更和终止的原因

法律事实是工程建设法律关系产生、变更和终止的原因。所谓法律事实是指能够引起法律关系产生、变更和终止的客观现象和事实。

法律事实按是否包含当事人的意志为依据分为以下两类：

（1）事件　事件是指不以当事人意志为转移而产生的法律事实，包括自然事件、社会事件和意外事件。自然事件，如地震、台风等；社会事件，如战争、暴乱等。

（2）行为　行为是指人的有意识的活动。行为包括民事法律行为、违法行为、行政行为和立法行为。

《民法典总则编》规定：民事法律行为是民事主体通过意思表示设立、变更、终止民事法律关系的行为。例如，签约行为、投标行为等。违法行为包括违约行为和侵权行为。

1.3　与工程建设相关的基本法律制度

1.3.1 债权

1. 债的基本法律关系

（1）债权的定义　《民法典》第一百一十八条规定，民事主体依法享有债权。债权是因合同、侵权行为、无因管理、不当得利及法律的其他规定，权利人请求特定义务人为或者不为一定行为的权利。享有权利的人是债权人，负有义务的人是债务人。债是特定当事人之间的法律关系。债权人只能向特定的人主张自己的权利，债务人只需要向享有该项权利的特定人履行义务，即债的相对性。

（2）债的内容　债的内容是指债的主体双方间的权利与义务，即债权人享有的权利和债务人负担的义务，也就是债权与债务。债权是指请求他人为一定行为（作为或不作为）的民事权利。债务是指根据当事人的约定或者法律规定，债务人所负担的应为特定行为的义务。

2. 建设工程债

（1）合同　当事人之间产生合同法律关系，也就产生了权利义务关系。任何合同关系的设立，都会在当事人之间产生债权和债务的关系。合同引起债的关系，是债发生的

最主要、最普遍的依据。因合同产生的债称为合同之债。《民法典合同编》第一百一十九条规定，依法成立的合同，对当事人具有法律约束力。例如，施工合同、材料设备买卖合同等。施工合同的义务主要是完成施工任务和支付工程款。对于完成施工任务，建设单位是债权人，施工单位是债务人；对于支付工程款，建设单位是债务人，施工单位是债权人。

（2）侵权　侵权是指公民或法人没有法律依据而侵害他人的财产权利或人身权利的行为。侵权行为一旦发生，即在侵权行为人和被侵权人之间形成债的关系。因侵权行为产生的债称为侵权之债。《民法典》第一百二十条规定，民事权益受到侵害的，被侵权人有权请求侵权人承担侵权责任。例如，施工噪声或者废水、废弃物排放等，可能对工地附近的居民构成侵权。

《民法典侵权责任编》规定，建筑物、构筑物或者其他设施倒塌、塌陷造成他人损害的，由建设单位与施工单位承担连带责任，但是建设单位与施工单位能够证明不存在质量缺陷的除外。建设单位、施工单位赔偿后，有其他责任人的，有权向其他责任人追偿。因所有人、管理人、使用人或者第三人的原因，建筑物、构筑物或者其他设施倒塌、塌陷造成他人损害的，由所有人、管理人、使用人或者第三人承担侵权责任。

《民法典侵权责任编》规定，在公共场所或者道路上挖掘、修缮、安装地下设施等造成他人损害，施工人不能证明已经设置明显标志和采取安全措施的，应当承担侵权责任。

（3）无因管理　无因管理是指管理人员和服务人员没有法律上的特定义务，也没有受到他人委托，自觉为他人管理事务或提供服务。无因管理是指管理人员或者服务人员与受益人之间形成了债的关系。

《民法典》第九百七十九条规定，管理人没有法定的或者约定的义务，为避免他人利益受损失而管理他人事务的，可以请求受益人偿还因管理事务而支出的必要费用；管理人因管理事务受到损失的，可以请求受益人给予适当补偿。

（4）不当得利　不当得利是指没有法律上或者（和）合同上的依据，有损于他人利益而自身取得利益的行为。《民法典》第九百八十五条规定，得利人没有法律根据取得不当利益的，受损失的人可以请求得利人返还取得的利益。

【例题4】　下列关于建筑活动中发生的债的说法，正确的是（　　　）。
A. 对于建设工程施工任务，建设单位是债权人，施工企业是债务人
B. 对于建筑材料买卖合同中建筑材料的交付，材料供应商是债权人
C. 在施工中产生噪声，扰乱居民，不会有债发生
D. 材料供应商为施工企业自愿保管财物不会发生债
【答案】　A
【解析】　选项 B、C、D 错误。自愿保管财物的原因是双方有材料买卖合同，即发生合同之债。

【例题 5】　某施工企业与甲订立了材料买卖合同，却误将货款支付给乙，随后该施工企业向乙索款，并支付给甲。关于该案中施工企业、甲和乙之间债发生的根据正确的是（　　）。

A. 施工企业与甲之间形成合同之债
B. 甲、乙之间不存在债的关系
C. 乙与施工企业之间形成不当得利之债
D. 施工企业与乙之间形成合同之债
E. 乙与施工企业之间形成无因管理之债

【答案】　ABC

【解析】　选项 A、B、C 正确。材料买卖合同的订立，会在施工单位与材料设备供应商之间产生债的关系。由于不当得利造成他人利益的损害，因此在得利者与受害者之间形成债的关系，得利者应当将所得的不当利益返还给受害者。选项 D、E 错误，施工企业与乙之间形成不当得利之债。

1.3.2　代理制度

1. 代理的法律特征和种类

代理是指代理人在被授予的代理权限范围内，以被代理人的名义与第三人（相对人）实施法律行为，而行为后果由该被代理人承担的法律制度。代理涉及三方当事人，即被代理人、代理人和代理关系所涉及的第三人。

《民法典总则编》规定，民事主体可以通过代理人实施民事法律行为。

2. 代理的法律特征

代理具有如下的法律特征：

（1）代理人必须在代理权限范围内实施代理行为　代理人实施代理行为的直接依据是代理权。代理人必须取得代理权，并依据代理权限，以被代理人的名义实施民事法律行为。被代理人要对代理人的代理行为承担民事责任。代理人在实施代理行为时有独立进行意思表示的权利。

（2）代理人应该以被代理人的名义实施代理行为　《民法典总则编》第一百六十二条规定，代理人在代理权限内，以被代理人名义实施的民事法律行为，对被代理人发生效力。

（3）代理行为必须是具有法律意义的行为　代理人为被代理人实施的代理行为是能够产生法律上的权利义务关系的。

（4）代理行为的法律后果归属于被代理人　被代理人对代理人的代理行为承担民事责任。

《民法典总则编》规定，代理人不履行或者不完全履行职责，造成被代理人损害的，应当承担民事责任。代理人和相对人恶意串通，损害被代理人合法权益的，代理人和相对人应当承担连带责任。

3. 代理的种类

代理包括委托代理、法定代理。

（1）委托代理　委托代理是指按照被代理人的委托行使代理权。《民法典》第一百六十五条规定，委托代理授权采用书面形式的，授权委托书应当载明代理人的姓名或者名称、代理事项、权限和期限，并由被代理人签名或者盖章。例如，监理单位授权某人为某工程总监理工程师。

（2）法定代理　法定代理是指根据法律的规定而发生的代理。无民事行为能力人、限制民事行为能力人的监护人是他的法定代理人。

4. 无权代理

无权代理是指行为人不具有代理权，以被代理人的名义与相对人实施法律行为。无权代理一般有三种表现形式：

（1）没有代理权　行为人自始至终没有被授予代理权，就以被代理人的名义进行民事行为，属于无权代理。

（2）超越代理权　超越代理权限与相对人实施法律行为，属于无权代理。

（3）代理权已终止　这是指行为人与被代理人之间原有代理关系，但是由于代理期限届满、代理事务完成或者被代理人取消委托关系等原因，被代理人与代理人之间的代理关系已不复存在，但原代理人仍以被代理人的名义与他人实施法律行为。

《民法典总则编》规定，行为人没有代理权、超越代理权或者代理权终止后，仍然实施代理行为，未经被代理人追认的，对被代理人不发生效力。相对人可以催告被代理人自收到通知之日起三十日内予以追认。被代理人未做表示的，视为拒绝追认。行为人实施的行为被追认前，善意相对人有撤销的权利。撤销应当以通知的方式做出。

行为人实施的行为未被追认的，善意相对人有权请求行为人履行债务或者就其受到的损害请求行为人赔偿。但是，赔偿的范围不得超过被代理人追认时相对人所能获得的利益。

相对人知道或者应当知道行为人无权代理的，相对人和行为人按照各自的过错承担责任。

5. 表见代理

表见代理是指行为人虽无权代理，但由于行为人的某些行为，足以使善意相对人相信其有代理权，而与善意相对人进行的、由被代理人承担法律后果的代理行为。表见代理制度目的是保护善意相对人，使善意相对人在行为人无权代理的情形下，仍有权请求被代理人承担代理行为的后果。《民法典总则编》规定，行为人没有代理权、超越代理权或者代理权终止后，仍然实施代理行为，相对人有理由相信行为人有代理权的，代理行为有效。

表见代理必须具备以下条件：

（1）行为人无代理权　构成表见代理的第一要件是行为人无代理权。如果代理人有代理权，则不属于表见代理。

（2）须有使相对人相信行为人具有代理权的事实或理由　这一要件是以行为人与被代理人之间存在某种事实上或者法律上的联系为基础的。如行为人持有由本人发出的委任状、已加盖公章的空白合同书等证明类文件。是否存在或者是否足以使相对人相信行为人有代理权，应依一般交易情况而定。

（3）须相对人为善意且无过失 相对人为善意即相对人不知道行为人所为的行为是无权代理行为。如果相对人明知他人为无权代理，仍与其实施民事行为，不构成表见代理。

6. 违法代理及其法律后果

代理人知道或者应当知道代理事项违法仍然实施代理行为，或者被代理人知道或者应当知道代理人的代理行为违法未做反对表示的，被代理人和代理人应当承担连带责任。

7. 建设工程代理行为

建设工程中涉及的代理主要是委托代理，如总监理工程师是监理单位的代理人，项目经理是施工企业的代理人。总监理工程师、项目经理应当在授权范围内行使代理权。项目经理根据企业法人的授权，组织和领导项目经理部的全面工作。项目经理部行为的法律后果将由企业法人承担。例如，项目经理部没有按照合同约定完成施工任务，应由施工企业承担违约责任；项目经理签字的材料款，如果不按时支付，材料供应商应当以施工企业为被告提起诉讼。依照法律规定、当事人约定或者民事法律行为的性质，应当由本人亲自实施的民事法律行为，不得代理。

建设工程的承包活动不得委托代理。《建筑法》规定，禁止承包单位将其承包的全部建筑工程转包给他人，禁止承包单位将其承包的全部建筑工程肢解以后以分包的名义分别转包给他人。施工总承包的，建筑工程主体结构的施工必须由总承包单位自行完成。

某些建设工程代理行为必须由具有法定资格的组织方实施。例如，《招标投标法》规定，招标代理机构是依法设立、从事招标代理业务并提供相关服务的社会中介组织。

【例题6】 关于表见代理的说法，正确的是（　　）。

A. 表见代理属于无权代理，对被代理人不发生法律效力

B. 表见代理的行为人有代理权

C. 表见代理对被代理人产生有权代理的效力

D. 相对人明知行为人无代理权仍与之实施民事法律行为，属于表见代理

【答案】 C

【解析】 选项A错误，表见代理对被代理人产生有权代理的效力，享有该行为设定的权利和履行该行为约定的义务。选项B错误，表见代理的行为人没有代理权。选项D错误，相对人应为善意。

【例题7】 张某为甲公司的业务员，手中有甲公司的介绍信和已加盖公章的空白合同，后来张某离开甲公司，并未将介绍信与合同交回公司。之后张某又与甲公司老客户刘某以甲公司的名义签订了一份合同，而刘某一直以为张某仍是甲公司的业务员。这份合同的效力应该认定为（　　）。

A. 无效，属于欺诈合同

B. 无效，责任应由张某承担

C. 有效，责任应由张某承担

D. 有效，责任应由甲公司承担

【答案】　D

【解析】　本题属于表见代理，表见代理是指行为人虽无权代理，但由于行为人的某些行为，造成了足以使善意相对人相信其有代理权。刘某是善意相对人，所以合同有效，代理后果由被代理人甲公司承担。

1.3.3　担保制度

担保是指依照法律规定或由当事人双方经过协商一致而约定的，为保障合同债权实现的法律措施。担保的方式有保证、抵押、质押、留置和定金五种。《民法典物权编》第三百八十八条规定，设立担保物权，应当依照本法和其他法律的规定订立担保合同。担保合同包括抵押合同、质押合同和其他具有担保功能的合同。担保合同是主债权债务合同的从合同。主债权债务合同无效的，担保无效，但是法律另有规定的除外。

1. 保证合同

《民法典合同编》规定，保证合同是为保障债权的实现，保证人和债权人约定，当债务人不履行到期债务或者发生当事人约定的情形时，保证人履行债务或者承担责任的合同。

保证合同是主债权债务合同的从合同。主债权债务合同无效的，保证合同无效，但是法律另有规定的除外。具有代清偿债务能力的法人、其他组织或者公民，可以作为保证人。机关法人不得为保证人，但是经国务院批准为使用外国政府或者国际经济组织贷款进行转贷的除外。以公益为目的的非营利法人、非法人组织不得为保证人。

（1）保证方式　保证方式有一般保证和连带责任保证两种。

当事人在保证合同中约定，在债务人不能履行债务时，由保证人承担保证责任的，为一般保证。

一般保证的保证人在主合同纠纷未经审判或者仲裁，并就债务人财产依法强制执行仍不能履行债务前，对债权人可以拒绝承担保证责任。

当事人在保证合同中约定保证人与债务人对债务承担连带责任的，为连带责任保证。

连带责任保证的债务人在主合同规定的债务履行期届满没有履行债务的，债权人可以要求债务人履行债务，也可以要求保证人在其保证范围内承担保证责任。连带责任保证的保证人不享有先诉抗辩权，承担的保证责任较重。

当事人对保证方式没有约定或者约定不明确的，按照一般保证承担保证责任。

（2）保证担保的范围　保证担保的范围包括主债权及其利息、违约金、损害赔偿金和实现债权的费用。当事人另有约定的，按照其约定。

（3）保证期间　债权人与保证人可以约定保证期间，但是约定的保证期间早于主债务履行期限或者与主债务履行期限同时届满的，视为没有约定，没有约定或者约定不明确的，保证期间为主债务履行期限届满之日起6个月。债权人与债务人对主债务履行期限没有约定或者约定不明确的，保证期间自债权人请求债务人履行债务的宽限期届满之日起计算。

一般保证的债权人未在保证期间对债务人提起诉讼或者申请仲裁的，保证人不再承担保证责任。

连带责任保证的债权人未在保证期间请求保证人承担保证责任的，保证人不再承担保证责任。

【例题8】 某建设单位和承包商签订了施工合同，承包商和分包商签订了分包合同，为保证施工合同履行，建设单位要求承包商提供保证人，则保证合同的当事人是（　　）。

A. 承包商和分包商　　　　　　　B. 承包商和保证人
C. 建设单位和保证人　　　　　　D. 建设单位和承包商
【答案】 C

【例题9】 甲施工企业与乙水泥厂签订了水泥采购合同，并由丙公司作为该合同的保证人，担保该施工企业按照合同约定支付货款，但是担保合同中并未约定保证方式。水泥厂供货后，甲施工企业迟迟不付款。丙公司承担保证责任的方式应为（　　）。

A. 一般保证　　　　　　　　　　B. 效力待定保证
C. 连带责任保证　　　　　　　　D. 无效保证
【答案】 A

【例题10】 关于保证责任的说法，正确的是（　　）。

A. 当事人在保证合同中约定债务人不能履行债务时，由保证人承担保证责任的为连带责任保证
B. 当事人对保证方式没有约定或者约定不明确的，按照连带责任保证承担保证责任
C. 当事人对保证的范围没有约定，保证人应当对全部债务承担责任
D. 一般保证的保证人未约定保证期间的，保证期间为主债务履行期届满前6个月
【答案】 C
【解析】 选项A错误，属于一般保证。选项B错误，按照一般保证承担保证责任。选项D错误，保证期间为主债务履行期届满之日起6个月。

（4）工程担保　工程担保已经成为世界建筑行业普遍接受和应用的一种国际惯例。建设工程中的保证人往往是银行，也可能是信用较高的其他担保人，这种保证应当采用书面形式。目前建设工程项目主要有以下三种担保制度：

1）投标保证担保。为了约束投标人的投标行为，保护招标人的利益，维护招标投标活动的正常秩序，特设立投标保证金制度。投标保证金的收取和缴纳办法，应在招标文件中说明，并按招标文件的要求进行。

投标保证金的直接目的虽是保证投标人对投标活动负责，但其一旦缴纳和接受，对双方都有约束力。采用投标保证担保金的，在确定中标人后，招标人应当及时向没有中标的投标

人退回其投标保证担保金。除不可抗拒因素外，中标人拒绝与招标人签订工程合同的，招标人可以将其投标保证担保金予以没收。除不可抗拒因素外，招标人不与中标人签订工程合同的，招标人应当按照投标保证担保金的两倍返还中标人。

2）履约保证担保。履约保证担保就是保证合同的完成，即保证承包商承担合同义务并完成某项工程。《招标投标法》规定，招标文件要求中标人提供履约保证金的，中标人应当提交。该法还规定，中标人不履行与招标人订立的合同的，履约保证金不予退还，给招标人造成的损失超过履约保证金数额的，还应对超过部分予以赔偿。

3）工程款支付担保。《工程建设项目施工招标投标办法》规定，招标人要求中标人提供履约保证金或其他形式履约担保的，招标人应当同时向中标人提供工程款支付担保。

工程款支付担保是发包人向承包人提交的、保证按照合同约定支付工程款的担保，通常采用由银行出具保函的方式。

2. 抵押权

抵押是指为担保债务的履行，债务人或者第三人不转移财产的占有，将该财产抵押给债权人，债务人不履行到期债务或者发生当事人约定的实现抵押权的情形，债权人有权就该财产优先受偿。提供抵押财产的债务人或者第三人为抵押人，债权人为抵押权人，提供担保的财产为抵押财产。当事人应当采用书面形式订立抵押合同。抵押合同由抵押人和抵押权人订立。

（1）抵押财产

1）抵押财产的范围。债务人或者第三人有权处分的下列财产可以抵押：

① 建筑物和其他土地附着物。

② 建设用地使用权。

③ 海域使用权。

④ 生产设备、原材料、半成品、产品。

⑤ 正在建造的建筑物、船舶、航空器。

⑥ 交通运输工具。

⑦ 法律、行政法规未禁止抵押的其他财产。

2）不得抵押的财产包括以下几项：

① 土地所有权。

② 宅基地、自留地、自留山等集体所有的土地使用权，但法律规定可以抵押的除外。

③ 学校、幼儿园、医疗机构等为公益目的成立的非营利法人的教育设施、医疗卫生设施和其他公益设施。

④ 所有权、使用权不明或者有争议的财产。

⑤ 依法被查封、扣押、监管的财产。

⑥ 法律、行政法规规定不得抵押的其他财产。

（2）抵押财产登记

1）必须登记。以建筑物和其他土地附着物、建设用地使用权、海域使用权以及正在建造的建筑物抵押的，应当办理抵押登记。抵押权自登记时设立。如果义务人没有履行抵押登记手续，抵押权并没有设立，未办理抵押财产登记的，合同对方不能享有抵押权的优先受偿权。

2）自愿登记。动产抵押不以登记为生效条件，而是自抵押合同生效时设立。例如，以生产设备、原材料、半成品、产品、交通运输工具或者正在建造的船舶、航空器抵押的，抵押权自抵押合同生效时设立，未经登记，不得对抗善意第三人。不得对抗善意第三人是指在抵押权存续期间，抵押人转让、出租该没有进行登记的抵押财产，从而使抵押财产为善意第三人占有时，抵押权人只能向抵押人请求损害赔偿。

（3）抵押财产的处分　抵押期间，抵押人可以转让抵押财产。当事人另有约定的，按照其约定。抵押财产转让的，抵押权不受影响。

抵押人转让抵押财产的，应当及时通知抵押权人。抵押权人能够证明抵押财产转让可能损害抵押权的，可以请求抵押人将转让所得的价款向抵押权人提前清偿债务或者提存。转让的价款超过债权数额的部分归抵押人所有，不足部分由债务人清偿。

（4）抵押权的实现　债务人不履行到期债务或者发生当事人约定的实现抵押权的情形，抵押权人可以与抵押人协议以抵押财产折价或者以拍卖、变卖该抵押财产所得的价款优先受偿。抵押权人与抵押人未就抵押权实现方式达成协议的，抵押权人可以请求人民法院拍卖、变卖抵押财产。

同一财产向两个以上债权人抵押的，拍卖、变卖抵押财产所得的价款依照下列规定清偿：

1）抵押权已登记的，按照登记的先后顺序清偿。

2）抵押权已登记的先于未登记的受偿。

3）抵押权未登记的，按照债权比例清偿。

3. 质权

质权分为动产质权和权利质权。

（1）动产质权　动产质权是指债务人或者第三人将其动产移交债权人占有，将该动产作为债权的担保，当债务人不履行债务时，债权人有权就该动产优先受偿。该债务人或者第三人为出质人，债权人为质权人，移交的动产为质押财产。质权自出质人交付质押财产时设立。

（2）权利质权　债务人或者第三人有权处分的下列权利可以出质：①汇票、支票、本票；②债券、存款单；③仓单、提单；④可以转让的基金份额、股权；⑤可以转让的注册商标专用权、专利权、著作权等知识产权中的财产权；⑥现有的以及将有的应收账款；⑦法律、行政法规规定可以出质的其他财产权利。

4. 留置权

《民法典物权编》规定，债务人不履行到期债务，债权人可以留置已经合法占有的债务人的动产，并有权就该动产优先受偿。债权人为留置权人，占有的动产为留置财产。留置权人与债务人应当约定留置财产后的债务履行期间；没有约定或者约定不明确的，留置权人应当给债务人六十日以上履行债务的期间，但是鲜活、易腐等不易保管的动产除外。

5. 定金

定金是指合同当事人约定一方向对方给付一定数额的货币（定金）作为债权的担保。

定金应当以书面形式约定。当事人在定金合同中应当约定交付定金的期限。定金合同从实际交付定金之日起生效。定金的数额由当事人约定，但是不得超过主合同标的额的 20%，超过部分不产生定金的效力。实际交付的定金数额多于或者少于约定数额的，视为变更约定的定金数额。

债务人履行债务的，定金应当抵作价款或者收回。给付定金的一方不履行债务或者履行债务不符合约定，致使不能实现合同目的的，无权请求返还定金；收受定金的一方不履行债务或者履行债务不符合约定，致使不能实现合同目的的，应当双倍返还定金。定金不足以弥补一方违约造成的损失的，对方可以请求赔偿超过定金数额的损失。

【例题 11】 根据《民法典物权编》规定，下列可以抵押的财产是（   ）。
A. 学校的教学楼
B. 生产设备
C. 依法被查封的建筑物
D. 土地所有权
【答案】 B

【例题 12】 下列关于定金的说法，正确的是（   ）。
A. 定金合同自订立之日起生效
B. 定金可以书面约定和口头约定
C. 实际交付的定金数额多于或者少于约定数额的，视为未约定定金
D. 约定的定金数额超过主合同标的额 20% 的，超过部分不产生定金的效力
【答案】 D
【解析】 选项 A 错误，定金合同自实际交付定金时成立。选项 B 错误，定金应当以书面形式约定。选项 C 错误，实际交付的定金数额多于或者少于约定数额的，视为变更约定的定金数额。

1.3.4 知识产权制度

知识产权是权利人对其创造的智力成果依法享有的权利。为了保护与管理勘察设计咨询企业的知识产权，鼓励技术创新和发明创造，丰富与发展原创性智力成果，增加企业自主知识产权的数量并提高其质量，增强企业自主创新能力和市场竞争力，同时尊重并合法利用他人的知识产权，根据国家有关知识产权的法律、法规，建设部和国家知识产权局于 2003 年 10 月颁发了《工程勘察设计咨询业知识产权保护与管理导则》（简称《导则》）。

《导则》所称的知识产权包括：

1）著作权及与著作权有关的权利（后者以下简称邻接权）。

2）专利权。

3）专有技术（又称技术秘密）权。

4）商业秘密权。

5）商标专用权（以下简称商标权）及相关识别性标志权利。

6）依照国家法律、法规规定，或者由合同约定由企业享有的其他知识产权。

1. 知识产权的特征

知识产权具有以下特征：

1）财产权和人身权的双重属性。

2）专有性，权利人对智力成果享有专有权，其他人要利用知识产权必须经过权利人同意，否则构成侵权。

3）地域性，对知识产权的保护受到地域的限制。

4）期限性，知识产权仅在法律规定的期限内受到法律的保护，超过法定期限，权利就不受法律保护。

建设工程中常见的知识产权主要有专利权、商标权、著作权及计算机软件等。

2. 专利权

（1）专利权的种类　专利权是指权利人在法律规定的期限内，对其发明创造所享有的制造、使用和销售的专有权。我国专利法规定专利权包括发明、实用新型和外观设计。

发明是指对产品、方法或者其改进所提出的新的技术方案，发明专利权的期限为20年；实用新型是指对产品的形状、构造或者其结合所提出的适于实用的新的技术方案，实用新型专利权的期限为10年；外观设计是指对产品的整体或者局部的形状、图案或者其结合以及色彩与形状、图案的结合所做出的富有美感并适于工业应用的新设计，外观设计专利权的期限为15年。

专利权的保护期均自申请日起计算。国务院专利行政主管部门收到专利申请文件之日为申请日。如果申请文件是邮寄的，以寄出的邮戳日为申请日。

国务院专利行政主管部门做出授予发明、实用新型或者外观设计专利权的决定，发给相应的专利证书，同时予以登记和公告。发明、实用新型或者外观设计专利权自公告之日起生效。

（2）专利权人

1）职务发明。执行本单位的任务或者主要是利用本单位的物质技术条件所完成的发明创造为职务发明创造。职务发明创造申请专利的权利属于该单位，申请被批准后，该单位为专利权人。该单位可以依法处置其职务发明创造申请专利的权利和专利权，促进相关发明创造的实施和运用。

2）非职务发明创造。申请专利的权利属于发明人或者设计人，申请被批准后，该发明人或者设计人为专利权人。

3）利用本单位的物质技术条件所完成的发明创造，单位与发明人或者设计人订有合同，对申请专利的权利和专利权的归属做出约定的，从其约定。

4）合作和委托发明。两个以上单位或者个人合作完成的发明创造、一个单位或者个人接受其他单位或者个人委托所完成的发明创造，除另有协议的以外，申请专利的权利属于完成或者共同完成的单位或者个人；申请被批准后，申请的单位或者个人为专利权人。

（3）勘察设计咨询业的知识产权

1）勘察设计咨询业的专利权。这是指获得授权并有效的发明专利权、实用新型专利权和外观设计专利权，包括各种具有新颖性、创造性和实用性的新工艺、新设备、新材料、新结构等新技术和新设计，以及对原有技术的新改进、新组合等的专利权。

2）勘察设计咨询业的专有技术权。这是指对没有申请专利，具有实用性，能为企业带来利益，并采取了保密措施，不为公众所知悉的技术享有的权利，包括各种新工艺、新设备、新材料、新结构、新技术、产品配方、各种技术诀窍及方法等。

3）勘察设计咨询业除技术秘密以外的其他商业秘密。这是指具有实用性，能为企业带来利益，并采取了保密措施，不为公众所知悉的经营信息，包括生产经营、企业管理、科技档案、客户名单、财务账册、统计报表等。

4）勘察设计咨询业的商标权及相关识别性标志权。这是指企业名称、商品商标、服务标志，以及依照法定程序取得的各种资质证明等依法享有的权利。

5）其他。勘察设计咨询业其他受国家法律、法规保护的知识产权。

3. 商标权

商标是指自然人、法人或者其他组织，为了使其生产经营的商品或者提供的服务项目有别于他人的商品或者服务项目，用具有显著特征的文字、图形、字母、数字、三维标志和颜色组合，以及上述要素的组合来表示的标志。

商标可以分为商品商标和服务商标两大类。商标专用权是指商标所有人对注册商标所享有的具体权利。商标专用权包括使用权和禁止权两个方面。商标专用权的保护对象是经过国家商标管理机关核准注册的商标，未经核准注册的商标不受商标法保护。

注册商标的有效期为10年，自核准注册之日起计算。注册商标有效期满，需要继续使用的，应当在期满前12个月内申请续展注册，每次续展注册的有效期为10年。

4. 著作权

（1）著作权（版权）的概念及归属　著作权（版权），是指作者及其他著作权人依法对文学、艺术和科学作品所享有的专有权。我国自然人、法人或者非法人组织的作品，无论是否发表，都依法享有著作权。

著作权属于作者，法律法规另有规定的除外。创作作品的自然人是作者。

由法人或者非法人组织主持，代表法人或者非法人组织意志创作，并由法人或者非法人组织承担责任的作品，法人或者非法人组织视为作者。

（2）建设工程活动常见的著作权作品

1）文字作品。施工单位编制的投标文件、建设单位的招标文件。

2）建筑作品。建筑作品是指以建筑物或者构筑物形式表现的有审美意义的作品。

3）图形作品。如工程设计图、产品设计图、地图、示意图等作品。

（3）著作权主体

1）单位作品。由法人或者非法人组织主持，代表法人或者非法人组织意志创作，并由法人或者非法人组织承担责任的作品，法人或者非法人组织视为作者。例如，招标文件、投标文件就是单位作品，作品的著作权完全归单位所有。

2）职务作品。自然人为完成法人或者非法人组织工作任务所创作的作品是职务作品。职务作品与单位作品在形式上的区别在于，单位作品的作者是单位，而职务作品的作者是自然人个人。《著作权法》规定，主要是利用法人或者非法人组织的物质技术条件创作，并由法人或者非法人组织承担责任的工程设计图、产品设计图、地图、示意图、计算机软件等职务作品，作者享有署名权，著作权的其他权利由法人或者非法人组织享有，法人或者非法人组织可以给予作者奖励。

3）委托作品。受委托创作的作品，著作权的归属由委托人和受托人通过合同约定。合同未做明确约定或者没有订立合同的，著作权属于受托人。例如，勘察设计文件是勘察设计单位接受建设单位委托创作的委托作品。

（4）著作权的保护期　著作权的保护期由于权利内容以及主体的不同而有所不同：

1）作者的署名权、修改权、保护作品完整权的保护期不受限制。

2）自然人的作品，其发表权、使用权和获得报酬权的保护期为作者终生及其死亡后 50 年，截止于作者死亡后第 50 年的 12 月 31 日；合作作品，截止于最后死亡的作者死亡后第 50 年的 12 月 31 日。

3）法人或者非法人组织的作品、著作权（署名权除外）由法人或者非法人组织享有的职务作品，其发表权的保护期为 50 年，截止于作品创作完成后第 50 年的 12 月 31 日；其使用权和获得报酬权的保护期为 50 年，截止于作品首次发表后第 50 年的 12 月 31 日，但作品自创作完成后 50 年内未发表的，不再受法律保护。

5. 计算机软件的法律保护

计算机软件著作权属于软件开发者，《计算机软件保护条例》另有规定的除外。如无相反证明，在软件上署名的自然人、法人或者其他组织为开发者。

接受他人委托开发的软件，其著作权的归属由委托人与受托人签订书面合同约定，无书面合同或者合同未做明确约定的，其著作权由受托人享有。

自然人软件著作权保护期为自然人终生及其死亡后 50 年，截止于自然人死亡后第 50 年的 12 月 31 日；合作开发的，截止于最后死亡的自然人死亡后第 50 年的 12 月 31 日。法人或者其他组织的软件著作权，保护期为 50 年，截止于创作完成后第 50 年的 12 月 31 日，但软件自开发完成之日起 50 年内未发表的，不再受《计算机软件保护条例》保护。

【例题 13】　某施工企业申请发明专利，于 2018 年 5 月 31 日以挂号信寄出申请文件。同年 6 月 6 日，国家专利局收到申请文件。根据施工企业的请求，国家专利局于同年 10 月 8 日将其申请予以公告。经过实质审查后，国家专利局于 2019 年 4 月 10 日做出授予施工企业发明专利权的决定，同时予以登记和公告。该施工企业的发明专利权自（　　）起生效。

A. 2018 年 5 月 31 日

B. 2019 年 4 月 10 日

C. 2018 年 6 月 6 日

D. 2018 年 10 月 8 日

【答案】　B

【解析】　发明专利权自公告之日起生效。

【例题 14】　某建设单位委托某设计院进行一个建设工程项目的设计工作，合同中没有约定工程设计图的归属。设计院委派李某等完成了这一设计任务，该设计图的著作权属于（　　）。

A. 建设单位　　　　B. 李某等　　　　　C. 施工单位　　　　D. 设计院

【答案】　D

【解析】　该设计图属于委托作品，建设单位是委托人，设计院是受托人。受委托的作品，著作权的归属由双方通过合同约定，合同中没有约定的，著作权属于受托人，选项 D 正确。

【例题 15】　李某经过长期研究发明了新型混凝土添加剂，2010 年 2 月 5 日向国家专利局提出了专利申请，2011 年 3 月 15 日李某被授予发明专利权。该专利权届满的期限是（　　）。

A. 2030 年 2 月 5 日　　　　　　　　B. 2020 年 2 月 5 日

C. 2030 年 3 月 15 日　　　　　　　 D. 2021 年 3 月 15 日

【答案】　A

【解析】　发明专利权的期限为 20 年，自申请日起计算，选项 A 正确。

【例题 16】　根据《著作权法》，关于勘察设计文件，正确的是（　　）。

A. 不属于职务作品

B. 委托合同未约定的，著作权属于勘察设计单位

C. 作者是建设单位

D. 不属于委托作品

【答案】　B

【解析】　一般情况下，勘察设计文件都是勘察设计单位接受建设单位委托创作的委托作品。著作权的归属由委托人和受托人通过合同约定，合同未做明确约定或者没有订立合同的，著作权属于受托人。《著作权法》规定，主要是利用法人或者非法人组织的物质技术条件创作，并由法人或者非法人组织承担责任的工程设计图、产品设计图、地图、示意图、计算机软件等属于职务作品，作者享有署名权，著作权的其他权利由法人或者非法人组织享有，法人或者非法人组织可以给予作者奖励。

6. 侵犯知识产权与处理

（1）侵犯著作权的行为　著作权及邻接权的权利人依法享有著作人身权和财产权，即发表权、署名权、修改权、保护作品完整权、复制权、发行权、改编权、信息网络传播权等。他人未经著作权人同意，不得发表、修改和使用其作品。发生以下行为或情况的为侵犯或者侵占他人的著作权：

1）勘察设计咨询企业或工程技术人员不遵守行业道德和从业公约，抄袭、剽窃他人的

勘察、设计、咨询文件（设计图）及其作品的。

2）勘察设计咨询企业的职工，未经许可擅自将本企业的勘察设计文件（设计图）、工程技术资料、科研资料等复制、摘录、转让给其他单位或个人的。

3）勘察设计咨询企业的职工，将职务作品或计算机软件作为非职务成果进行登记注册或转让的。

4）勘察设计咨询企业的职工未经审查许可，擅自发表、出版本企业业务范围内的科技论文、作品，或许可他人发表的。

5）任何单位或个人，未经著作权人同意或超出勘察设计咨询合同的规定，擅自复制、超范围使用、重复使用、转让他人的工程勘察、设计、咨询文件（设计图）及其他作品等。

（2）侵犯专利权与专有技术权的行为　专利权人对其发明创造享有独占权。任何单位或个人未经专利权人许可不得为生产经营目的制造、使用、许诺销售、销售和进口其专利产品，或者未经专利权人许可为生产经营目的使用其专利方法，以及使用、许诺销售、销售和进口依照其专利方法直接获得的产品。

专有技术是受国家法律保护的具备法定条件的技术秘密，任何单位或个人不得以不正当手段获取、使用他人的技术秘密，不得以任何形式披露、转让他人的技术秘密。发生以下情况为侵犯或者侵占他人的专利权或专有技术权：

1）勘察设计咨询企业的职工违反规定，在工程项目或科研工作完成后，不按时将有关勘察设计文件、设计图、技术资料等归档，私自保留、据为己有的。

2）勘察设计咨询企业的职工违反规定，将应属于单位的职务发明创造和科技成果申请为非职务专利，或者将其据为己有的。

3）勘察设计咨询企业的职工，擅自转让本企业或他人的专利或专有技术的。

4）勘察设计咨询企业或工程技术人员，未经权利人允许，擅自在工程勘察设计中使用他人具有专利权或专有技术权的新工艺、新设备、新技术的。

5）任何单位或个人，采用盗窃、利诱、胁迫或者其他不正当手段获取、使用或者披露他人含有专有技术标识的文件、设计图及说明的。

6）任何单位或个人，违反双方保密约定，将含有专有技术标识的文件、设计图及说明转让给第三方，以及第三方明知是他人的保密文件、设计图及说明仍擅自使用等。

（3）侵犯商标权及相关识别性标志权的行为　商标权的所有人对其注册商标依法享有专用权。他人未经商标权人的同意，不得在经营活动中擅自使用。发生以下行为或情况的为侵犯他人的商标及相关识别性标志权。

1）勘察设计咨询企业擅自在其勘察设计咨询文件上使用其他勘察设计咨询企业的名称、注册商标、资质证明、图签、出图专用章等企业标识的。

2）任何单位或个人，未经勘察设计咨询企业授权，以勘察设计咨询企业的名义进行生产经营活动或其他活动的。

（4）侵犯商业秘密的行为　发生以下行为或情况的为侵犯他人的商业秘密：

1）勘察设计咨询企业的职工，私自将与本企业签有正式业务合同的客户介绍给其他企业，给企业造成损失的。

2）勘察设计咨询企业的职工，违反企业保守商业秘密的要求，泄露或私自许可他人使用其所掌握的商业秘密的。

3）第三人明知或应知有上述的违法行为，仍获取、使用或者披露他人的商业秘密等。

（5）其他侵犯知识产权的行为　主要包括：

1）勘察设计咨询企业的离休、退休、离职、停薪留职人员将离开企业一年内形成的，且与其在原企业承担的工作或任务有关的知识产权视为己有或转让给他人的，均为侵犯了企业的知识产权。

2）勘察设计咨询企业的离休、退休、离职、停薪留职人员泄露在职期间知悉的企业商业秘密的，均为侵犯了企业的商业秘密权。

发生侵犯或侵占知识产权行为的，权利人在获得确切的证据后，可以直接向侵权者发出信函，要求其停止侵权，并说明侵权的后果。双方当事人可就赔偿等问题进行协商，达成协议的按照协议解决；达不成协议的，可以采取调解、仲裁或诉讼等方式解决。

1.3.5　诉讼时效制度

1. 诉讼时效的概念

诉讼时效是指民事权利受到侵害的权利人在法定的时效期间内不行使权利，当时效期间届满时，人民法院对权利人的权利不再进行保护的制度。诉讼时效期间届满的，义务人可以提出不履行义务的抗辩。诉讼时效期间届满后，义务人同意履行的，不得以诉讼时效期间届满为由抗辩；义务人已自愿履行的，不得请求返还。

向人民法院请求保护民事权利的诉讼时效期间为3年。法律另有规定的，依照其规定。

诉讼时效期间自权利人知道或者应当知道权利受到损害以及义务人之日起计算。但是自权利受到损害之日起超过20年的，人民法院不予保护。

当事人约定同一债务分期履行的，诉讼时效期间自最后一期履行期限届满之日起计算。

2. 诉讼时效的中止和中断

（1）诉讼时效中止　在诉讼时效进行中，因一定的法定事由产生而使权利人无法行使请求权，暂停计算诉讼时效期间。规定时效中止主要为防止因权利人非因自身原因造成诉讼时效届满，保证权利人有足够时间主张权利。

《民法典总则编》规定，在诉讼时效期间的最后6个月内，因下列障碍不能行使请求权的，诉讼时效中止：①不可抗力；②无民事行为能力人或者限制民事行为能力人没有法定代理人，或者法定代理人死亡、丧失民事行为能力、丧失代理权；③继承开始后未确定继承人或者遗产管理人；④权利人被义务人或者其他人控制；⑤其他导致权利人不能行使请求权的障碍。

诉讼时效中止即诉讼时效期间暂时停止计算。在导致诉讼时效中止的原因消除后，权利人开始可以行使请求权时起，诉讼时效期间继续计算。自中止时效的原因消除之日起满6个月，诉讼时效期间届满。

（2）诉讼时效中断　《民法典总则编》规定，有下列情形之一的，诉讼时效中断，从中断、有关程序终结时起，诉讼时效期间重新计算。

1）权利人向义务人提出履行请求。

2）义务人同意履行义务。

3）权利人提起诉讼或者申请仲裁。

4）与提起诉讼或者申请仲裁具有同等效力的其他情形。

（3）诉讼时效中断与中止的区别

1）诉讼时效中止的事由是由于当事人主观意志以外的情况，而诉讼时效中断的事由则取决于当事人的主观意志，即当事人行使权利或履行义务的意思表示或行为。

2）诉讼时效中止只能发生在诉讼时效期间的最后6个月内，而诉讼时效中断则可以发生在诉讼时效进行的整个期间。

3）诉讼时效中止是时效完成的暂时障碍，中止前已进行的时效期间仍然有效，自中止时效的原因消除之日起满6个月，诉讼时效期间届满；诉讼时效中断以前已进行的时效期间归于无效，中断以后诉讼时效重新起算。

【例题 17】 建设单位拖欠施工企业工程款，施工企业的催告行为对诉讼时效产生的效果是（   ）。

 A. 诉讼时效中止   B. 诉讼时效中断

 C. 诉讼时效延长   D. 改变法定时效期间

【答案】 B

【例题 18】 下列各项中可导致诉讼时效中断的情形有（   ）。

 A. 当事人提起诉讼

 B. 当事人一方提出要求

 C. 当事人同意履行义务

 D. 发生不可抗力致使权利人不能行使请求权

【答案】 ABC

【例题 19】 在诉讼时效期间的最后6个月内，因不可抗力或者其他障碍致使权利人不能行使请求权的，则诉讼时效期间计算适用的情形是（   ）。

 A. 诉讼时效期间的计算不受影响，继续计算

 B. 诉讼时效期间暂停计算，待障碍消除之日起满6个月，诉讼时效期间届满

 C. 已经经过的诉讼时效期间归于无效，待障碍消除后重新计算

 D. 权利人可请求法院延长诉讼时效期间

【答案】 B

【解析】 本题考查诉讼时效的中止。在诉讼时效期间的最后6个月内，因不可抗力或者其他障碍致使权利人不能行使请求权的，诉讼时效中止，也就是暂停。

【案例 1-1】

某建筑公司与某学校签订一教学楼施工合同，明确施工单位要保质保量保工期完成施工任务。工程竣工后，承包方向学校提交了竣工报告。学校为了不影响学生上课，还没组织验收就直接投入了使用。在使用过程中，校方发现教学楼存在质量问题，要求施工单位修理。施工单位认为，工程未经验收学校便提前使用，出现质量问题，施工单位不应再承担责任。

【问题】

本案的工程建设法律关系三要素分别是什么？

【分析】

本案的工程建设法律关系的主体是某建筑公司和某学校，客体是教学楼工程的施工，即按期完成一定质量要求施工项目的施工行为。内容是主、客体双方各自应当享受的权利和应当承担的义务。某学校按照合同的约定，承担按时、足额支付工程款的义务，学校有权要求建筑公司按时交付质量合格的教学楼。建筑公司的权利是获取学校的工程款，即按时交付质量合格的教学楼给学校，并承担保修义务。

【案例 1-2】

原告甲建筑设计院为某小区人防工程地下室预埋管详图的著作权人，被告乙建筑设计院未经原告甲建筑设计院的许可，在其为另一小区地下室设计工程图的过程中抄袭了原告的设计图。为了维护合法权益，甲建筑设计院将乙建筑设计院诉至法院，要求停止侵权并赔偿损失。

【问题】

被告乙建筑设计院是否侵犯了原告甲建筑设计院的著作权？

【分析】

著作权保护作品。作品是指文学、艺术和科学领域内具有独创性并能以某种有形形式复制的智力成果。未经著作权人许可，复制、发行、表演、放映、广播、汇编、通过信息网络向公众传播其作品的，构成侵权行为，根据情况，承担停止侵害、消除影响、赔礼道歉、赔偿损失等民事责任。在本案中，工程设计图属于作品，依法应当受到保护。法院经审理后认定，被告乙建筑设计院侵犯了原告甲建筑设计院的著作权，应承担相应的侵权责任。

【案例 1-3】

2021 年 2 月，工商银行某市分行应借款人申请为其贷款 5000 万元人民币，合同规定贷款期限为 1 年，合同还约定借款人借款到期后未履行合同义务时由某企业作为连带责任保证人承担保证责任。借款到期后，借款人无力偿还债务。该工商银行分行按照合同保证条款要求保证人承担保证责任。保证人称借款合同纠纷未经审判或仲裁，并就债务人财产依法强制执行仍不能偿还债务前，对债权人可以拒绝承担保证责任。因此，保证人不应承担替借款人偿还债务的保证责任。

【问题】

保证人所提出的理由是否有法律根据？为什么？

【分析】

保证人所提出的理由无法律根据。因为某企业是作为借款人的连带责任保证人，而不是一般保证人。连带责任保证的债务人在主合同规定的债务期限届满没有履行还债义务的，债权人可以要求债务人履行还债义务，也可以要求保证人在其保证范围内承担保证责任。

1.4　工程建设程序

1.4.1　工程建设程序的概念和意义

工程建设程序是指工程项目从策划、选择、评估、决策、设计、施工到竣工验收、投入生产或交付使用的整个建设过程中，各项工作必须遵循的先后工作次序。它是工程建设活动自然规律和经济规律的客观反映，也是人们在长期工程建设实践过程的技术和管理活动经验的总结。只有遵循建设程序，项目建设活动才能达到预期的目的和效果。

建设程序反映了工程建设过程的客观规律。坚持建设程序具有以下重要意义：

（1）依法管理工程建设，保证正常建设秩序　建设工程涉及国计民生，并且投资大、工期长、内容复杂，是一个庞大的系统。在建设过程中，客观上存在着具有一定内在联系的不同阶段和不同内容，必须按照一定的步骤进行。为了使工程建设有序地进行，有必要将各个阶段的划分和工作的次序用法规或规章的形式加以规范，以便于人们遵守。实践证明，坚持了建设程序，建设工程就能顺利进行、健康发展。反之，不按建设程序办事，建设工程就会受到极大的影响。因此，坚持建设程序，是依法管理工程建设的需要，是建立正常建设秩序的需要。

（2）科学决策，保证投资效果　建设程序明确规定，建设前期应当做好项目建议书和可行性研究工作。在这两个阶段，由具有资格的专业技术人员对项目是否必要、条件是否可行进行研究和论证，并对投资收益进行分析，对项目的选址、规模等进行方案比较，提出技术上可行、经济上合理的可行性研究报告，为项目决策提供依据。项目审批又从综合平衡方面进行把关，可最大限度地避免决策失误并力求决策优化，从而保证投资效果。

（3）顺利实施建设工程，保证工程质量　建设程序强调先勘察、后设计、再施工的原则。根据真实、准确的勘察成果进行设计，根据深度、内容合格的设计进行施工，在做好准备的前提下合理地组织施工活动，使整个建设活动能够有条不紊地进行，这是工程质量得以保证的基本前提。事实证明，坚持建设程序，就能顺利实施建设工程并保证工程质量。

国家对工程建设程序有明确的规定。《建设工程质量管理条例》规定，从事建设工程活动，必须严格执行基本建设程序，坚持先勘察、后设计、再施工的原则。可以说，遵守工程建设程序，按建设程序办事是每一个参与工程建设活动的单位和个人都应遵守的基本准则。

1.4.2　我国现行的工程建设程序

世界上各国和国际组织在工程项目建设程序上可能存在某些差异，但总的来说都要经过投资决策和建设实施两个发展时期。这两个发展时期又可分为若干个阶段，各阶段之间存在着严格的先后次序，可以进行合理的交叉，但不能任意颠倒。按照我国现行规定，工程项目的建设程序可以分为以下几个阶段。

1. 项目建议书阶段

项目建议书是项目发起人向权力部门提出的要求建设某一工程项目的建议文件，是对建设项目的轮廓设想，包括拟建项目论证必要性、可行性以及兴建的目的、要求、计划等内容。它实际上是项目的机会研究和初步可行性研究。项目建议书的主要内容如下：

1）工程项目提出的必要性和依据。

2）产品方案、拟建规模和建设地点的初步设想。

3）资源情况、建设条件、协作关系等的初步分析。

4）投资估算和资金筹措设想。

5）项目的进度安排。

6）项目经济效果和社会效益的初步估计，包括初步的财务评价和国民经济评价。

大中型项目由国家计划管理部门审批；投资在2亿元以上的重大项目由国家计划管理部门审核以后报国务院审批；中小型项目按隶属关系由各主管部门或地方计划管理部门审批。项目建议书经批准后，方可以进行可行性研究。

2. 可行性研究阶段

可行性研究是项目建议书被批准后，对工程项目在技术上、经济上是否可行进行科学分析和论证工作，是技术经济的深入论证阶段，为项目决策提供依据。可行性研究的主要任务是通过多方案比较，提出评价意见，推荐最佳方案。可行性研究的内容可概括为市场研究、技术研究和经济研究三项，其中市场研究是前提，技术研究是基础，经济研究是核心。

可行性研究的最终成果是可行性研究报告。可行性研究报告需要审批。

根据《国务院关于投资体制改革的决定》（国发〔2004〕20号），政府投资项目和非政府投资项目分别实行审批制、核准制或备案制。政府投资项目实行审批制，非政府投资项目实行核准制或备案制。

（1）政府投资项目

1）对于采用直接投资和资本金注入方式的政府投资项目，政府需要从投资决策的角度审批项目建议书和可行性研究报告，除特殊情况外，不再审批开工报告，同时还要严格审批其初步设计和概算。

2）对于采用投资补助、转贷和贷款贴息方式的政府投资项目，则只审批资金申请报告。

（2）非政府投资项目　对于企业不使用政府资金投资建设的项目，政府不再进行投资决策性质的审批，区别不同情况实行核准制或备案制。

1）核准制。企业投资建设《政府核准的投资项目目录》中的项目时，仅需要向政府提交项目申请报告，不再经过批准项目建议书、可行性研究报告和开工报告的程序。

2）备案制。对于《政府核准的投资项目目录》以外的企业投资项目，实行备案制。除国家另有规定外，由企业按照属地原则向地方政府投资主管部门备案。

可行性研究报告被批准，标志着工程项目正式"立项"，同时作为初步设计的依据，不得随意修改或变更。

3. 设计工作阶段

可行性研究报告经批准后，建设单位可委托设计单位编制设计文件。设计文件是安排建设项目和组织工程施工的主要依据。一般建设项目进行两阶段设计，即初步设计和施工图设计。技术上复杂而缺乏设计经验的项目，进行三阶段设计，即初步设计、技术设计和施工图设计。

（1）初步设计　初步设计是为了阐明在指定地点、时间和投产限额内，拟建项目在技术上的可行性和经济上的合理性，并对建设项目做出基本技术经济规定，编制建设项目总概算。

（2）技术设计　技术设计是进一步解决初步设计的重大技术问题，如工艺流程、建筑结构、设备选型及数量确定等，同时对初步设计进行补充和修正，然后编制修正概算。

（3）施工图设计　施工图设计在初步设计或技术设计的基础上进行，需完整地表现建筑物外形、内部空间尺寸、结构体系、构造状况，以及建筑群的组成和周围环境的配合，还包括各种运输、通信、管道系统、建筑设备的设计。施工图设计完成后应编制施工图预算。国家规定，施工图设计文件应当经有关部门审查批准后，方可使用。

4. 建设准备阶段

为了保证施工的顺利进行，必须做好各项建设前的准备工作。建设前期准备工作主要包括办理报建手续，征地、拆迁，取得用地规划许可证和土地使用权证等依法建设的法律凭证；完成施工用水、电、路等工程，进行场地平整，即"三通一平"；组织项目所需设备、材料的采购和订货工作；准备必要的施工图；组织监理招标和施工招标，择优选择监理单位和施工单位；申请领取施工许可证等。

5. 施工阶段

工程项目经批准开工建设，便进入了施工阶段。这是一个实现决策意图、建成投产、发挥投资效益的关键环节。在整个建设程序中，施工阶段持续时间最长，资金和各类资源的投入量最大，项目管理工作也最为复杂。施工活动应按设计要求、合同条款、预算投资、施工程序和顺序、施工组织设计，在保证质量、工期、成本计划等目标实现的前提下进行，达到竣工标准要求，经过验收后移交给建设单位。

对于工业项目，在施工阶段后期还要进行生产准备。生产准备是衔接建设和生产的桥梁，是建设阶段转入生产经济的必要条件。一般包括组建管理机构，制定管理制度，招收并培训生产人员，组织设备的安装、调试和工程验收，签订原材料、燃料等供应和运输协议，进行工器具、备品、备件等的制造或订货等。

6. 竣工验收、交付使用阶段

竣工验收是建设过程的最后一个阶段，是全面考核建设成果，检查是否符合设计要求和工程质量的重要环节。施工单位按合同和设计文件的规定完成全部施工内容以后，可向建设单位提出工程竣工报告，建设单位组织竣工验收，并编制竣工决算。通过竣工验收，移交工程项目产品，总结经验，进行竣工结算，提交工程档案资料，结束工程建设活动和过程。建设工程经验收合格的，方可交付使用。

另外，我国建设工程实行工程质量保修制度，国家规定了相应的最低保修期限。自竣工验收合格之日起，项目开始进入工程质量保修期。

7. 项目后评价

项目后评价是指项目投入生产运营一段时间之后，对项目的建设和运营情况所进行的全面科学评价。通过后评价可以总结经验，找出不足，为今后类似工程项目的建设提供参考。

本章习题

一、单选题

1. 下列说法正确的是（　　　）。

A. 行政规章是由国家最高行政机关制定的法律规范性文件

B. 部门规章是由地方人民政府各行政部门制定的法律规范性文件

C. 地方政府规章的效力低于法律、行政法规，高于同级地方性法规

D. 地方性法规只在本辖区内有效，其效力低于法律和行政法规

2. 下列规范性文件中，属于行政法规的是（　　　）。

A. 《民法典》

B. 《建筑法》

C. 《建设工程质量管理条例》

D. 《建筑工程施工图设计文件审查暂行办法》

3. 下列与工程建设有关的规范性文件中，由国务院制定的是（　　　）。

A. 《安全生产许可证条例》　　　　　B. 《建筑业企业资质管理规定》

C. 《安全生产法》　　　　　　　　　D. 《工程建设项目施工招标投标办法》

4. 下列关于法律效力的说法，正确的是（　　　）。

A. 《招标投标法实施条例》高于《招标公告发布暂行办法》

B. 《建设工程质量管理条例》高于《建筑法》

C. 《建筑业企业资质管理规定》高于《外商投资建筑业企业管理规定》

D. 《建设工程勘察设计管理条例》高于《城市房地产开发经营管理条例》

5. 下列关于代理的说法，正确的是（　　　）。

A. 代理人在授权范围内实施代理行为的法律后果由被代理人承担

B. 代理人可以超越代理权实施代理行为

C. 被代理人对代理人的一切行为承担民事责任

D. 代理是代理人以自己的名义实施的民事法律行为

6. 某合同约定 2022 年 1 月 1 日发包人应该向承包人支付工程款，但发包人没有支付。2023 年 7 月 1 日至 8 月 1 日之间，当地发生了特大洪水，导致承包人不能行使请求权。2023 年 12 月 3 日，承包人向法院提起诉讼，请求发包人支付拖欠的工程款，2023 年 12 月 31 日法院做出判决。下列说法正确的是（　　　）。

A. 2023 年 7 月 1 日至 8 月 1 日之间诉讼时效中止

B. 2023 年 12 月 3 日起诉导致诉讼时效中止

C. 2023 年 12 月 3 日诉讼时效中断，诉讼时效期间重新计算

D. 2023 年 7 月 1 日至 8 月 1 日之间诉讼时效中断

7. 甲公司业务员王某被开除后，为报复甲公司，用盖有甲公司公章的空白合同书与乙公司订立了一份购销合同。乙公司并不知情，并按时将货送至甲公司所在地，甲公司拒绝收货，从而引起纠纷。下列关于该案代理与合同效力的说法，正确的是（   ）。

A. 王某的行为为无权代理，合同无效

B. 王某的行为为表见代理，合同无效

C. 王某的行为为表见代理，合同有效

D. 王某的行为为委托代理，合同有效

8. 知识产权法的下列保护对象中，属于专利法保护对象的是（   ）。

A. 为施工绘制的工程设计图

B. 施工企业编制的投标文件

C. 项目经理完成的工程报告

D. 施工企业研发的新技术方案

9. 关于专利权期限的说法，正确的是（   ）。

A. 发明专利权和实用新型专利权的期限为 20 年

B. 外观设计专利权的期限为 15 年

C. 专利申请文件邮寄的，国务院专利行政主管部门收到之日为申请日

D. 专利权的有效期自授予之日起计算

10. 保证合同是（   ）订立的合同。

A. 债权人与债务人   B. 债务人和保证人

C. 债权人与保证人   D. 债权人与债务人和保证人

11. 下列关于保证担保的说法，正确的是（   ）。

A. 保证人必须向债权人证明其有清偿能力

B. 保证方式没有约定的，保证人承担一般保证责任

C. 保证人可能是主合同的当事人

D. 保证期间为六个月

二、多选题

1. 下列属于行政法规的是（   ）。

A. 《安全生产法》   B. 《仲裁法》

C. 《建设工程质量管理条例》   D. 《安全生产许可证条例》

E. 《北京市招标投标条例》

2. 在工程施工过程中，属于侵权责任的情形有（   ）。

A. 工地的塔式起重机倒塌造成行人被砸伤

B. 施工单位将施工废料倒入临近鱼塘造成鱼苗大量死亡

C. 分包商在施工时操作不当造成公用供电设施损坏

D. 施工单位违约造成供货商的重大损失

E. 施工单位未按合同约定支付项目经理的奖金

3. 将（   ）作为抵押财产的，抵押权自合同生效时设立。

A. 交通运输工具   B. 正在施工的建筑物

C. 生产设备、原材料　　　　　　　D. 正在建造中的航空器

E. 建设用地使用权

4. 下列财产不能作为抵押财产的是（　　　）。

A. 被法院扣押的车辆　　　　　　　B. 建设用地使用权

C. 生产原料　　　　　　　　　　　D. 公立幼儿园的教育设施

E. 土地所有权

5. 诉讼时效因（　　）而中断，从中断时起，诉讼时效期间重新计算。

A. 一方提起诉讼　　　　　　　　　B. 诉讼时效期间届满

C. 不可抗力　　　　　　　　　　　D. 权利人向义务人提出履行请求

E. 义务人同意履行义务

第 1 章练习题

扫码进入小程序，完成答题即可获取答案

工程建设从业资格法律制度

建筑企业资质和从业人员执业资格许可制度。

贯彻合规经营发展理念，建立准入制度职业理念。

2.1 工程建设从业资格制度概述

2.1.1 工程建设从业资格法律制度的法定要件和审批程序

工程建设从业资格制度就是国家通过法定条件和立法程序对建设活动主体资格进行认定和批准，赋予其在法律规定的范围内从事一定的建设活动的制度。

《建筑法》对建筑主体要进入市场必须同时符合法定要件和法定审批程序两个方面的要求。

1. 建设从业资格的法定要件

建设从业资格的法定要件是指建设活动主体必须具备法律规定的条件，才能从事建设活动。《建筑法》规定，从事建筑活动的建筑施工企业、勘察设计单位和工程监理单位，应当具备下列条件：①有符合国家规定的注册资本；②有与从事的建筑活动相适应的具有法定执业资格的专业技术人员；③有从事相关建筑活动应有的技术装备；④法律规定的其他条件。

2. 建设从业资格审批程序

建设从业资格审批程序是指建设活动主体除了具备从业资格的法定要件，还必须经过国家法定审批程序。《建筑法》规定，从事建筑活动的建筑施工企业、勘察单位、设计单位和工程监理单位，按照其拥有的注册资本、专业技术人员、技术装备和已经完成的建筑工程业绩等资质条件，划分不同的等级，经资质审查合格，取得相应的资质证书后，方可在其资质等级许可的范围内从事建筑活动；从事建筑活动的专业技术人员，应当依法取得相应的执业资格证书，并在执业资格证书许可的范围内从事建筑活动。

《建设工程质量管理条例》规定，建设单位应当将工程发包给具有相应资质等级的单位。从事建设工程勘察、设计的单位应当依法取得相应等级的资质证书，并在其资质等级许可的范围内承揽工程。施工单位应当依法取得相应等级的资质证书，并在其资质等级许可的范围内承揽工程。工程监理单位应当依法取得相应等级的资质证书，并在其资质等级许可的范围内承担工程监理业务。

2.1.2 建筑业企业资质管理

1. 建筑业企业资质序列

住房和城乡建设部发布的《建筑业企业资质管理规定》（2018 年修订）规定，建筑业企业是指从事土木工程、建筑工程、线路管道设备安装工程的新建、扩建、改建等施工活动的企业。企业应当按照其拥有的资产、主要人员、已完成的工程业绩和技术装备等条件申请建筑业企业资质，经审查合格，取得建筑业企业资质证书后，方可在资质许可的范围内从事建筑施工活动。

《建筑业企业资质管理规定》规定，建筑业企业资质分为施工总承包、专业承包和施工劳务三个序列。其中，施工总承包序列设有 12 个类别，一般分为 4 个等级（特级、一级、二级、三级）；专业承包序列设有 36 个类别，一般分为 3 个等级（一级、二级、三级）；施工劳务序列不分类别和等级。

取得施工总承包资质的企业（以下简称施工总承包企业），可以承接施工总承包工程。施工总承包企业可以对所承接的施工总承包工程内各专业工程全部自行施工，也可以将专业工程或劳务作业依法分包给具有相应资质的专业承包企业或劳务分包企业。

取得专业承包资质的企业（以下简称专业承包企业），可以承接施工总承包企业分包的专业工程和建设单位依法发包的专业工程。专业承包企业可以对所承接的专业工程全部自行施工，也可以将劳务作业依法分包给具有相应资质的劳务分包企业。

取得劳务分包资质的企业（以下简称劳务分包企业），可以承接施工总承包企业或专业承包企业分包的劳务作业。

2. 施工企业资质证书的管理

（1）申请　建筑业企业可以申请一项或多项建筑业企业资质；企业首次申请或增项申请资质，应当申请最低等级资质。

（2）延续　资质证书有效期为 5 年。企业应当于资质证书有效期届满 3 个月前，向原资质许可机关提出延续申请。资质许可机关应当在建筑企业资质证书有效期届满前做出是否准予延续的决定，逾期未做出决定的，视为准予延续。

（3）变更　在资质证书有效期内，企业名称、地址、注册资本、法定代表人等发生变更的，应当在工商部门办理变更手续后 1 个月内办理资质证书变更手续。

（4）企业发生合并、分立、改制　企业发生合并、分立、重组，以及改制等，需承继原建筑业企业资质的，应当申请重新核定建筑业企业资质等级。

（5）撤回、撤销、注销

1）撤回。企业不再符合相应建筑业企业资质标准要求条件的，资质许可机关撤回已颁发的建筑业企业资质证书。

2）撤销。非法取得的建筑业企业资质证书予以撤销。

3）注销。有下列情形之一的，资质许可机关依法注销建筑业企业资质：资质证书有效期届满，未依法申请延续的；企业依法终止的；资质证书依法被撤回、撤销或吊销的；企业提出注销申请的；法律、法规规定的应当注销建筑业企业资质的其他情形。

3. 禁止无资质或越级承揽工程的规定

（1）禁止无资质承揽工程　承包建筑工程的单位应当持有依法取得的资质证书，并在其资质等级许可的业务范围内承揽工程。

无资质承包主体签订的专业分包合同或者劳务分包合同都是无效合同。

（2）禁止越级承揽工程　《建筑法》和《建设工程质量管理条例》均规定，禁止施工单位超越本单位资质等级许可的业务范围承揽工程。

4. 禁止以他企业或他企业以本企业名义承揽工程的规定

1）禁止建筑施工企业以任何形式允许其他单位或个人使用本企业的资质证书、营业执照，以本企业的名义承揽工程。

2）分包工程发包人没有将其承包的工程进行分包，在施工现场所设项目管理机构的项目负责人、技术负责人、项目核算负责人、质量管理人员、安全管理人员不是工程承包人本单位人员的，视同允许他人以本企业名义承揽工程。

2021 年 1 月 1 日施行的《最高人民法院关于审理建设工程施工合同纠纷案件适用法律问题的解释（一）》（法释〔2020〕25 号，简称《新施工合同司法解释一》）第一条规定，建设工程施工合同具有下列情形之一的，应当依据《民法典》第一百五十三条第一款规定（违反法律、行政法规的强制性规定的民事法律行为无效），认定无效：①承包人未取得建筑业企业资质或者超越资质等级的；②没有资质的实际施工人借用有资质的建筑施工企业名义的。

2.1.3　违法行为应承担的法律责任

1）《建筑法》规定，以欺骗手段取得资质证书的，吊销资质证书，处以罚款；构成犯罪的，依法追究刑事责任。未取得资质证书承揽工程的，予以取缔，并处罚款；有违法所得的，予以没收。建筑施工企业转让、出借资质证书或者以其他方式允许他人以本企业的名义承揽工程的，责令改正，没收违法所得，并处罚款，可以责令停业整顿，降低资质等级；情节严重的，吊销资质证书。对因该项承揽工程不符合规定的质量标准造成的损失，建筑施工企业与使用本企业名义的单位或者个人承担连带赔偿责任。

2）《建筑业企业资质管理规定》规定，申请企业隐瞒有关情况或者提供虚假材料申请建筑业企业资质的，不予受理或者不予行政许可，并给予警告，申请人在 1 年内不得再次申请建筑业企业资质。该规定还规定企业以欺骗、贿赂等不正当手段取得建筑业企业资质证书的，由县级以上地方人民政府住房城乡建设主管部门或者其他有关部门给予警告，并依法处以罚款，申请人 3 年内不得再次申请建筑业企业资质。

3）《建设工程质量管理条例》规定，未取得资质证书承揽工程的，予以取缔，对勘察、设计单位或者工程监理单位处合同约定的勘察费、设计费或者监理酬金 1 倍以上 2 倍以下的罚款；对施工单位处工程合同价款百分之二以上百分之四以下的罚款；有违法所得的，予以没收。

以欺骗手段取得资质证书承揽工程的，吊销资质证书，依照规定处以罚款；有违法所得的，予以没收。

违反规定，勘察、设计、施工、工程监理单位允许其他单位或者个人以本单位名义承揽工程的，责令改正，没收违法所得，对勘察、设计单位和工程监理单位处以合同约定的勘察费、设计费和监理酬金 1 倍以上 2 倍以下的罚款；对施工单位处工程合同价款百分之二以上百分之四以下的罚款；可以责令停业整顿，降低资质等级；情节严重的，吊销资质证书。

2.2　工程建设从业人员执业资格法规

执业资格制度是指对具备一定专业学历、资历的从事建筑活动的专业技术人员，通过考试和注册，获得执业技术资格的一种制度。从事建筑活动的专业技术人员，应当依法取得相应的执业资格证书，并在执业资格证书许可的范围内从事建筑活动。目前，我国对从事建筑活动的专业技术人员已建立起执业资格制度，包括注册建筑师、注册城乡规划师、注册测绘师、注册结构工程师、注册土木工程师（岩土）、注册监理工程师、注册造价工程师、注册建造师等制度。本章主要介绍注册监理工程师、注册造价工程师和注册建造师制度。人力资源和社会保障部发布的从 2022 年起实施的《部分准入类职业资格考试工作年限要求调整方案》调整了部分职业资格工作年限要求。

2.2.1　注册监理工程师

注册监理工程师是指经考试取得国家颁发的注册监理工程师资格证书，并按照规定注册，取得注册监理工程师注册执业证书和执业印章，从事工程监理及相关业务活动的专业技术人员。监理工程师代表业主监控工程质量、工程进度、投资控制，以及合同管理、安全管理、组织与协调，是业主和承包商之间的桥梁。2020 年 2 月 28 日住房和城乡建设部、交通运输部、水利部、人力资源和社会保障部联合印发《监理工程师职业资格制度规定》和《监理工程师职业资格考试实施办法》规定了新的监理职业资格制度及考试相关规定。

1. 报考条件

凡遵守中华人民共和国宪法、法律、法规，具有良好的业务素质和道德品行，具备下列条件之一者，可以申请参加监理工程师职业资格考试：

1）具有各工程大类专业大学专科学历（或高等职业教育），从事工程施工、监理、设计等业务工作满 4 年。

2）具有工学、管理科学与工程类专业大学本科学历或学位，从事工程施工、监理、设计等业务工作满 3 年。

3）具有工学、管理科学与工程一级学科硕士学位或专业学位，从事工程施工、监理、设计等业务工作满 2 年。

4）具有工学、管理科学与工程一级学科博士学位。

监理工程师考试科目共四门，基础科目包括两门：《建设工程监理基本理论和相关法规》和《建设工程合同管理》；专业科目包括两门：《建设工程目标控制》和《建设工程监理案例分析》。《建设工程监理案例分析》分为三个专业：土木建筑工程、交通运输工程、水利工程。已取得监理工程师一种专业职业资格证书的人员，报名参加其他专业科目考试的，可免考基础科目。

具备以下条件之一的，参加监理工程师职业资格考试可免考基础科目：

1）已取得公路水运工程监理工程师资格证书。

2）已取得水利工程建设监理工程师资格证书。

监理工程师职业资格考试成绩实行4年为一个周期的滚动管理办法，在连续的4个考试年度内通过全部考试科目，方可取得监理工程师职业资格证书。

免考基础科目和增加专业类别的人员，专业科目成绩按照2年为一个周期滚动管理。

2. 注册监理工程师的执业管理

取得资格证书的人员，应当受聘于一个具有建设工程勘察、设计、施工、监理、招标代理、造价咨询等一项或者多项资质的单位，经注册后方可从事相应的执业活动。从事工程监理执业活动的，应当受聘并注册于一个具有工程监理资质的单位。注册监理工程师可以从事工程监理、工程经济与技术咨询、工程招标与采购咨询、工程项目管理服务，以及国务院有关部门规定的其他业务。

工程监理活动中形成的监理文件由注册监理工程师按照规定签字盖章后方可生效。

注册监理工程师从事执业活动，由所在单位接受委托并统一收费。因工程监理事故及相关业务造成的经济损失，聘用单位应当承担赔偿责任；聘用单位承担赔偿责任后，可依法向负有过错的注册监理工程师追偿。

通过监理工程师职业资格考试，成绩合格，取得监理工程师职业资格证书的专业技术人员，可以根据有关法律规定申请初始注册、变更注册、延续注册或增项注册。

2.2.2 注册造价工程师

住房和城乡建设部、交通运输部、水利部、人力资源和社会保障部发布《关于印发〈造价工程师职业资格制度规定〉〈造价工程师职业资格考试实施办法〉的通知》（建人〔2018〕67号）将造价工程师分为一级造价工程师和二级造价工程师。国家对造价工程师实行准入类职业资格制度，凡从事工程建设活动的建设、设计、施工、造价咨询等单位，必须在建设工程造价工作岗位配备造价工程师。

1. 报考条件

（1）一级造价工程师报考条件

1）具有工程造价专业大学专科（或高等职业教育）学历，从事工程造价、工程管理业务工作满4年。

2）具有土木建筑、水利、装备制造、交通运输、电子信息、财经商贸大类大学专科（或高等职业教育）学历，从事工程造价、工程管理业务工作满5年。

3）具有工程造价、通过工程教育专业评估（认证）的工程管理专业大学本科学历或学位，从事工程造价、工程管理业务工作满3年。

4）具有工学、管理学、经济学门类大学本科学历或学位，从事工程造价、工程管理业务工作满 4 年。

5）具有工学、管理学、经济学门类硕士学位或者第二学士学位，从事工程造价、工程管理业务工作满 2 年。

6）具有工学、管理学、经济学门类博士学位。

7）具有其他专业相应学历或者学位的人员，从事工程造价、工程管理业务工作年限相应增加 1 年。

一级造价工程师考试共设四个科目：《建设工程造价管理》《建设工程计价》《建设工程技术与计量》《建设工程造价案例分析》。其中，《建设工程造价管理》和《建设工程计价》为基础科目，《建设工程技术与计量》和《建设工程造价案例分析》为专业科目。专业科目分为土木建筑、安装、交通运输、水利四个专业类别。

已取得造价工程师一种专业职业资格证书的人员，报名参加其他专业科目考试的，可免考基础科目。考试合格后，核发人力资源和社会保障部门统一印制的相应专业考试合格证明。该证明作为注册时增加执业专业类别的依据。

一级造价工程师职业资格考试成绩实行 4 年为一个周期的滚动管理办法，在连续的 4 个考试年度内通过全部考试科目，方可取得一级造价工程师职业资格证书。

已取得造价工程师一种专业职业资格证书的人员，报名参加其他专业科目考试的，可免考基础科目。

（2）二级造价工程师报考条件

1）具有工程造价专业大学专科（或高等职业教育）学历，从事工程造价、工程管理业务工作满 1 年。

2）具有土木建筑、水利、装备制造、交通运输、电子信息、财经商贸大类大学专科（或高等职业教育）学历，从事工程造价、工程管理业务工作满 2 年。

3）具有工程造价专业大学本科及以上学历或学位。

4）具有工学、管理学、经济学门类大学本科及以上学历或学位，从事工程造价、工程管理业务工作满 1 年。

二级造价工程师职业资格考试成绩实行 2 年为一个周期的滚动管理办法，参加全部 2 个科目考试的人员必须在连续的 2 个考试年度内通过全部科目，方可取得二级造价工程师职业资格证书。

2. 注册造价工程师的执业管理

注册造价工程师实行注册职业管理制度。取得职业资格的人员，经过注册方能以注册造价工程师的名义执业。

注册造价工程师的执业范围包括：①建设项目建议书、可行性研究投资估算的编制和审核，项目经济评价，工程概算、预算、结算及竣工结（决）算的编制和审核；②工程量清单、标底（或者招标控制价）、投标报价的编制和审核，工程合同价款的签订及变更、调整、工程款支付与工程索赔费用的计算；③建设项目管理过程中设计方案的优化、限额设计等工程造价分析与控制，工程保险理赔的核查；④工程经济纠纷的鉴定。注册造价工程师应当在本人承担的工程造价成果文件上签字并盖章。

通过造价工程师职业资格考试，成绩合格，取得造价工程师职业资格证书的专业技术人员，可以根据有关法律规定申请初始注册、变更注册、延续注册或增项注册。

2.2.3　注册建造师

注册建造师是指经考试取得国家颁发的注册建造师资格证书（简称资格证书），并按照规定注册，取得建造师注册证书（简称注册证书）和执业印章，担任施工单位项目负责人及从事相关活动的专业技术人员。

注册建造师分为一级注册建造师和二级注册建造师。取得资格证书的人员，经过注册方能以注册建造师的名义执业。

《建造师执业资格制度暂行规定》《建造师执业资格考试实施办法》及《注册建造师管理规定》，对注册建造师的考试、注册、执业、继续教育和监督管理等做出了详细规定。

1. 报考条件

（1）一级建造师报考条件　凡遵守国家法律、法规，具备下列条件之一者，可以申请参加一级建造师执业资格考试：

1）取得工程类或工程经济类专业大学专科学历，从事建设工程项目施工管理工作满 4 年。

2）取得工学门类、管理科学与工程类专业大学本科学历，从事建设工程项目施工管理工作满 3 年。

3）取得工学门类、管理科学与工程类专业硕士学位，从事建设工程项目施工管理工作满 2 年。

4）取得工学门类、管理科学与工程类专业博士学位，从事建设工程项目施工管理工作满 1 年。

一级建造师执业资格考试设《建设工程经济》《建设工程法规及相关知识》《建设工程项目管理》和《专业工程管理与实务》四个科目。

《专业工程管理与实务》科目分为 10 个专业，即建筑工程、公路工程、铁路工程、民航机场工程、港口与航道工程、水利水电工程、市政公用工程、通信与广电工程、矿业工程和机电工程。

一级建造师职业资格考试成绩实行 2 年为一个周期的滚动管理办法，参加全部 4 个科目考试的人员须在连续的两个考试年度内通过全部科目。

已取得一级建造师执业资格证书的人员，可根据实际工作需要，选择《专业工程管理与实务》科目的相应专业，参加考试。考试合格后核发国家统一印制的相应专业合格证明。该证明作为注册时增加执业专业类别的依据。

（2）二级建造师报考条件　凡遵纪守法，具备工程类或工程经济类中等专科以上学历并从事建设工程项目施工管理工作满 2 年的人员，可报名参加二级建造师执业资格考试。

2. 注册建造师执业管理

取得资格证书的人员应当受聘于一个具有建设工程勘察、设计、施工、监理、招标代理、造价咨询等一项或者多项资质的单位，经注册后方可从事相应的执业活动。担任施工单位项目负责人的，应当受聘并注册于一个具有施工资质的企业。自 2018 年 10 月 22 日起，一级建造师初始注册、增项注册、重新注册、注销等申请事项通过新版一级建造师注册管理信息系统实行网上申报、网上审批。

通过建造师执业资格考试，成绩合格，取得建造师资格证书的专业技术人员，可以根据有关法律规定申请初始注册、延续注册、变更注册及增项注册。

【案例 2-1】

甲建筑施工单位欲取得某市一高层商业楼工程施工项目，在资质达不到规定标准的情况下，与具有相应资质的乙建筑公司商定，挂靠在乙建筑公司名下借用乙建筑公司的资质证书参加竞标，甲建筑施工单位中标后向乙建筑公司交纳一定的管理费。经过招标投标程序，甲建筑施工单位中标，工程竣工后，因质量问题导致巨大损失，建设单位自己承担工程损失后，对乙建筑公司向法院提出诉讼。

法院受理该案件后，对工程施工现场进行实地调查，调查发现该工程存在较为严重的质量问题，同时确认施工单位确为甲建筑施工单位挂靠乙建筑公司。

【问题】

对建设工程中的挂靠行为应如何处理？

【分析】

对于建设工程的承包单位，我国实行严格的市场准入制度。根据《建筑法》的规定，承包建筑工程的单位应当持有依法取得的资质证书，并在其资质等级许可的业务范围内承揽工程，同时规定禁止建筑施工企业超越本企业资质等级许可的业务范围或者以任何形式用其他建筑施工企业的名义承揽工程，如果承包人不具有合法资格，将导致所订合同无效。《建设工程质量管理条例》规定，施工单位应当依法取得相应的资质证书，并在其资质等级许可范围内承揽工程。

在实际工程中，有些无资质或资质较低的承包单位采用资质挂靠的方式承揽工程，同时存在转让资质证书、以其他方式允许他人以本企业的名义承揽工程的情形。不具有相应资质条件的企业借用具有资质条件的企业名义与建设单位签订的建设工程施工合同无效。因此造成的质量缺陷和其他损失，由挂靠公司与被挂靠公司承担连带责任。被挂靠公司将收取的管理费及其他费用全部或部分退还给挂靠公司。同时根据《建筑业企业资质管理规定》第三十七条规定，企业有本规定第二十三条行为之一，《建筑法》《建设工程质量管理条例》和其他有关法律、法规对处罚机关和处罚方式有规定的，依照法律、法规的规定执行；法律、法规未做规定的，由县级以上地方人民政府住房城乡建设主管部门或者其他有关部门给予警告，责令改正，并处 1 万元以上 3 万元以下的罚款。本案存在《建筑业企业资质管理规定》第二十三条规定的以下违法行为：

1）超越本企业资质等级或以其他企业的名义承揽工程，或允许其他企业或个人以本企业的名义承揽工程的。

2）伪造、变造、倒卖、出租、出借或者以其他形式非法转让建筑业企业资质证书的。

3）违反国家工程建设强制性标准施工的。

本章习题

一、单选题

1. 《建筑业企业资质管理规定》属于（　　）。

A. 行政法规　　　　B. 一般法律　　　　C. 司法解释　　　　D. 部门规章

2. 根据《建筑业企业资质管理规定》，下列属于建筑业企业资质序列的是（　　）。

A. 工程总承包　　B. 专业分包　　　　C. 专业承包　　　　D. 劳务承包

3. 下列选项中属于建筑业企业资质的是（　　）。

A. 专业资质　　　　B. 综合资质　　　　C. 施工劳务资质　　　D. 专项资质

4. 建筑业企业（　　）承揽工程。

A. 可以超越本企业资质等级许可的业务范围

B. 可以以另一个建筑施工企业的名义

C. 只能在本企业资质等级许可的业务范围内

D. 可允许其他单位或者个人使用本企业的资质证书

二、简答题

1. 建筑业企业资质序列和等级是如何规定的？

2. 报考一级建造师、一级造价师的专业和工作年限有哪些要求？

第**3**章

城乡规划法律制度

本章提要及学习目标

　　城乡规划的制定和实施、建设用地与工程规划许可证、违反城乡规划的法律责任。

　　增强学生的社会责任感和对建筑法律法规的认同感，具有知法、守法、护法的能力。

　　城乡规划是政府对一定时期内城市、镇、乡、村庄的建设布局、土地利用，以及经济和社会发展有关事项的总体安排和实施措施，是政府指导和调控城乡建设和发展的基本手段之一。《城乡规划法》自 2008 年 1 月 1 日起施行，2019 年最新修订。

　　城乡规划包括城镇体系规划、城市规划、镇规划、乡规划和村庄规划。城市规划、镇规划分为总体规划和详细规划。详细规划分为控制性详细规划和修建性详细规划。

　　规划区是指城市、镇和村庄的建成区及因城乡建设和发展需要，必须实行规划控制的区域。

3.1　城乡规划的制定

　　《城乡规划法》对城乡规划的编制和审批程序做了明确的规定。

　　（1）全国城镇体系规划　国务院城乡规划主管部门会同国务院有关部门组织编制全国城镇体系规划，用于指导省域城镇体系规划、城市总体规划的编制。全国城镇体系规划由国务院城乡规划主管部门报国务院审批。

　　（2）省域城镇体系规划　省域城镇体系规划由省、自治区人民政府组织编制，报国务院审批。

　　（3）城市总体规划　直辖市的城市总体规划由直辖市人民政府报国务院审批。省、自治区人民政府所在地的城市及国务院确定的城市的总体规划，由省、自治区人民政府审查同意后，报国务院审批。其他城市的总体规划，由城市人民政府报省、自治区人民政府审批。

（4）镇总体规划　县人民政府组织编制县人民政府所在地镇的总体规划，报上一级人民政府审批。其他镇的总体规划由镇人民政府组织编制，报上一级人民政府审批。

（5）乡规划、村庄规划　乡、镇人民政府组织编制乡规划、村庄规划，报上一级人民政府审批。

（6）城市控制性详细规划　城市控制性详细规划由城市人民政府城乡规划主管部门组织编制，经本级人民政府批准后，报本级人民代表大会常务委员会和上一级人民政府备案。

（7）镇的控制性详细规划　县人民政府所在地镇的控制性详细规划，由县人民政府城乡规划主管部门组织编制，经县人民政府批准后，报本级人民代表大会常务委员会和上一级人民政府备案。其他镇的控制性详细规划由镇人民政府组织编制，报上一级人民政府审批。

（8）修建性详细规划　由城市、县人民政府城乡规划主管部门和镇人民政府组织编制重要地块的修建性详细规划。修建性详细规划应当符合控制性详细规划。

3.2　城乡规划的实施

《城乡规划法》对建设项目选址、建设用地、建设工程、乡村建设的行政审批和许可做出了以核发选址意见书、建设用地规划许可证、建设工程规划许可证、乡村建设规划许可证等法律凭证来实施城乡规划、建立规划管理制度的明确规定。

3.2.1　建设用地规划许可证

建设用地规划许可证是指建设单位和个人在向土地行政主管部门申请征用、划拨土地前，经城市规划行政主管部门确认的建设项目位置和范围符合城市规划的法定凭证。

1. 划拨土地

按照国家规定需要有关部门批准或者核准的建设项目，以划拨方式提供国有土地使用权的，建设单位在报送有关部门批准或者核准前，应当向城乡规划主管部门申请核发选址意见书。其他建设项目不需要申请选址意见书。

在城市、镇规划区内以划拨方式提供国有土地使用权的建设项目，经有关部门批准、核准、备案后，建设单位应当向城市、县人民政府城乡规划主管部门提出建设用地规划许可申请，由城市、县人民政府城乡规划主管部门依据控制性详细规划核定建设用地的位置、面积、允许建设的范围，核发建设用地规划许可证。

建设单位在取得建设用地规划许可证后，方可向县级以上地方人民政府土地主管部门申请用地，经县级以上人民政府审批后，由土地主管部门划拨土地。

2. 出让土地

在城市、镇规划区内以出让方式提供国有土地使用权的，在国有土地使用权出让前，城市、县人民政府城乡规划主管部门应当依据控制性详细规划，提出出让地块的位置、使用性质、开发强度等规划条件，作为国有土地使用权出让合同的组成部分。未确定规划条件的地块，不得出让国有土地使用权。

以出让方式取得国有土地使用权的建设项目，建设单位在取得建设项目的批准、核准、备案文件和签订国有土地使用权出让合同后，向城市、县人民政府城乡规划主管部门领取建设用地规划许可证。

城市、县人民政府城乡规划主管部门不得在建设用地规划许可证中，擅自改变作为国有土地使用权出让合同组成部分的规划条件。

规划条件未纳入国有土地使用权出让合同的，该国有土地使用权出让合同无效；对未取得建设用地规划许可证的建设单位批准用地的，由县级以上人民政府撤销有关批准文件；占用土地的，应当及时退回；给当事人造成损失的，应当依法给予赔偿。

3.2.2 建设工程规划许可证

1. 建设工程规划许可证的申请

建设工程规划许可证是建设单位和个人申请，城市规划行政主管部门审查、确认其拟建的建设工程符合城市规划，并准予办理开工手续的法律凭证。在城市、镇规划区内进行建筑物、构筑物、道路、管线和其他工程建设的，建设单位或者个人应当向城市、县人民政府城乡规划主管部门或者省、自治区、直辖市人民政府确定的镇人民政府申请办理建设工程规划许可证。

建设单位或者个人在取得建设工程规划许可证件和其他有关批准文件后，方可申请办理开工手续。这一规定是保证城市各项建设活动严格按照城市规划的要求进行，防止违法建设活动发生的重要法律措施。

申请办理建设工程规划许可证，应当提交使用土地的有关证明文件、建设工程设计方案等材料。需要建设单位编制修建性详细规划的建设项目，还应当提交修建性详细规划。对符合控制性详细规划和规划条件的，由城市、县人民政府城乡规划主管部门或者省、自治区、直辖市人民政府确定的镇人民政府核发建设工程规划许可证。

城市、县人民政府城乡规划主管部门或者省、自治区、直辖市人民政府确定的镇人民政府应当依法将经审定的修建性详细规划、建设工程设计方案的总平面图予以公布。

2. 建设工程审批后的管理

建设工程审批后的管理是城市规划行政主管部门依法进行事后监督检查的重要环节。其管理的内容主要包括验线、现场检查和竣工验收。

（1）验线　建设单位应当按照建设工程规划许可证的要求放线，并经城市规划行政主管部门验线后方可施工。

（2）现场检查　现场检查即城市规划管理工作人员依其职责深入有关单位和施工现场，核查建设工程的位置、施工等情况是否符合规划设计条件。

（3）竣工验收　竣工验收是基本建设程序的最后一个阶段。竣工验收通常由城市建设行政主管部门委托符合资质条件的建筑工程质量监督单位进行，规划部门参加竣工验收，对建设工程是否符合规划设计条件的要求进行最后把关，以保证城市规划区内各项建设符合城市规划，县级以上地方人民政府城乡规划主管部门按照国务院规定，对建设工程是否符合规划条件予以核实。未经核实或者经核实不符合规划条件的，建设单位不得组织竣工验收。城市规划区内的建设工程竣工验收后，建设单位应当在 6 个月内将竣工资料报送城市规划行政主管部门。

3.2.3　乡村建设规划许可证

在乡、村庄规划区内进行乡镇企业、乡村公共设施和公益事业建设的，建设单位或者个人应当向乡、镇人民政府提出申请，由乡、镇人民政府报城市、县人民政府城乡规划主管部门核发乡村建设规划许可证。

在乡、村庄规划区内使用原有宅基地进行农村村民住宅建设的规划管理办法，由省、自治区、直辖市制定。

在乡、村庄规划区内进行乡镇企业、乡村公共设施和公益事业建设，以及农村村民住宅建设，不得占用农用地；确需占用农用地的，应当依照《中华人民共和国土地管理法》（简称《土地管理法》）有关规定办理农用地转用审批手续后，由城市、县人民政府城乡规划主管部门核发乡村建设规划许可证。

建设单位或者个人在取得乡村建设规划许可证后，方可办理用地审批手续。

3.2.4　变更规划条件程序

建设单位应当按照规划条件进行建设，确需变更的，必须向城市、县人民政府城乡规划主管部门提出申请。变更内容不符合控制性详细规划的，城乡规划主管部门不得批准。城市、县人民政府城乡规划主管部门应当及时将依法变更后的规划条件通报同级土地主管部门并公示。

建设单位应当及时将依法变更后的规划条件报有关人民政府土地主管部门备案。

3.2.5　临时建设许可

在城市、镇规划区内进行临时建设的，应当经城市、县人民政府城乡规划主管部门批准。临时建设影响近期建设规划或者控制性详细规划的实施，以及交通、市容、安全等的，不得批准。

临时建设应当在批准的使用期限内自行拆除。

3.2.6　城乡规划的修改

省域城镇体系规划、城市总体规划、镇总体规划的组织编制机关，应当组织有关部门和专家定期对规划实施情况进行评估，并采取论证会、听证会或者其他方式征求公众意见。组织编制机关应当向本级人民代表大会常务委员会、镇人民代表大会和原审批机关提出评估报告并附具征求意见的情况。

有下列情形之一的，组织编制机关方可按照规定的权限和程序修改省域城镇体系规划、城市总体规划、镇总体规划：

1）上级人民政府制定的城乡规划发生变更，提出修改规划要求的。

2）行政区划调整确需修改规划的。

3）因国务院批准重大建设工程确需修改规划的。

4）经评估确需修改规划的。

5）城乡规划的审批机关认为应当修改规划的其他情形。

修改省域城镇体系规划、城市总体规划、镇总体规划前，组织编制机关应当对原规划的实施情况进行总结，并向原审批机关报告；修改涉及城市总体规划、镇总体规划强制性内容的，应当先向原审批机关提出专题报告，经同意后，方可编制修改方案。

修改后的省域城镇体系规划、城市总体规划、镇总体规划，应当依照规定的审批程序报批。

3.2.7　城乡规划的验收

县级以上地方人民政府城乡规划主管部门，按照国务院规定对建设工程是否符合规划条件予以核实。未经核实或者经核实不符合规划条件的，建设单位不得组织竣工验收。

建设单位应当在竣工验收后6个月内向城乡规划主管部门报送有关竣工验收资料。

3.3　违反规划许可建设的法律责任

1）未取得建设工程规划许可证或者未按照建设工程规划许可证的规定进行建设的，由县级以上地方人民政府城乡规划主管部门责令停止建设；尚可采取改正措施消除对规划实施的影响的，限期改正，处建设工程造价5%以上10%以下的罚款；无法采取改正措施消除影响的，限期拆除，不能拆除的，没收实物或者违法收入，可以并处建设工程造价10%以下的罚款。

2）在乡、村庄规划区内未依法取得乡村建设规划许可证或者未按照乡村建设规划许可证的规定进行建设的，由乡、镇人民政府责令停止建设、限期改正；逾期不改正的，可以拆除。

3）建设单位或者个人有下列行为之一的，由所在地城市、县人民政府城乡规划主管部门责令限期拆除，可以并处临时建设工程造价一倍以下的罚款：①未经批准进行临时建设的；②未按照批准内容进行临时建设的；③临时建筑物、构筑物超过批准期限不拆除的。

4）不按规定报送竣工验收资料的法律责任。建设单位未在建设工程竣工验收后6个月内向城乡规划主管部门报送有关竣工验收资料的，由所在地城市、县人民政府城乡规划主管部门责令限期补报；逾期不补报的，处1万元以上5万元以下的罚款。

5）对违法建设的强制措施。城乡规划主管部门做出责令停止建设或者限期拆除的决定后，当事人不停止建设或者逾期不拆除的，建设工程所在地县级以上地方人民政府可以责成有关部门采取查封施工现场、强制拆除等措施。

6）刑事责任。违反《城乡规划法》规定，构成犯罪的，依法追究刑事责任。

【案例 3-1】

某区政府大力开展旧城改造工作，建设单位对城市中心旧城危房地段拆迁后，进行住宅建设，该地块用地面积 22700m²，用地改造为住宅，总建设规模为 58000m²，建设高度不超过 18m。区政府主要领导根据地区发展需要，决定将沿街的建设性质调整为高层商业及办公楼。另外，整个项目的总建筑规模调整为 87000m²。区土地管理部门与建设单位签订了国有土地使用合同，土地用途为住宅。区规划局经请求区领导同意，为该项目核发了建设工程规划许可证。在该地块两栋住宅已封顶、商业及办公楼已建设到地下一层部分时，市规划巡查执法部门在检查中发现了该项目的有关建设情况，责令建设单位立即停工，听候处理。

【问题】

1. 该项目为什么受到查处？

2. 市规划部门对此应如何处理？

【分析】

(1) 区规划局与区土地部门未按法定程序履行相关职责，存在违反程序审批的问题：

1) 没按该地块的规划条件进行建设，规划条件应作为合同的一部分。

2) 规划条件不能随意改变。确需变更的，必须向城市、县人民政府城乡规划主管部门提出申请，变更不符合控制性详细规划的，不得批准。

3) 没有领取建设用地规划许可证。

(2) 对当事人的处理：

1) 对区政府相关负责人依法给予处分。

2) 核销其建设工程规划许可证。

3) 对直接责任人依法给予行政处分，追究法律责任。

(3) 对建设项目的处理：

1) 责令立即停止建设，对已封顶的两栋住宅，没收或处罚款。

2) 高层商业办公楼（只建地下室），责令拆除。

3) 行政违法，给建设单位造成的经济损失应予以赔偿。

【案例 3-2】

某市一房地产开发公司经市规划局批准，在该市建设一栋公寓大厦。该大厦规划批准的层数为 18 层，建设规模为 2 万 m²。在建设过程中，该房地产公司自主加层，将 18 层增加至 22 层，建筑面积增加约 4500m²。公寓大厦层数增加以后，影响了周边建筑的采光和通风，周边的居民认为该公寓大厦违章加层，影响了他们的正常生活，侵犯了他们的合法权益，多次与房地产开发商交涉，但双方未能达成一致。于是，周边的居民向法院提起诉讼。

法院受理该案件后，对公寓大厦进行实地调查，调查发现该公寓大厦存在擅自加层、房屋周边间距不符合《城乡规划法》等法律、法规的有关规定等问题，认定该大厦已违章，并依法对房地产开发公司处以一定的罚款。

【问题】

房地产开发商的违法行为有哪些？如何处罚？

【分析】

依据《城乡规划法》及相关法规，本案件中房地产开发商的违法行为表现在以下几个方面：

（1）房地产开发商未按照规划条件进行建设。

在城市、镇规划区内进行建筑物、构筑物等工程建设时，建设单位或个人必须依照程序向城乡规划主管部门申请办理建设工程规划许可证。在申请办理建设工程规划许可证时，建设单位或个人应提交建设工程设计方案、建设用地规划许可证等文件。经过审批机关审查，对符合规划要求的建设项目核发建设工程规划许可证。建设单位应按批准的规划条件进行建设。该项目报规划局批准时，房屋的层数为18层，建设规模为2万 m^2。在建设过程中，房地产开发商未按照规划局审批的工程图进行建设，擅自将房屋的层数由18层增加至22层，存在违法增层的现象。

（2）建设项目发生变更，房地产开发商未按照合法程序进行报审。

按照规划审批程序的规定，已取得审定设计方案通知书的建设单位或者个人，由于自身的原因，再次申报设计方案要求改变建筑高度、建筑密度、建筑布局等事项时，应持函件（详细说明改变的具体理由）和有关设计图报城乡规划主管部门。城市、县人民政府城乡规划主管部门应根据控制性详细规划对变更内容进行审核，对不符合规划条件的，城乡规划主管部门不得批准。

城市、县人民政府城乡规划主管部门应当及时将依法变更后的规划条件通报同级土地主管部门并公示。建设单位需将依法变更后的规划条件报有关人民政府土地主管部门备案。本案件中房屋加层、增加建筑面积是房地产开发商的自主行为，未按法定程序报城乡规划主管部门审核，属于违法行为。

《城乡规划法》规定，未取得建设工程规划许可证或者未按照建设工程规划许可证的规定进行建设的，由县级以上地方人民政府城乡规划主管部门责令停止建设；尚可采取改正措施消除对规划实施的影响的，限期改正，处建设工程造价5%以上10%以下的罚款；无法采取改正措施消除影响的，限期拆除，不能拆除的，没收实物或者违法收入，可以并处建设工程造价10%以下的罚款。据此规定，法院对房地产开发商擅自修改设计，增加建筑面积的违法行为，处以一定处罚。

本章习题

一、单选题

1. 以出让方式取得国有土地使用权的建设项目，建设单位应当持建设项目的批准核准、备案文件和国有土地使用权出让合同，向建设项目所在城市、县人民政府（　　）领取建设用地规划许可证。

A. 土地主管部门　　　　　　　　　　B. 建设行政主管部门

C. 城乡规划主管部门　　　　　　　　D. 授权的镇人民政府

2. （　　）未纳入国有土地使用权出让合同时，该国有土地使用权出让合同无效。

A. 土地所有权　　　　　　　　　　　B. 规划条件

C. 土地使用权　　　　　　　　　　　D. 规划要点

3. 建设单位应当在竣工验收后（　　）个月内向城乡规划主管部门报送有关竣工验收资料。

A. 3　　　　　　　B. 5　　　　　　　C. 6　　　　　　　D. 8

4. 国家规定需要有关部门批准或者核准的建设项目，以划拨方式提供国有土地使用权的，建设单位在报送有关部门批准或者核准前，应当向城乡规划主管部门申请核发（　　）。

A. 选址意见书　　　　　　　　　　　B. 建设用地规划许可证

C. 建设工程规划许可证　　　　　　　D. 规划条件通知书

5. 临时建设应当在批准的使用期限内（　　）。

A. 强制拆除　　　　B. 自行拆除　　　　C. 没收　　　　D. 转让

二、简答题

1. 我国城乡规划分为哪几类？

2. 什么是建设用地规划许可证？其核发程序是如何规定的？

3. 什么是建设工程规划许可证？其核发程序是如何规定的？

第**4**章
建设工程施工法律制度

本章提要及学习目标

　　施工许可证申领及管理；工程发包承包制度，转包、违法分包及挂靠违法行为；工程监理及监理合同。

　　引导学生自觉抵制违规、违法行为，提升依法合规经营意识，在建设工程监理法律中融入工匠精神，贯彻党风廉政建设，加强责任意识。

　　我国《建筑法》自 1998 年 3 月 1 日起施行，现行的《建筑法》是 2019 年 4 月修正的。《建筑法》的立法目的在于加强对建筑活动的监督管理，维护建筑市场秩序，保证建筑工程的质量和安全，促进建筑业健康发展。《建筑法》分别从建筑许可、建筑工程发包与承包、建筑工程监理、建筑安全生产管理、建筑工程质量管理等方面做出了规定。

　　根据《建筑法》制定的《建设工程安全生产管理条例》《建设工程质量管理条例》分别对安全和质量做出了更详细的规定（本书其他章节专门介绍），本章仅就建筑许可、建筑工程发包与承包、建筑工程监理的内容进行阐述。

4.1　建筑工程施工许可制度

　　建筑工程开工前，建设单位应当按照国家有关规定向工程所在地县级以上人民政府建设行政主管部门申请领取施工许可证。

　　2021 年 3 月住房和城乡建设部经修改后发布的《建筑工程施工许可管理办法》规定，在中华人民共和国境内从事各类房屋建筑及其附属设施的建造、装修装饰和与其配套的线路、管道、设备的安装，以及城镇市政基础设施工程的施工，建设单位在开工前应当依照本办法的规定，向工程所在地的县级以上地方人民政府住房城乡建设主管部门申请领取施工许可证。

4.1.1　申请施工许可证的条件

　　2021 年修改的《建筑工程施工许可管理办法》规定，建设单位申请领取施工许可证，应当具备下列条件，并提交相应的证明文件：

1）依法应当办理用地批准手续的，已经办理该建筑工程用地批准手续。

2）依法应当办理建设工程规划许可证的，已经取得建设工程规划许可证。

3）施工场地已经基本具备施工条件，需要征收房屋的，其进度符合施工要求。

4）已经确定施工企业。按照规定应当招标的工程没有招标，应当公开招标的工程没有公开招标，或者肢解发包工程，以及将工程发包给不具备相应资质条件的企业的，所确定的施工企业无效。

5）有满足施工需要的资金安排、施工图及技术资料，建设单位应当提供建设资金已经落实承诺书，施工图设计文件已按规定审查合格。

6）有保证工程质量和安全的具体措施。施工企业编制的施工组织设计中有根据建筑工程特点制定的相应质量、安全技术措施。建立工程质量安全责任制并落实到人。专业性较强的工程项目编制了专项质量、安全施工组织设计，并按照规定办理了工程质量、安全监督手续。质量监督手续可以和施工许可证或开工报告合并办理。

【例题 1】 下列关于申请领取施工许可证的说法，正确的有（　　　）。

A. 应当委托监理的工程已委托监理后，才能申请领取施工许可证

B. 领取施工许可证是确定建筑施工企业的前提条件

C. 需要征收房屋的，征收完毕

D. 建设单位应当提供建设资金已经落实承诺书

E. 施工图设计文件已按规定审查合格

【答案】 DE

4.1.2　未取得施工许可证擅自开工的法律后果

1）《建筑法》规定，违反该法规定，未取得施工许可证或者开工报告未经批准擅自施工的，责令改正，对不符合开工条件的责令停止施工，可以处以罚款。

2）《建筑工程施工许可管理办法》规定，对于未取得施工许可证或者为规避办理施工许可证将工程项目分解后擅自施工的，由有管辖权的发证机关责令停止施工，限期改正，对建设单位处工程合同价款 1% 以上 2% 以下罚款；对施工单位处 3 万元以下罚款。

建设单位采用欺骗、贿赂等不正当手段取得施工许可证的，由原发证机关撤销施工许可证，责令停止施工，并处 1 万元以上 3 万元以下罚款；构成犯罪的，依法追究刑事责任。

建设单位隐瞒有关情况或者提供虚假材料申请施工许可证的，发证机关不予受理或者不予许可，并处 1 万元以上 3 万元以下罚款；构成犯罪的，依法追究刑事责任。

建设单位伪造或者涂改施工许可证的，由发证机关责令停止施工，并处 1 万元以上 3 万元以下罚款；构成犯罪的，依法追究刑事责任。

依照该办法规定，给予单位罚款处罚的，对单位直接负责的主管人员和其他直接责任人员处单位罚款数额 5% 以上 10% 以下罚款。

单位及相关责任人受到处罚的，作为不良行为记录予以通报。

4.1.3　不需要申请施工许可证的工程类型

1）国务院建设行政主管部门确定的限额以下的小型工程，工程投资额在30万元以下或者建筑面积在300m²以下的建筑工程。

2）作为文物保护的建筑工程。

3）抢险救灾工程。

4）临时性建筑。

5）军用房屋建筑。

6）按照国务院规定的权限和程序批准开工报告的建筑工程。

此类工程开工的前提是已经有经批准的开工报告，而不是施工许可证。因此，此类工程是不需要申请施工许可证的。

4.1.4　施工许可证的管理

1. 施工许可证废止的条件

建设单位应当自领取施工许可证之日起3个月内开工。因故不能按期开工的，应当向发证机关申请延期；延期以两次为限，每次不超过3个月。既不开工又不申请延期或者超过延期时限的，施工许可证自行废止。

2. 重新核验施工许可证的条件

在建的建筑工程因故中止施工的，建设单位应当自中止施工之日起1个月内，向发证机关报告，并按照规定做好建筑工程的维护管理工作。

建筑工程恢复施工时，应当向发证机关报告；中止施工满1年的工程恢复施工前，建设单位应当报发证机关核验施工许可证。

3. 重新办理开工报告的条件

按照国务院有关规定批准开工报告的建筑工程，因故不能按期开工或者中止施工的，应当及时向批准机关报告情况。因故不能按期开工超过6个月的，应当重新办理开工报告的批准手续。

【例题2】　某建设单位于2023年2月1日领取施工许可证，由于某种原因工程未能按期开工，该建设单位按照《建筑法》规定向发证机关申请延期，该工程最迟应当在（　　）开工。

A. 2023年3月1日　　　　　　　　　　B. 2023年5月1日

C. 2023年8月1日　　　　　　　　　　D. 2023年11月1日

【答案】　D

【例题3】　某建设单位欲新建一座大型综合超市，于2022年3月20日领取了工程施工许可证。开工后因故于2022年10月15日中止施工。根据《建筑法》施工许可制度的规定，该建设单位向施工许可证发证机关报告的最迟期限是2022年（　　）。

A. 10月15日　　B. 10月22日　　C. 11月14日　　D. 12月14日

【答案】　C

4.2 建设工程发包承包制度

4.2.1 建设工程发包制度

1. 建设工程发包

建筑工程依法实行招标发包，对不适合招标发包的可以直接发包。建设工程实行招标发包的，发包单位应当将建设工程发包给依法中标的承包单位。建设工程实行直接发包的，发包单位应当将建设工程发包给具有相应资质条件的承包单位。

2019 年住房和城乡建设部颁布《建筑工程施工发包与承包违法行为认定查处管理办法》，该办法规定了建设单位违法发包的情形：

1）将工程发包给个人的。

2）将工程发包给不具有相应资质的单位的。

3）依法应当招标未招标或未按照法定招标程序发包的。

4）设置不合理的招标投标条件，限制、排斥潜在投标人或者投标人的。

5）将一个单位工程的施工分解成若干部分发包给不同的施工总承包或专业承包单位的。

2. 提倡实行工程总承包

建设工程的总承包方式按承包内容的不同，分为施工（或勘察、设计）总承包和工程总承包。其中，施工（或勘察、设计）总承包是我国常见且较为传统的工程承包方式。

工程总承包的具体方式、工作内容和责任等，由发包单位（业主）与工程总承包企业在合同中约定。我国目前提倡的工程总承包主要有以下方式：

（1）设计采购施工 EPC/交钥匙总承包 设计采购施工 EPC/交钥匙总承包是指工程总承包企业按照合同约定，承担工程项目的设计、采购、施工、试运行服务等工作，并对承包工程的质量、安全、工期、造价全面负责。

（2）设计-施工总承包（D-B） 设计-施工总承包是指工程总承包企业按照合同约定，承担工程项目设计和施工，并对承包工程的质量、安全、工期、造价全面负责。

根据工程项目的不同规模、类型和业主要求，工程总承包还可采用设计-采购总承包（E-P）、采购-施工总承包（P-C）等方式。

3. 禁止肢解发包

肢解发包指的是建设单位将应当由一个承包单位完成的建设工程分解成若干部分，发包给不同的承包单位的行为。

肢解发包可能导致发包人变相规避招标。发包人可能会将大的工程项目肢解成若干小的工程项目，使每一个小的工程项目都不满足关于招标规模和标准的规定，从而达到变相规避招标的效果。

4.2.2 建设工程承包制度

1. 资质管理

承包建设工程的单位应当持有依法取得的资质证书，并在其资质等级许可的业务范围内承揽工程。禁止建筑施工企业超越本企业资质等级许可的业务范围或者以任何形式用其他建筑施工企业的名义承揽工程。禁止建筑施工企业以任何形式允许其他单位或者个人使用本企业的资质证书、营业执照，以本企业的名义承揽工程。

2. 联合承包

大型建设工程或者结构复杂的建设工程，可以由两个以上的承包单位联合共同承包。

（1）联合体中各成员单位的责任承担　联合体中各成员单位的责任分为内部责任和外部责任。

1）内部责任。组成联合体的成员单位投标之前必须签订共同投标协议，明确约定各方拟承担的工作和责任，并将共同投标协议连同投标文件一并提交招标人。联合体投标未附联合体各方共同投标协议的，由评标委员会初审后按废标处理。

2）外部责任。共同承包的各方对承包合同的履行承担连带责任。负有连带义务的每个债务人，都负有清偿全部债务的义务，履行了义务的人，有权要求其他负有连带义务的人偿付他应当承担的份额。

（2）联合体资质的认定　两个以上不同资质等级的单位实行联合共同承包的，应当按照资质等级较低的单位的业务许可范围承揽工程。

3. 禁止转包和挂靠

转包指的是承包单位承包建设工程后，不履行合同约定的责任和义务，将其承包的全部建设工程转给他人或者将其承包的全部建设工程肢解以后以分包的名义分别转给其他单位承包的行为。

禁止承包单位将其承包的全部建设工程转包给他人，禁止承包单位将其承包的全部建设工程肢解以后以分包的名义分别转包给他人。

《建筑工程施工发包与承包违法行为认定查处管理办法》规定，存在下列情形之一的，应当认定为转包，但有证据证明属于挂靠或者其他违法行为的除外：

1）承包单位将其承包的全部工程转给其他单位（包括母公司承接建筑工程后将所承接工程交由具有独立法人资格的子公司施工的情形）或个人施工的。

2）承包单位将其承包的全部工程肢解以后，以分包的名义分别转给其他单位或个人施工的。

3）施工总承包单位或专业承包单位未派驻项目负责人、技术负责人、质量管理负责人、安全管理负责人等主要管理人员，或派驻的项目负责人、技术负责人、质量管理负责人、安全管理负责人中一人及以上与施工单位没有订立劳动合同且没有建立劳动工资和社会养老保险关系，或派驻的项目负责人未对该工程的施工活动进行组织管理，又不能进行合理解释并提供相应证明的。

4）合同约定由承包单位负责采购的主要建筑材料、构配件及工程设备或租赁的施工机械设备，由其他单位或个人采购、租赁，或施工单位不能提供有关采购、租赁合同及发票等证明，又不能进行合理解释并提供相应证明的。

5）专业作业承包人承包的范围是承包单位承包的全部工程，专业作业承包人计取的是除上缴给承包单位"管理费"之外的全部工程价款的。

6）承包单位通过采取合作、联营、个人承包等形式或名义，直接或变相将其承包的全部工程转给其他单位或个人施工的。

7）专业工程的发包单位不是该工程的施工总承包或专业承包单位的，但建设单位依约作为发包单位的除外。

8）专业作业的发包单位不是该工程承包单位的。

9）施工合同主体之间没有工程款收付关系，或者承包单位收到款项后又将款项转拨给其他单位和个人，又不能进行合理解释并提供材料证明的。

两个以上的单位组成联合体承包工程，在联合体分工协议中约定或者在项目实际实施过程中，联合体一方不进行施工也未对施工活动进行组织管理的，并且向联合体其他方收取管理费或者其他类似费用的，视为联合体一方将承包的工程转包给联合体其他方。

存在下列情形之一的，属于挂靠：

1）没有资质的单位或个人借用其他施工单位的资质承揽工程的。

2）有资质的施工单位相互借用资质承揽工程的，包括资质等级低的借用资质等级高的，资质等级高的借用资质等级低的，相同资质等级相互借用的。

3）在上述认定转包第3）~9）项规定的情形，有证据证明属于挂靠的。

4.2.3　建设工程分包制度

1. 分包的含义

建设工程施工分包是指总承包单位将其所承包的工程中的专业工程或者劳务作业发包给其他承包单位完成的活动。

分包分为专业工程分包和劳务作业分包。

专业工程分包是指施工总承包单位将其所承包工程中的专业工程发包给具有相应资质的其他承包单位完成的活动。

劳务作业分包是指施工总承包单位或者专业承包单位将其承包工程中的劳务作业发包给劳务分包单位完成的活动。

专业工程分包工程承包人必须自行完成所承包的工程。劳务作业分包由劳务作业发包人与劳务作业承包人通过劳务合同约定，劳务作业承包人必须自行完成所承包的任务。

2. 可以分包的工程

《招标投标法》规定，中标人按照合同约定或者经招标人同意，可以将中标项目的部分非主体、非关键性工作分包给他人完成。中标人不得向他人转让中标项目，也不得将中标项目肢解后分别向他人转让。

《招标投标法实施条例》规定，中标人不得向他人转让中标项目，也不得将中标项目肢解后分别向他人转让。中标人按照合同约定或者经招标人同意，可以将中标项目的部分非主体、非关键性工作分包给他人完成。接受分包的人应当具备相应的资格条件，并不得再次分包。中标人应当就分包项目向招标人负责，接受分包的人就分包项目承担连带责任。《房屋建筑和市政基础设施工程施工分包管理办法》规定，严禁个人承揽分包工程业务。

3. 分包单位不得再分包

《建筑法》规定，禁止分包单位将其承包的工程再分包。《招标投标法》也规定，接受分包的人不得再次分包。

《房屋建筑和市政基础设施工程施工分包管理办法》规定，除专业承包企业可以将其承包工程中的劳务作业发包给劳务分包企业外，专业分包工程承包人和劳务作业承包人都必须自行完成所承包的任务。

4. 对分包的认可

《建筑法》规定，除总承包合同中约定的分包外，必须经建设单位认可。这种认可应当依法通过两种方式：在总承包合同中规定分包的内容；在总承包合同中没有规定分包内容的，应当事先征得建设单位的同意。

5. 违法分包

《建筑法》规定的违法分包，包括下列行为：

1）总承包单位将建设工程分包给不具备相应资质条件的单位的。

2）建设工程总承包合同中未有约定，又未经建设单位认可，承包单位将其承包的部分建设工程交由其他单位完成的。

3）施工总承包单位将建设工程主体结构的施工分包给其他单位的。

4）工程分包单位将其承包的建设工程再分包的。

《建筑工程施工发包与承包违法行为认定查处管理办法》规定，存在下列情形之一的，属于违法分包：

1）承包单位将承包的工程分包给个人的。

2）施工总承包单位或专业承包单位将工程分包给不具备相应资质单位的。

3）施工总承包单位将施工总承包合同范围内工程主体结构的施工分包给其他单位的，钢结构工程除外。

4）专业分包单位将其承包的专业工程中非劳务作业部分再分包的。

5）专业作业承包人将其承包的劳务再分包的。

6）专业作业承包人除计取劳务作业费用外，还计取主要建筑材料款和大中型施工机械设备、主要周转材料费用的。

【例题4】 下列关于工程再分包的说法，正确的是（　　）。

A. 专业工程分包单位可将其承包的专业工程再分包

B. 专业工程分包单位不得将其承包工程中的非劳务作业部分再分包

C. 劳务作业分包单位可以将其承包的劳务作业再分包

D. 专业工程分包单位可以将非主体、非关键性的工作再分包给他人

【答案】 B

【例题5】 下列关于施工企业总包分包的说法，正确的是（　　）。

A. 专业承包企业可以将所承接的专业工程再次分包给其他专业承包企业

B. 专业承包企业可以将所承接的劳务作业依法分包给劳务作业分包企业

C. 劳务作业分包企业只能承接施工总承包企业分包的劳务作业

D. 劳务作业分包企业可以承接施工总承包企业或专业承包企业或其他劳务作业分包企业分包的劳务作业

【答案】　B

【解析】　选项 A 错误，禁止专业工程分包单位将其承包的专业工程再分包。选项 C、D 错误，劳务作业分包企业可以承接施工总承包企业或专业承包企业分包的劳务作业。

6. 因资质、转包、违法分包所订施工合同的效力

《新施工合同司法解释一》第一条规定，承包人未取得建筑业企业资质或者超越资质等级的；没有资质的实际施工人借用有资质的建筑施工企业名义的，应当依据《民法典》第一百五十三条的规定（违反法律、行政法规的强制性规定的民事法律行为无效）认定无效。

该解释还规定，承包人因转包、违法分包建设工程与他人签订的建设工程施工合同，应当依据《民法典》第一百五十三条的规定（违反法律、行政法规的强制性规定的民事法律行为无效），及第七百九十一条第二款、第三款的规定（总承包人或者勘察、设计、施工承包人经发包人同意，可以将自己承包的部分工作交由第三人完成。第三人就其完成的工作成果与总承包人或者勘察、设计、施工承包人向发包人承担连带责任。承包人不得将其承包的全部建设工程转包给第三人或者将其承包的全部建设工程肢解以后以分包的名义分别转包给第三人。禁止承包人将工程分包给不具备相应资质条件的单位。禁止分包单位将其承包的工程再分包。建设工程主体结构的施工必须由承包人自行完成。）认定无效。

7. 总承包单位与分包单位的连带责任

建筑工程总承包单位按照总承包合同的约定对建设单位负责；分包单位按照分包合同的约定对总承包单位负责。总承包单位和分包单位就分包工程对建设单位承担连带责任。

连带责任分为法定连带责任和约定连带责任。我国有关工程总分包、联合承包的连带责任，均属法定连带责任。《民法典》总则编规定，两个人以上依法承担连带责任的，权利人有权请求部分或者全部连带责任人承担责任。连带责任人的责任份额根据各自责任大小确定；难以确定责任大小的，平均承担责任。实际承担责任超过自己责任份额的连带责任人，有权向其他连带责任人追偿。

建设单位虽然和分包单位之间没有合同关系，但是当分包工程发生质量、安全、进度等方面问题给建设单位造成损失时，建设单位既可以根据总承包合同向总承包单位追究违约责任，也可以根据法律规定直接要求分包单位承担损害赔偿责任，分包单位不得拒绝。总承包单位和分包单位之间的责任划分，应当根据双方的合同约定或者各自过错大小确定；如一方向建设单位承担的责任超过其应承担份额的，有权向另一方追偿。

【例题 6】　下列关于总承包单位与分包单位对建设工程承担质量责任的说法，正确的有（　　）。

A. 分包单位按照分包合同的约定对其分包工程的质量向总承包单位及建设单位负责

B. 分包单位对分包工程的质量负责，总承包单位未尽到相应监管义务的，承担相应的补充责任

C. 建设工程实行总承包的，总承包单位应当对全部建设工程质量负责

D. 当分包工程发生质量责任或者违约责任时，建设单位可以向总承包单位或分包单位请求赔偿；总承包单位或分包单位赔偿后，有权就不属于自己责任的赔偿向另一方追偿

E. 当分包工程发生质量责任或者违约责任时，建设单位应当向总承包单位请求赔偿，总承包单位赔偿后，有权要求分包单位赔偿

【答案】　CD

【解析】　选项 A 错误，分包单位按照分包合同的约定对其分包工程的质量向总承包单位负责，总承包单位与分包单位对分包工程的质量承担连带责任。选项 B 错误，应为连带责任。选项 E 错误，不符合连带责任的特点，建设单位既可以根据总承包合同向总承包单位追究违约责任，也可以根据法律规定直接要求分包单位承担损害赔偿责任。

【例题 7】　总承包单位甲公司经建设单位同意，将幕墙工程分包给乙公司施工。后该分包工程出现了施工质量问题，建设单位要求乙公司赔偿。下列责任赔偿的说法中，能够成立的是（　　）。

A. 乙与建设单位无直接合同关系，建设单位应要求甲赔偿

B. 若甲已全部赔偿建设单位损失，则建设单位无权再向乙要求赔偿

C. 该质量问题是乙造成的，与甲无关

D. 对该质量问题乙与甲负有同等责任，乙仅承担赔偿的 50%

【答案】　B

【解析】　总承包单位依法将建设工程分包给其他单位的，分包单位应当按照分包合同的约定对其分包工程的质量向总承包单位负责，总承包单位与分包单位对分包工程的质量承担连带责任，所以选项 A 错误。

无论是总承包单位造成的还是分包单位造成的质量问题，总承包单位要按照总承包合同向建设单位负总体质量责任，所以选项 C 错误，总承包单位承担责任后，可以依据分包合同的约定，追究分包单位的质量责任。

当分包工程发生质量问题时，建设单位既可以向分包单位请求赔偿，也可以向总承包单位请求赔偿；负有连带义务的每个债务人，都负有清偿全部债务的义务，履行了义务的人，有权要求其他负有连带义务的人偿付他应当承担的份额。连带责任不是同等责任，所以选项 D 错误。

【例题8】　甲施工单位作为某建设工程项目的总承包人，将中标建设工程项目的部分非主体工程分包给乙施工单位。乙所分包的工程出现了质量问题，则下列表述中正确的有（　　　）。

A. 建设工程项目禁止分包，甲作为总承包人应承担全部责任

B. 建设工程项目可以分包，当分包项目出现问题时，建设单位可以要求总承包人承担全部责任

C. 分包人乙只与甲有合同关系，与建设单位没有合同关系，因而不直接向建设单位承担责任

D. 建设单位可以直接要求乙单位承担全部责任

E. 建设单位只能向直接责任人乙追究责任

【答案】　BD

【解析】　施工合同的双方主体是建设单位和总承包单位，总承包单位均应按照承包合同约定的权利和义务向建设单位负责。如果分包工程发生问题，总承包单位不得以分包工程已分包为由推卸自己的总承包责任，而应与分包单位就分包工程承担连带责任。

8. 其他法律责任

（1）发包单位违法行为应承担的法律责任　《建筑法》规定，发包单位将工程发包给不具有相应资质条件的承包单位的，或者违反规定将建筑工程肢解发包的，责令改正，处以罚款。

《建设工程质量管理条例》规定，建设单位将建设工程发包给不具有相应资质等级的勘察、设计、施工单位或者委托给不具有相应资质等级的工程监理单位的，责令改正，处 50 万元以上 100 万元以下的罚款。

建设单位将建设工程肢解发包的，责令改正，处工程合同价款 0.5% 以上 1% 以下的罚款；对全部或者部分使用国有资金的项目，可以暂停项目执行或者暂停资金拨付。

（2）承包单位违法行为应承担的法律责任　《建筑法》规定，超越本单位资质等级承揽工程的，责令停止违法行为，处以罚款，可以责令停业整顿，降低资质等级；情节严重的，吊销资质证书；有违法所得的，予以没收。未取得资质证书承揽工程的，予以取缔，并处罚款；有违法所得的，予以没收。

建筑施工企业转让、出借资质证书或者以其他方式允许他人以本企业的名义承揽工程的，责令改正，没收违法所得，并处罚款，可以责令停业整顿，降低资质等级；情节严重的，吊销资质证书。对因该项承揽工程不符合规定的质量标准造成的损失，建筑施工企业与使用本企业名义的单位或者个人承担连带赔偿责任。

承包单位将承包的工程转包的，或者违反该法规定进行分包的，责令改正，没收违法所得，并处罚款，可以责令停业整顿，降低资质等级；情节严重的，吊销资质证书。承包单位有以上规定的违法行为的，对因转包工程或者违法分包的工程不符合规定的质量标准造成的损失，与接受转包或者分包的单位承担连带赔偿责任。

《建设工程质量管理条例》规定，勘察、设计、施工、工程监理单位超越本单位资质等级承揽工程的，责令停止违法行为，对勘察、设计单位或者工程监理单位处合同约定的勘察费、设计费或者监理酬金 1 倍以上 2 倍以下的罚款；对施工单位处工程合同价款 2% 以上 4% 以下的罚款，可以责令停业整顿，降低资质等级；情节严重的，吊销资质证书；有违法所得的，予以没收。未取得资质证书承揽工程的，予以取缔，依照以上规定处以罚款；有违法所得的，予以没收。

勘察、设计、施工、工程监理单位允许其他单位或者个人以本单位名义承揽工程的，责令改正，没收违法所得，对勘察、设计单位和工程监理单位处合同约定的勘察费、设计费和监理酬金 1 倍以上 2 倍以下的罚款；对施工单位处工程合同价款 2% 以上 4% 以下的罚款；可以责令停业整顿，降低资质等级；情节严重的，吊销资质证书。

承包单位将承包的工程转包或者违法分包的，责令改正，没收违法所得，对勘察、设计单位处合同约定的勘察费、设计费 25% 以上 50% 以下的罚款；对施工单位处工程合同价款 0.5% 以上 1% 以下的罚款；可以责令停业整顿，降低资质等级；情节严重的，吊销资质证书。

《建筑工程施工发包与承包违法行为认定查处管理办法》规定，对认定有转包、违法分包、挂靠、转让出借资质证书，或者以其他方式允许他人以本单位的名义承揽工程等违法行为的施工单位，可依法限制其参加工程投标活动、承揽新的工程项目，并对其企业资质是否满足资质标准条件进行核查，对达不到资质标准要求的限期整改，整改后仍达不到要求的，资质审批机关撤回其资质证书。

对 2 年内发生 2 次及以上转包、违法分包、挂靠、转让出借资质证书或者以其他方式允许他人以本单位的名义承揽工程的施工单位，应当依法按照情节严重情形给予处罚。因违法发包、转包、违法分包、挂靠等违法行为导致发生质量安全事故的，应当依法按照情节严重情形给予处罚。

（3）其他法律责任　《建筑法》规定，在工程发包与承包中索贿、受贿、行贿，构成犯罪的，依法追究刑事责任；不构成犯罪的，分别处以罚款，没收贿赂的财物，对直接负责的主管人员和其他直接责任人员给予处分。对在工程承包中行贿的承包单位，除依照以上规定处罚外，可以责令停业整顿，降低资质等级或者吊销资质证书。

4.3　建设工程监理制度

4.3.1　建设工程监理概述

1. 建设工程监理的概念和性质

（1）建设工程监理的概念　建设工程监理是指由具有法定资质条件的工程监理单位，与建设单位签订监理合同，接受建设单位的委托，依据国家有关法律、法规及有关的技术标准、设计文件和其他建筑工程合同，对工程建设实施的专业化监督管理。

工程建设监理与政府工程质量监督都属于工程建设领域的监督管理活动，但是两者是不同的，它们在性质、执行者、任务、工作范围、工作依据、工作深度和广度、工作权限，以及工作方法和工作手段等多方面都存在着明显的差异。

1）性质的区别。工程建设监理是一种社会的、民间的行为，是发生在工程建设项目组织系统范围之内的平等经济主体之间的横向监督管理，是一种微观性质的、委托性的服务活动。政府的工程质量监督则是一种行政行为，是工程建设项目组织系统各经济主体之外的监督管理主体对工程建设项目系统之内的各工程建设的主体进行的一种纵向的监督管理行为，是一种宏观性质的、强制性的政府监督行为。

2）执行者的区别。工程建设监理的实施者是社会化、专业化的工程建设监理单位及其监理工程师。政府工程质量监督的执行者则是政府工程建设行政主管部门中的专业执行机构——工程质量监督机构。

3）工作性质的区别。工程建设监理是工程建设监理单位在接受项目业主的委托和授权之后，为项目业主提供的一种高智力工程技术服务工作。政府工程质量监督则是政府的工程质量监督机构代表政府行使的对工程质量的监督职能。

4）工作范围的区别。工程建设监理的工作范围伸缩性较大，它因项目业主委托的范围大小而变化。如果是全过程、全方位的工程建设监理，则其工作范围远远大于政府工程质量监督的范围。此时，工程建设监理包括整个工程建设项目的目标规划、动态控制、组织协调、合同管理、信息管理等一系列活动。政府工程质量监督则只限于施工阶段的工程质量监督，且工作范围变化较小，相对稳定。

（2）建设工程监理的性质

1）服务性。监理人员利用自己的知识、技能和经验、信息以及必要的试验、检测手段，为建设单位提供管理服务。

2）科学性。科学性是由建设工程监理的基本目的决定的。

3）独立性。按照独立性要求，在委托监理的工程中，工程监理单位与承建单位不得有隶属关系和其他利害关系。

4）公正性。公正性是社会公认的职业道德准则，也是监理行业能够长期生存和发展的基本职业道德准则。

2. 建设工程监理当事人之间的法律关系

在工程建设监理过程中，监理当事人主要包括发包人、承包人和监理人三方。

（1）监理人与发包人的法律关系 建设工程实行监理的，发包人应当与监理人采用书面形式订立委托监理合同。发包人与监理人的权利和义务以及法律责任，应当依照委托合同以及其他有关法律、行政法规的规定。因此，发包人与监理人是委托与被委托的关系。监理合同订立后，发包人把对工程建设项目的一部分管理权授予监理单位，委托其代为行使。发包人的授权委托是监理单位依法实施工程建设监理的直接依据，是工程建设实行监理制的本质要求。

这种授权委托关系不是代理关系，更不是雇用与被雇用的关系。委托关系与代理关系的区别主要在于，受托人以自己的名义为受托行为，而代理人则以被代理人的名义为代理行为。监理单位是一种中介组织，是独立的民事主体，它在行使监理职能的时候以自己的名义进行。雇用与被雇用的关系不是平等的法律关系，表现在前者支配后者，后者的工作具有从属性。监理单位接受发包人的委托后，并非唯令是从。监理人中介组织的地位和委托法律关系的性质，决定监理人在从事工程建设建立活动时，应当遵循守法、诚信、公正、科学的准则，应当凭借自己的专业技能，依照法律、行政法规及有关技术标准、设计文件和建筑工程承包合同，对施工单位进行监督。

（2）监理人与承包人的法律关系　监理人与承包人之间是监理与被监理的关系。两者之间没有直接合同法律关系，但承包人要接受监理人的监督。一方面，根据《民法典》合同编规定，发包人有权监督承包人的合同履行情况，承包人有义务接受发包人的监督。发包人通过监理合同授权监理人履行监理职责，监理人就取得了代替发包人监督承包人履行施工合同义务的权利，承包人必须接受监理人的监督。在监理合同约定的监理与相关服务工作范围内，委托人对承包人的任何意见或要求应通知监理人，由监理人向承包人发出相应指令。另一方面，监理人是依法执业的机构，法律赋予了它对施工活动中的违法违规行为进行监督的权力和职责，监理人实施工程建设监理，其权力来源一是有关监理的法律规定，二是发包人的直接授权。

4.3.2　建设工程监理的依据和范围

1. 建设工程监理的依据

建筑工程监理应当依照法律、行政法规及有关的技术标准、设计文件和建筑工程承包合同，对承包单位在施工质量、建设工期和建设资金使用等方面，代表建设单位实施监督。

2. 建设工程强制监理的范围

必须实行监理的建设工程项目主要有以下几类：

1）国家重点建设工程。

2）大中型公用事业工程。大中型公用事业工程是指项目总投资额在3000万元以上的下列工程项目：①供水、供电、供气、供热等市政工程项目；②科技、教育、文化等项目；③体育、旅游、商业等项目；④卫生、社会福利等项目；⑤其他公用事业项目。

3）成片开发建设的住宅小区工程。成片开发建设的住宅小区工程，建筑面积在5万 m^2以上的住宅建设工程必须实行监理；5万 m^2以下的住宅建设工程，可以实行监理；对高层住宅及地基、结构复杂的多层住宅应当实行监理。

4）利用外国政府或者国际组织贷款、援助资金的工程。主要包括：①使用世界银行、亚洲开发银行等国际组织贷款资金的项目；②使用国外政府及其机构贷款资金的项目；③使用国际组织或者国外政府援助资金的项目。

5）国家规定必须实行监理的其他工程。包括项目总投资额在3000万元以上关系社会公共利益、公众安全的基础设施项目；学校、影剧院、体育场馆项目。

【例题9】　下列关于建设工程监理的说法，正确的是（　　　　）。

A. 我国的工程监理主要是对工程的施工结果进行监督

B. 监理单位与承包该工程的施工单位应为行政隶属关系

C. 建设单位有权决定是否委托工程监理单位进行监理

D. 建设单位须将工程委托给具有相应资质等级的监理单位

【答案】　D

4.3.3　建设工程监理合同

《建设工程监理合同（示范文本）》（GF—2012—0202）由协议书、通用条件、专用条件、附录 A、附录 B 组成。

1. 监理的范围和工作内容

除专用条件另有约定外，监理工作内容包括以下几项：

1）编制监理规划并在第一次工地会议 7 天前报委托人。根据有关规定和监理工作需要，编制监理实施细则。

2）熟悉工程设计文件，并参加由委托人主持的图纸会审和设计交底会议。

3）参加由委托人主持的第一次工地会议，主持监理例会并根据工程需要主持或参加专题会议。

4）审查施工承包人提交的施工组织设计中的质量安全技术措施、专项施工方案与工程建设强制性标准的符合性。

5）检查施工承包人工程质量、安全生产管理制度及组织机构和人员资格。

6）检查施工承包人专职安全生产管理人员的配备情况。

7）审查施工承包人提交的施工进度计划，核查承包人对施工进度计划的调整。

8）检查施工承包人的实验室。

9）审核施工分包人的资质条件。

10）查验施工承包人的施工测量放线成果。

11）审查工程开工条件，签发开工令。

12）审查施工承包人报送的工程材料、构配件、设备的质量证明资料，抽检进场的工程材料、构配件的质量。

13）审核施工承包人提交的工程款支付申请，签发或出具工程款支付证书，并报委托人审核、批准。

14）进行巡视、旁站和抽检，发现工程质量、施工安全生产存在隐患时，要求施工承包人整改并报委托人。

15）经委托人同意，签发工程暂停令和复工令。

16）审查施工承包人提交的采用新材料、新工艺、新技术、新设备的论证材料及相关验收标准。

17）验收隐蔽工程、分部分项工程。

18）审查施工承包人提交的工程变更申请，协调处理施工进度调整、费用索赔、合同争议等事项。

19）审查施工承包人提交的竣工验收申请，编写工程质量评估报告。

20）参加工程竣工验收，签署竣工验收意见。

21）审查施工承包人提交的竣工结算申请并报委托人。

22）编制、整理工程监理归档文件并报委托人。

2. 委托人的义务

1）告知。委托人应在委托人与承包人签订的合同中明确监理人、总监理工程师和授予项目监理机构的权限。如果有变更，应及时以书面形式通知承包人。

2）提供资料。委托人应按照附录 B 约定，免费向监理人提供工程有关的资料。在监理合同履行过程中，委托人应及时向监理人提供最新的与工程有关的资料。

3）提供工作条件。委托人应为监理人完成与监理相关服务提供必要的条件。委托人应按照约定提供相应的人员、房屋、设备、设施，供监理人免费使用。

委托人应负责协调工程建设中所有外部关系，为监理人履行监理合同提供必要的外部条件。

4）委托人代表。委托人应授权一名熟悉工程情况的代表，负责与监理人联系。委托人应在双方签订监理合同后 7 天内，将委托人代表的姓名和职责书面告知监理人。当委托人更换委托人代表时，应提前 7 天书面通知监理人。

5）委托人意见或要求。在监理合同约定的监理和相关服务工作范围内，委托人对承包人的任何意见或要求应通知监理人，由监理人向承包人发出相应指令。

6）答复。委托人应在专用条件约定的时间内，对监理人以书面形式提交并要求做出决定的事宜，给予书面答复。逾期未答复的，视为委托人认可。

7）支付。委托人应按监理合同约定，向监理人支付酬金。监理人应在合同约定的每次应付款时间的 7 天前，向委托人提交支付申请书。支付申请书应当说明当期应付款总额，并列出当期应支付的款项及其金额。支付的酬金包括正常工作酬金、附加工作酬金、合理化建议奖励金额及费用。

3. 监理人的违约责任

1）因监理人违反合同约定给委托人造成损失的，监理人应当赔偿委托人损失。赔偿金额的确定方法在专用条件中约定。监理人承担部分赔偿责任的，其承担赔偿金额由双方协商确定。

2）监理人向委托人的索赔不成立时，监理人应赔偿委托人由此发生的费用。

4. 委托人的违约责任

1）委托人违反合同约定造成监理人损失的，委托人应予以赔偿。

2）委托人向监理人的索赔不成立时，应赔偿监理人由此引起的费用。

3）委托人未能按期支付酬金超过 28 天，应按专用条件约定支付逾期付款利息。

4.3.4　建设工程监理的法律责任

《建筑法》规定，工程监理单位不按照委托监理合同的约定履行监理义务，对应当监督检查的项目不检查或者不按照规定检查，给建设单位造成损失的，应当承担相应的赔偿责任。

工程监理单位与承包单位串通，为承包单位谋取非法利益，给建设单位造成损失的，应当与承包单位承担连带赔偿责任。

典型案例

【案例 4-1】

建筑公司甲与建筑公司乙组成一个联合体投标，他们在共同投标协议中约定，如果在施工的过程中出现质量问题，因而遭到建设单位的索赔，各自承担索赔额的 50%。后来在施工过程中由于建筑公司甲的施工技术问题导致工程质量事故，并因此遭到了建设单位的索赔，索赔额是 10 万元。建设单位却仅仅要求建筑公司乙赔付这笔索赔款。建筑公司乙拒绝了建设单位的请求，理由有以下两点：

（1）质量事故的出现由建筑公司甲的施工技术导致，应该由建筑公司甲承担责任。

（2）共同投标协议中约定了各自承担索赔额的 50%，即使不由建筑公司甲独自承担索赔，也应该由其承担 50% 的比例，而不应该单独由自己出这笔钱。

【问题】

建筑公司乙的理由成立吗？

【分析】

理由不成立。

依据《建筑法》，联合体中共同承包的各方对承包合同的履行承担连带责任。也就是说，建设单位可以要求建筑公司甲承担赔偿责任，也可以要求建筑公司乙承担赔偿责任。已经承担责任的一方，可以就超出自己应该承担的部分向对方追偿，但是不可以拒绝向建设单位先行赔付。

【案例 4-2】

2023 年，某服装厂为扩大生产规模需要建设一栋综合楼，该综合楼为 10 层框架结构，建筑面积为 20000m²。通过工程监理招标，某建设监理有限公司中标并与该服装厂于 2023 年 7 月 16 日签订了监理合同，合同价款为 30 万元。通过施工招标，某建筑公司中标并与服装厂于 2023 年 8 月 16 日签订了建设工程施工合同，合同价款为 6200 万元。合同签订后，建筑公司进入现场施工。在施工过程中，服装厂发现建筑公司工程进度拖延并出现质量问题，为此双方出现纠纷，并诉至当地法院。法院在了解情况时发现该服装厂的综合楼工程项目未办理规划、施工许可手续。

【问题】

本案中该服装厂有何违法行为，应该如何处理？

【分析】

（1）该服装厂未办理综合楼工程项目的规划、施工许可手续，属违法建设项目。根据《建筑法》的规定，建筑工程开工前，建设单位应当按照国家有关规定向工程所在地县级以上人民政府建设行政主管部门申请领取施工许可证。该服装厂未申请领取施工许可证就让建筑公司开工建设，属于违法擅自施工。

（2）该服装厂不具备申请领取施工许可证的条件。根据《建筑法》的规定，建设单位申请领取施工许可证应当具备的条件之一是，已经取得建设工程规划许可证。该服装厂未办理该项工程的规划许可证，不具备申请领取施工许可证的条件。所以，该服装厂即使申请，也不可能获得施工许可证。

（3）该服装厂应该承担的法律责任。根据《建筑法》的规定，未取得施工许可证或者开工报告未经批准擅自施工的，责令改正，对不符合开工条件的责令停止施工，可以处以罚款。《建设工程质量管理条例》规定，建设单位未取得施工许可证或者开工报告未经批准，擅自施工的，责令停止施工，限期改正，处工程合同价款1%以上2%以下的罚款。对该工程应该责令停止施工，限期改正，对建设单位处以罚款。

根据《建筑工程施工许可管理办法》的规定，对于未取得施工许可证擅自施工的，由有管辖权的发证机关责令改正，对于不符合开工条件的，责令停止施工，并对建设单位和施工单位分别处以罚款。

（4）对该服装公司违法不办理规划许可的问题，由城乡规划主管部门依据《城乡规划法》给予相应处罚。

【案例 4-3】

2022年5月，某工程公司（以下简称为承包人）经竞标取得某大型住宅工程的施工承包权，然后以劳务分包的名义将工程施工合同转让给挂靠某建筑工程公司（以下简称为被挂靠企业）的另一施工企业（以下简称为实际施工人）。

在施工过程中，由于实际施工人力量薄弱、管理能力有限等原因，时常拖欠材料款和人工工资，造成工程进度一度不能达到合同的要求。承包人为了按时保质地完成建设工程，在不断督促实际施工人及时清偿相关债务无效的情况下，迫不得已为其垫付了部分材料款和人工工资，并为其部分材料采购提供了担保，致使承包人为实际施工人垫付材料款和人工工资以及担保责任执行款之和大于承包人欠付实际施工人的工程款项，实际施工人对承包人为其超付的款项予以确认。

在承包人多次向实际施工人讨要多支付的款项未果的情况下，承包人无奈于2023年2月以被挂靠企业为被告提起欠款诉讼。在诉讼过程中，被挂靠企业提出的主要抗辩理由是：双方实际系转包关系，应属无效合同，以因转包取得非法利益为由，要求法院没收原告的非法所得。

【问题】

（1）承包人与被挂靠企业所签订的合同是否有效？

（2）如果承包人与被挂靠企业所签订的合同是无效的，被挂靠企业要求法院没收承包人的非法所得是否有法律依据？

【分析】

（1）承包人与挂靠企业所签订的工程合同是无效合同，不具有法律效力。

承包人与挂靠企业所签订的合同名为劳务合同实为转包合同。本案中的分包其实质就是转包。

所谓转包是指工程施工合同的承包人不履行合同约定的义务，将其承包的工程建设任务转让给第三人（转承包人），其自身不对工程承担技术、质量、经济法律责任的行为。转包主要有两种情形：一种是承包人将全部工程转包；另一种是承包人将全部工程肢解后以分包的名义转包。本案中的转包则属于第一种情形。

劳务分包是指工程施工合同的承包人将其承包工程的劳务作业发包给劳务作业企业完成的行为。在表现形式上两者均由第三人完成应由自己完成的建设工程的部分或全部工作，有一定的相似之处。但是，转包的承包主体实际上已发生了变更，而劳务分包的承包主体并未发生变更，只是承包人将其劳务部分分包给劳务作业企业完成。

承包人转包、违法分包建设工程或者没有资质的实际施工人借用有资质的建筑施工企业名义与他人签订建设工程施工合同，依据《民法典》第一百五十三条第一款及第七百九十一条第二款、第三款的规定，认定无效。本案承包人与被挂靠企业所签订的合同，其实质是转包合同，是无效合同。

（2）施工合同被认定无效，法院没收承包人的非法所得有法律依据。

《建筑法》规定，承包单位将承包的工程转包的，或者违反该法规定进行分包的，责令改正，没收违法所得，并处罚款，可以责令停业整顿，降低资质等级；情节严重的，吊销资质证书。所以法院没收承包人的非法所得是有法律依据的。

【案例 4-4】

某大学城工程，A 施工单位与建设单位签订了施工总承包合同。合同约定除主体结构外的其他分部分项工程施工，总承包单位可以自行依法分包；建设单位负责供应油漆等部分材料。在合同履行过程中，由于工期较紧，A 施工单位将其中两栋单体建筑的室内精装修和幕墙工程分包给具备相应资质的 B 施工单位。B 施工单位经 A 施工单位同意后，将其承包范围内的幕墙工程分包给具备相应资质的 C 施工单位组织施工，油漆劳务作业分包给具备相应资质的 D 施工单位组织施工。

【问题】

A 施工单位、B 施工单位、C 施工单位、D 施工单位之间的分包行为是否合法？

【分析】

（1）A 施工单位将其中两栋单体建筑的室内精装修和幕墙工程分包给具备相应资质的 B 施工单位合法，因为装修工程和幕墙工程不属于主体结构，可以分包，总承包合同中约定就可以分包。

（2）B 施工单位将其承包范围内的幕墙工程分包给 C 施工单位不合法，因为依法分包工程不能再分包。

B 施工单位将油漆劳务作业分包给 D 施工单位合法，因为依法专业分包工程允许劳务再分包。

本章习题

一、单选题

1. 下列关于建筑工程施工许可管理的说法，错误的是（　　）。

A. 申请施工许可证是取得建设工程规划许可证的前置条件

B. 保证工程安全的施工措施须在申请施工许可证前编制完成

C. 抢险救灾工程不需要申领施工许可证

D. 施工许可证可以延期

2. 某写字楼项目于 2023 年 3 月 1 日领取了施工许可证，则该工程应在（　　）前开工。

A. 2023 年 4 月 1 日　　　　　　　　B. 2023 年 6 月 1 日

C. 2023 年 9 月 1 日　　　　　　　　D. 2023 年 12 月 1 日

3. 某医院欲新建一办公大楼，该办公大楼由某城建集团承包建造，施工许可证应由（　　）申领。

A. 医院　　　　　B. 城建集团　　　　C. 城建集团分包商　　　D. 医院或城建集团

4. 某房地产开发公司在某市老城区拟开发的一住宅小区项目涉及征收，按照《建筑工程施工许可管理办法》规定，房地产公司申请领取施工许可证前，应当（　　）。

A. 征收工作必须全部完成　　　　　B. 征收补偿安置资金全部到位

C. 征收工程量已完成 50%　　　　　D. 征收进度符合施工要求

5. 根据施工许可管理的要求，建设项目因故停工，（　　）应当自中止施工之日起 1 个月内向发证机关报告。

A. 项目部　　　　　B. 施工企业　　　　C. 监理单位　　　　D. 建设单位

6. 有关部门在对某在建住宅小区工地的联合行政执法检查中发现，该工程虽符合开工条件，但尚未取得施工许可证。根据《建筑法》规定，应（　　）。

A. 责令改正　　　　　　　　　　　B. 责令停止施工

C. 对建设单位处以罚款　　　　　　D. 降低施工单位资质等级

7. 某工程施工合同履行过程中，经建设单位同意，总承包单位将部分工程的施工交由分包单位完成。就分包工程的施工而言，下列说法正确的是（　　）。

A. 应由分包单位与总承包单位对建设单位承担连带责任

B. 应由总承包单位对建设单位承担责任

C. 应由分包单位对建设单位承担责任

D. 由建设单位自行承担责任

8. 某建筑公司承包某科技有限公司的办公楼扩建项目，根据《建筑法》有关建筑工程发包承包的规定，该公司可以（　　）。

A. 把工程转让给其他建筑公司

B. 把工程分为土建工程和安装工程，分别转让给两家有相应资质的建筑公司

C. 经某科技有限公司同意，把内墙抹灰工程发包给别的建筑公司

D. 经某科技有限公司同意，把主体结构工程发包给别的建筑公司

9. 根据《建筑法》，下列关于发包承包的说法正确的是（　　）。

A. 业主有权决定是否肢解发包

B. 假如某施工企业不具备承揽工程相应的资质，它可以通过与其他单位组成联合体进行承包

C. 共同承包的各方对承包合同的履行承担连带责任

D. 建筑企业可以答应其他施工单位使用自己的资质证书、营业执照以向其收取管理费

10. 下列关于工程分包的说法中，正确的是（　　）。

A. 工程施工分包是指承包人将中标工程项目分解后分别发包给具有相应资质的企业完成

B. 专业工程分包是指专业工程承包人将所承包的部分专业工程施工发包给具有相应资质的企业完成

C. 劳务作业分包是指施工总承包人或专业工程分包人将其承包工程中的劳务作业分包给劳务分包作业企业

D. 劳务作业分包企业可以将承包的部分劳务作业分包给其他劳务作业企业

11. 甲公司承包了一栋高档写字楼的工程施工，经业主认可将其中的专业工程分包给了具有相应资质等级的乙公司。在工程施工中，因乙分包的工程发生了质量事故给业主造成了 10 万元的损失而产生了赔偿责任。对此，正确的处理方式应当是（　　）。

A. 业主只能要求乙公司赔偿

B. 如果业主要求甲公司赔偿，甲公司能以乙公司是业主认可的分包商为由而拒绝

C. 甲公司不能拒绝业主的 10 万元赔偿要求，但赔偿后可按分包合同的约定向乙公司追偿

D. 乙公司可以拒绝甲公司的追偿要求

12. 根据《建设工程质量管理条例》，下列分包情形中，不属于违法分包的是（　　）。

A. 施工总承包合同中没有约定，承包单位又未经建设单位认可，就将其全部劳务作业交由劳务作业单位完成

B. 总承包单位将专业工程分包给不具备相应资质条件的单位

C. 施工总承包单位将工程主体结构的施工分包给其他单位

D. 分包单位将其承包的专业工程再进行专业分包

二、多选题

1. 某建设单位 2022 年 9 月 1 日领取了施工许可证。由于特殊原因不能按期开工，故向发证机关申请延期。根据《建筑法》的规定，下列关于延期的说法中，不正确的是（　　）。

A. 领取施工许可证后不能延期

B. 可以延期，但只能延期一次

C. 延期以两次为限，每次不超过两个月

D. 既不开工又超过延期时限的，施工许可证自行废止

E. 超过延期时限的，只要发证机关不提出，施工许可证继续有效

2. 根据《建筑工程施工许可管理办法》的规定，下列选项中符合施工许可证法定批准条件的有（　　）。

A. 依法应当办理建设工程规划许可证的，已经取得建设工程规划许可证

B. 需要征收用地房屋的，其征收进度满足施工要求

C. 施工图设计文件已按规定审查合格

D. 依法确定了施工企业和监理单位

E. 有保证质量和安全具体措施

3. 下列情形中属于违法分包的有（　　）。

A. 总承包单位将部分工程分包给了不具有相应资质的单位

B. 未经建设单位认可，承包单位将部分工程交由他人完成

C. 专业工程分包单位将其承包的工程再分包

D. 未经建设单位的认可，施工总承包人将劳务作业任务分包给了劳务作业分包企业

E. 施工总承包人将承包工程的主体结构分包给了具有先进技术的其他单位

4. 下列情形中属于违法发包的有 (　　)。

A. 建设单位将工程发包给个人

B. 建设单位将工程发包给不具有相应资质的单位

C. 建设单位将建筑工程的设计、采购、施工一并发包给一个工程总承包单位

D. 依法应当招标未招标的

E. 建设单位将一个单位工程的施工分解成若干部分，发包给不同的专业承包单位

第4章练习题

扫码进入小程序，完成答题即可获取答案

第5章
建设工程招标与投标法律制度

本章提要及学习目标

　　建设工程招标投标程序，招标、投标、开标、评标和中标法律规定。

　　培养学生公平公正的职业素养及品质，贯彻合规发展理念，推动招标投标活动高质量发展。

5.1　建设工程招标与投标制度

5.1.1　建设工程招标投标概念和法律法规

　　招标投标是市场经济条件下进行大宗货物的买卖、工程建设项目的发包与承包及服务项目的采购与提供，所采用的一种交易方式。

　　招标投标法规是国家用来规范招标投标活动，调整在招标投标过程中产生的各种关系的法律规范的总称。规范招标投标方面的法律法规主要有《招标投标法》，2000年1月1日施行，2017年12月修正。《中华人民共和国招标投标法实施条例》（简称《招标投标法实施条例》），2012年2月1日起施行，分别于2017年、2018年、2019年进行三次修订。此外，还有一系列部门规章。

　　建设工程按照内容可分为房屋建筑、市政、公路、水利、铁路等工程项目，不同项目的招标投标还应当分别适用主管部委颁布的行政规章。

　　为了规范施工招标资格预审文件、招标文件编制活动，国家发展和改革委员会等九部委联合制定了《〈标准施工招标资格预审文件〉和〈标准施工招标文件〉试行规定》，自2008年5月1日起施行，2013年修订，根据《〈标准施工招标资格预审文件〉和〈标准施工招标文件〉试行规定》，2010年6月9日住房和城乡建设部发布了《房屋建筑和市政工程标准施工招标资格预审文件》和《房屋建筑和市政工程标准施工招标文件》，自发布之日起施行。

　　省、自治区、直辖市和较大市的人大、人大常委会和政府可以根据本区域具体情况和实际需要，制定关于招标投标活动的地方性法规和地方性规章。

5.1.2 建设工程必须招标的范围、规模

1. 建设工程必须招标的范围

《招标投标法》规定，在中华人民共和国境内进行下列工程建设项目包括项目的勘察、设计、施工、监理，以及与工程建设有关的重要设备、材料等的采购，必须进行招标：

大型基础设施、公用事业等关系社会公共利益、公众安全的项目。

全部或者部分使用国有资金投资或者国家融资的项目。

使用国际组织或者外国政府贷款、援助资金的项目。

《招标投标法实施条例》规定，工程建设项目是指工程及与工程建设有关的货物、服务。工程是指建设工程，包括建筑物和构筑物的新建、改建、扩建及其相关的装修、拆除、修缮等；与工程建设有关的货物是指构成工程不可分割的组成部分，且为实现工程基本功能所必需的设备、材料等；与工程建设有关的服务是指为完成工程所需的勘察、设计、监理等服务。

2018年3月国家发展和改革委员会发布的《必须招标的工程项目规定》中规定，全部或者部分使用国有资金投资或者国家融资的项目包括以下两类：

1）使用预算资金200万元人民币以上，并且该资金占投资额10%以上的项目。

2）使用国有企业事业单位资金，并且该资金占控股或者主导地位的项目。

2. 建设工程必须招标的项目规模标准

建设工程必须招标范围内的项目，其勘察、设计、施工、监理，以及与工程建设有关的重要设备、材料等的采购达到下列标准之一的，必须招标：

1）单项合同估算价在400万元人民币以上。

2）重要设备、材料等货物的采购，单项合同估算价在200万元人民币以上。

3）勘察、设计、监理等服务的采购，单项合同估算价在100万元人民币以上。同一项目中可以合并进行的勘察、设计、施工、监理，以及与工程建设有关的重要设备、材料等的采购，合同估算价合计达到以上规定标准的，必须招标。

3. 可以不进行招标的项目

1）《招标投标法》规定，涉及国家安全、国家秘密、抢险救灾或者属于利用扶贫资金实行以工代赈、需要使用农民工等特殊情况，不适宜进行招标的项目，按照国家有关规定可以不进行招标。

2）《招标投标法实施条例》规定，除《招标投标法》规定可以不进行招标的特殊情况外，有下列情形之一的，可以不进行招标：

① 需要采用不可替代的专利或者专有技术。

② 采购人依法能够自行建设、生产或者提供。

③ 已通过招标方式选定的特许经营项目投资人依法能够自行建设、生产或者提供。

④ 需要向原中标人采购工程、货物或者服务，否则将影响施工或者功能配套要求。

⑤ 国家规定的其他特殊情形。

3）《工程建设项目施工招标投标办法》（2013 年修订）规定，依法必须进行施工招标的工程建设项目有下列情形之一的，可以不进行施工招标：

① 涉及国家安全、国家秘密、抢险救灾或者属于利用扶贫资金实行以工代赈需要使用农民工等特殊情况，不适宜进行招标。

② 施工主要技术采用不可替代的专利或者专有技术。

③ 已通过招标方式选定的特许经营项目投资人依法能够自行建设。

④ 采购人依法能够自行建设。

⑤ 在建工程追加的附属小型工程或者主体加层工程，原中标人仍具备承包能力，并且其他人承担将影响施工或者功能配套要求。

⑥ 国家规定的其他情形。

【例题1】　根据《必须招标的工程项目规定》，必须招标范围内的各类工程建设项目，达到下列标准之一必须进行招标的有（　　　）。

A. 重要设备采购的单项合同估算价为人民币 250 万元

B. 材料采购的单项合同估算值为人民币 80 万元

C. 施工单项合同估算价为人民币 500 万元

D. 项目总投资额为人民币 3500 万元

E. 监理服务采购的单项合同估算价为人民币 160 万元

【答案】　ACE

5.1.3　建设工程招标投标的监督管理

政府行政主管部门对招标活动进行监督管理。

1. 依法核查必须采用招标方式选择承包单位的建设项目

（1）招标备案　工程项目的建设应当按照建设管理程序进行。为了保证工程项目的建设符合国家或地方总体发展规划，以及能使招标后工作顺利进行，不同标的的招标均需满足相应的条件。

（2）工程建设项目施工招标的要求

1）招标人已经依法成立。

2）初步设计及概算应当履行批准手续的，已经批准。

3）招标范围、招标方式和招标组织形式等应当履行核准手续的，已经核准。

4）有相应资金或资金来源已经落实。

5）有招标所需的设计图及技术资料。

（3）对招标人的招标能力要求

1）是法人或依法成立的其他组织。

2）有与招标工作相适应的经济、法律咨询和技术管理人员。

3）有组织编制招标文件的能力。

4）有审查投标单位资质的能力。

5）有组织开标、评标、定标的能力。

如果招标单位不具备上述要求，需要委托具有相应资质的中介机构代理招标。

（4）招标代理机构的资质条件

1）有从事招标代理业务的营业场所和相应资金。

2）有能够编制招标文件和组织评标的相应专业力量。

（5）对招标有关文件的核查备案

1）对招标人资格审查文件的核查：①不得以不合理的条件限制或排斥潜在投标人；②不得对潜在投标人实行歧视待遇；③不得强制投标人组成联合体投标。

2）对招标文件的核查：①招标文件的组成是否包括招标项目的所有实质性要求和条件，以及拟签订合同的主要条款，能使投标人明确承包工作范围和责任，并能够合理预见风险编制投标文件；②招标项目需要划分标段的，承包工作范围的合同界限是否合理；③招标文件是否有限制公平竞争的条件。

2. 对招标投标活动的监督

全部使用国有资金投资或者国有资金投资占控股或者主导地位，依法必须进行施工招标的工程项目，应当进入有形建筑市场进行招标投标活动。建设行政主管部门派员参加开标、评标、定标的活动，监督招标人按法定程序选择中标人，处理招标投标投诉。

3. 查处招标投标活动中的违法行为

《招标投标法》明确提出，国务院规定的有关行政监督部门有权依法对招标投标活动中的违法行为进行查处。视情节和对招标的影响程度，承担后果责任的形式可以为：判定招标无效，责令改正后重新招标；对单位负责人或其他直接责任者给予行政或纪律处分；没收非法所得，并处以罚金；构成犯罪的，依法追究刑事责任。

5.2 建设工程招标

5.2.1 招标方式

《招标投标法》规定，招标分为公开招标和邀请招标。

1. 公开招标

公开招标是指招标人以招标公告的方式邀请不特定的法人或者其他组织投标。招标人是依法提出招标项目、进行招标的法人或者其他组织。依法必须进行招标的项目的招标公告，应当通过国家指定的报刊、信息网络或者其他媒介发布。

《招标投标法》规定，国务院发展改革部门确定的国家重点项目和省、自治区、直辖市人民政府确定的地方重点项目不适宜公开招标的，经国务院发展改革部门或者省、自治区、直辖市人民政府批准，可以进行邀请招标。

2. 邀请招标

邀请招标是指招标人以投标邀请书的方式邀请特定的法人或者其他组织投标。为了保证邀请招标的竞争性，招标人采用邀请招标方式的，应当向 3 个以上具备承担招标项目的能力、资信良好的特定的法人或者其他组织发出投标邀请书。

《招标投标法实施条例》规定，国有资金占控股或者主导地位的依法必须进行招标的项目，应当公开招标；但有下列情形之一的，可以邀请招标：

1）技术复杂、有特殊要求或者受自然环境限制，只有少量潜在投标人可供选择。

2）采用公开招标方式的费用占项目合同金额的比例过大。

3. 两阶段招标

《招标投标法实施条例》规定，对技术复杂或者无法精确拟定技术规格的项目，招标人可以分两阶段进行招标。

第一阶段，投标人按照招标公告或者投标邀请书的要求提交不带报价的技术建议，招标人根据投标人提交的技术建议确定技术标准和要求，编制招标文件。

第二阶段，招标人向在第一阶段提交技术建议的投标人提供招标文件，投标人按照招标文件的要求提交包括最终技术方案和投标报价的投标文件。招标人要求投标人提交投标保证金的，应当在第二阶段提出。

国家鼓励利用信息网络进行电子招标投标。数据电文形式与纸质形式的招标投标活动具有同等法律效力。

【例题2】　国有资金占控股地位的依法必须进行招标的下列项目中，可以邀请招标的是（　　）。

A. 工期紧张的

B. 采用公开招标方式所需时间过长的

C. 采购时无法精确拟定技术规格的

D. 技术复杂的，只有少量潜在投标人可供选择的

【答案】　D

【例题3】　依法必须进行施工招标的工程建设项目，可以采用邀请招标的情形有（　　）。

A. 项目受自然地域环境限制，只有少数潜在投标人可供选择

B. 施工主要技术采用不可代替的专利或者专有技术

C. 采用公开招标方式的费用占项目合同金额的比例过大

D. 涉及国家安全、国家秘密或者抢险救灾，不适宜进行招标

E. 在建工程追加附属小型工程

【答案】　AC

5.2.2　招标基本程序

1. 招标准备阶段的主要工作

（1）履行项目审批手续　《招标投标法》规定，招标项目按照国家有关规定需要履行项

目审批手续的,应当履行审批手续,取得批准。招标人应当有进行招标项目的相应资金或者资金来源已经落实,并应当在招标文件中如实载明。

《招标投标法实施条例》规定,按照国家有关规定需要履行项目审批、核准手续的依法必须进行招标的项目,其招标范围、招标方式、招标组织形式应当报项目审批、核准部门审批、核准。项目审批、核准部门应当及时将审批、核准确定的招标范围、招标方式、招标组织形式通报有关行政监督部门。

(2)选择招标方式　依据工程项目的特点、招标前准备工作的完成情况、合同类型等因素的影响程度,确定招标方式。招标方式分为公开招标和邀请招标。

(3)申请招标　申请招标文件应说明以下内容:招标工作范围,招标方式,计划工期,对投标人的资质要求,招标项目的前期准备工作的完成情况,自行招标还是委托代理招标等。

《招标投标法》规定,招标人具有编制招标文件和组织评标能力的,可以自行办理招标事宜。任何单位和个人不得强制其委托招标代理机构办理招标事宜。依法必须进行招标的项目,招标人自行办理招标事宜的,应当向有关行政监督部门备案。招标人不具备自行组织招标的能力、条件的,应当选择委托代理招标的组织形式。

招标代理机构是依法设立、从事招标代理业务并提供相关服务的社会中介组织。

(4)编制招标有关文件　《标准施工招标文件》结构见表 5-1。

表 5-1　《标准施工招标文件》结构

卷数	章次
第一卷	第 1 章　招标公告(未进行资格预审)
	第 1 章　投标邀请书(资格预审通过通知书)
	第 1 章　投标邀请书(适用于邀请招标)
	第 2 章　投标人须知
	第 3 章　评标办法(经评审的最低投标价法)
	第 3 章　评标办法(综合评估法)
	第 4 章　合同条款及格式
	第 5 章　工程量清单
第二卷	第 6 章　图纸
第三卷	第 7 章　技术标准和要求
第四卷	第 8 章　投标文件格式

招标人应当在招标文件中规定实质性要求和条件,并用醒目的方式标明。

《招标投标法》规定,招标文件不得要求或者标明特定的生产供应者及含有倾向或者排斥潜在投标人的其他内容。招标人对已发出的招标文件进行必要的澄清或者修改的,应当在招标文件要求提交投标文件截止时间至少 15 日前,以书面形式通知所有招标文件收受人。该澄清或者修改的内容为招标文件的组成部分。

招标人应当确定投标人编制投标文件所需要的合理时间。依法必须进行招标的项目，自招标文件开始发出之日起至投标人提交投标文件截止之日止，最短不得少于 20 日。

依法必须进行招标的项目的招标人不得利用划分标段规避招标。招标人应当在招标文件中载明投标有效期。投标有效期从提交投标文件的截止之日起算。

> **【例题 4】**　关于招标文件澄清或者修改的说法，正确的是（　　）。
> A. 招标文件的效力高于其澄清或修改文件
> B. 澄清或者修改的内容可能影响投标文件编制的，招标人应在投标截止时间至少 15 日前澄清或者修改
> C. 澄清或者修改可以以口头形式通知所有获取招标文件的潜在投标人
> D. 澄清或者修改通知至投标截止时间不足 15 日的，在征得全部投标人同意后，可按原投标截止时间开标
> **【答案】**　B

（5）编制标底或招标控制价（最高投标限价）

1）标底。标底是招标工程的预期价格，招标人用来控制工程造价，并以此来评判投标者的报价是否合理，中标都要按照中标人投标报价签订合同。标底应当在开标时公布，不得规定以接近标底为中标条件，也不得规定投标报价超出标底上下浮动范围作为否决投标的条件。

2）招标控制价。招标控制价是招标人在工程招标时能接受投标人报价的最高限价。国有资金投资的建筑工程招标的，应当设有最高投标限价；非国有资金投资的建筑工程招标的，可以设有最高投标限价或者招标标底。招标人设有最高投标限价的，应当在招标时公布最高投标限价的总价，招标人不得规定最低投标限价。

在采用工程量清单招标时，招标人自行或委托具有资质的中介机构编制反映工程实体消耗和措施性消耗的工程量清单，工程量清单将要求投标人完成的工程项目及其相应工程实体数量全部列出，并作为招标文件的一部分提供给投标人，由投标人依据工程量清单自主报价。工程量清单作为招标文件的组成部分，其准确性和完整性由招标人负责。

2. 招标阶段的主要工作内容

（1）发布招标公告或投标邀请书　招标公告内容包括招标人名称，建设项目资金来源，工程项目概况和本次招标工作范围的简要介绍，购买资格预审文件的地点、时间和价格等有关事项。

招标人采用邀请招标方式的，应当向三个以上具备承担招标项目的能力、资信良好的特定的法人或者其他组织发出投标邀请书。投标邀请书应当载明招标人的名称和地址，招标项目的性质、数量、实施地点和时间及获取招标文件的办法等事项。

招标人不得向他人透露已获取招标文件的潜在投标人的名称、数量，以及可能影响公平竞争的有关招标投标的其他情况。招标人设有标底的，标底必须保密。招标人根据招标项目的具体情况，可以组织潜在投标人踏勘项目现场。

（2）资格审查　资格审查应主要审查潜在投标人或者投标人是否符合下列条件：①具有独立订立合同的权利；②具有履行合同的能力，包括专业、技术资格和能力，资金、设备和其他物质设施情况，管理能力，经验、信誉和相应的从业人员；③没有处于被责令停业，投标资格被取消，财产被接管、冻结，破产状态；④在最近3年内没有骗取中标和严重违约及重大工程质量问题；⑤法律、行政法规规定的其他资格条件。

资格审查分为资格预审和资格后审。资格预审是指在投标前对潜在投标人进行的资格审查。资格后审是指在开标后对投标人进行的资格审查。进行资格预审的，一般不再进行资格后审，但招标文件另有规定的除外。采取资格预审的，招标人可以发布资格预审公告，在资格预审文件中载明资格预审的条件、标准和方法。采取资格后审的，应当在开标后由评标委员会按照招标文件规定的标准和方法对投标人的资格进行审查。

资格预审文件或者招标文件的发售期不得少于5日。未通过资格预审的申请人不具有投标资格。通过资格预审的申请人少于3个的，应当重新招标。

在资格审查时，招标人不得以不合理的条件限制、排斥潜在投标人或者投标人，不得对潜在投标人或者投标人实行歧视待遇。任何单位和个人不得以行政手段或者其他不合理方式限制投标人的数量。

《招标投标法实施条例》规定，招标人有下列行为之一的，属于以不合理条件限制、排斥潜在投标人或者投标人：

1）就同一招标项目向潜在投标人或者投标人提供有差别的项目信息。

2）设定的资格、技术、商务条件与招标项目的具体特点和实际需要不相适应或者与合同履行无关。

3）依法必须进行招标的项目以特定行政区域或者特定行业的业绩、奖项作为加分条件或者中标条件。

4）对潜在投标人或者投标人采取不同的资格审查或者评标标准。

5）限定或者指定特定的专利、商标、品牌、原产地或者供应商。

6）依法必须进行招标的项目非法限定潜在投标人或者投标人的所有制形式或者组织形式。

7）以其他不合理条件限制、排斥潜在投标人或者投标人。

【例题5】　根据《招标投标法实施条例》，招标人的下列行为属于以不合理条件限制、排斥投标人的有（　　　　）。

A. 就同一招标项目向投标人提供有差别的项目信息的

B. 明示或暗示投标人，为特定投标人中标提供方便的

C. 授意投票人撤换、修改投标文件的

D. 限定或者指定特定的专利、商标、品牌、原产地或者供应商

E. 向特定投标人泄露标底的

【答案】　AD

（3）发放招标文件　招标人应当按招标公告或者投标邀请书规定的时间、地点出售招

标文件。自招标文件出售之日起至停止出售之日止，最短不得少于 5 日。招标人在发布招标公告、发出投标邀请书后或者售出招标文件或资格预审文件后不得擅自终止招标。

（4）组织现场考察和标前会议　标前会议又称交底会、投标预备会。招标人根据招标项目的具体情况，可以组织潜在投标人踏勘项目现场。投标人研究招标文件和现场考察后会以书面形式提出某些质疑问题，招标人可以及时给予书面解答，也可以留待标前会议上解答。招标人（或招标代理机构）以书面文件形式给予答复，并以书面文件形式通知所有的投标人，该答疑文件成为招标文件的一个组成部分，与招标文件具有同等的法律效力。

3. 决标成交阶段的主要工作内容

（1）开标　《招标投标法》规定，开标应当在招标文件确定的提交投标文件截止时间的同一时间公开进行。开标地点应当为招标文件中预先确定的地点。《招标投标法实施条例》规定，投标人少于 3 人的，不得开标，招标人应当重新招标。

（2）评标　评标是评标委员会专家对各投标书优劣的比较，以便最终确定中标人。

（3）定标　招标人根据评标委员会提出的书面评标报告和推荐的中标候选人确定中标人。招标人也可以授权评标委员会直接确定中标人。中标人确定后，招标人向中标人发出中标通知书，同时将中标结果通知所有未中标的投标人。

中标通知书发出后 30 天内，双方应按照招标文件和投标文件订立书面合同。

5.3　建设工程投标

5.3.1　投标人

投标人是响应招标、参加投标竞争的法人或者其他组织。投标人应当具备承担招标项目的能力，符合国家规定的和招标文件规定的对投标人的资格要求。与招标人存在利害关系可能影响招标公正性的法人、其他组织或者个人，不得参加投标。单位负责人为同一人或者存在控股、管理关系的不同单位，不得参加同一标段投标或者未划分标段的同一招标项目投标。违反以上规定的，相关投标均无效。

5.3.2　投标文件的内容要求

投标人应当按照招标文件的要求编制投标文件。投标文件应当对招标文件提出的实质性要求和条件做出响应。

《标准施工招标文件》明确投标文件应包括下列内容：

1）投标函及投标函附录。

2）法定代表人身份证明或附有法定代表人身份证明的授权委托书。

3）联合体协议书。

4）投标保证金。

5）已标价工程量清单。

6）施工组织设计。

7）项目管理机构。

8）拟分包项目情况表。

9）资格审查资料。

10）投标人须知前附表规定的其他材料。

投标报价不得低于工程成本，不得高于最高投标限价。投标人根据招标文件载明的项目实际情况，拟在中标后将中标项目的部分非主体、非关键性工作进行分包的，应当在投标文件中载明。

响应招标文件的实质性要求是投标的基本前提。凡是不能满足招标文件中的任何一项实质性要求和条件的投标文件，都将被拒绝。实质性要求和条件主要是指招标文件中有关招标项目的价格、期限、技术规范、合同的主要条款等内容。

5.3.3 投标文件的修改、补充及撤回

1）投标人在招标文件要求提交投标文件的截止时间前，可以补充、修改或者撤回已提交的投标文件，并书面通知招标人。招标人已收取投标保证金的，应当自收到投标人书面撤回通知之日起 5 日内退还。补充、修改的内容为投标文件的组成部分。

2）在提交投标文件截止时间后到招标文件规定的投标有效期终止之前，投标人不得补充、修改、替代或者撤回其投标文件。投标人补充、修改、替代投标文件的，招标人不予接受。投标人撤回投标文件的，其投标保证金将被没收。

5.3.4 投标文件的送达与签收

投标人应当在招标文件要求提交投标文件的截止时间前，将投标文件送达投标地点。提交投标文件的投标人少于 3 个的，招标人应当依法重新招标。未通过资格预审的申请人提交的投标文件，以及逾期送达或者不按照招标文件要求密封的投标文件，招标人应当拒收。

5.3.5 投标保证金

招标人可以在招标文件中要求投标人提交投标保证金。投标人不按招标文件要求提交投标保证金的，该投标文件将被拒绝，按废标处理。《招标投标法实施条例》规定，招标人在招标文件中要求投标人提交投标保证金的，投标保证金不得超过招标项目估算价的 2%。投标保证金有效期应当与投标有效期一致。

招标人与中标人签订合同后 5 日内，应当向未中标的投标人退还投标保证金及同期存款利息。

有以下情形之一的，投标保证金将被没收：

1）在提交投标文件截止时间后到招标文件规定的投标有效期终止之前，投标人撤回投标文件的。

2）中标通知书发出后，中标人放弃中标项目的，无正当理由不与招标人签订合同的，

在签订合同时向招标人提出附加条件或者更改合同实质性内容的。

3）拒不提交所要求的履约保证金的，招标人可取消其中标资格，并没收其投标保证金。

一旦招标人发出中标通知书，做出承诺，则合同成立，中标的投标人必须接受并受到约束，否则，承担投标保证金被没收的法律后果。

【例题6】 下列关于投标文件撤回的说法，正确的是（   ）。

A. 投标人可以选择电话或书面方式通知招标人撤回投标文件

B. 招标人收取的投标保证金，应当自收到投标人撤回通知之日起 10 日内退还

C. 投标截止时间后投标人撤回投标文件的，招标人应当退还投标保证金

D. 投标人撤回已提交的投标文件，应当在投标截止时间前书面通知招标人

【答案】 D

【解析】 选项 A 错误，撤回投标文件必须以书面方式提交申请。选项 B 错误，投标保证金应于撤回投标文件之日起 5 日内退还。选项 C 错误，投标截止日后撤回投标文件，招标人可没收投标保证金。

5.3.6 禁止投标人实施不正当竞争行为的规定

在建设工程招标投标活动中，投标人的不正当竞争行为主要是：投标人相互串通投标、投标人与招标人串通投标、投标人以行贿手段谋取中标、投标人以低于成本的报价竞标、投标人以他人名义投标或者以其他方式弄虚作假骗取中标。

1. 投标人相互串通投标

《招标投标法实施条例》规定，投标人有下列情形之一的，属于投标人相互串通投标：

1）投标人之间协商投标报价等投标文件的实质性内容。

2）投标人之间约定中标人。

3）投标人之间约定部分投标人放弃投标或者中标。

4）属于同一集团、协会、商会等组织成员的投标人按照该组织要求协同投标。

5）投标人之间为谋取中标或者排斥特定投标人而采取的其他联合行动。

有下列情形之一的，视为投标人相互串通投标：

1）不同投标人的投标文件由同一单位或者个人编制。

2）不同投标人委托同一单位或者个人办理投标事宜。

3）不同投标人的投标文件载明的项目管理成员为同一人。

4）不同投标人的投标文件异常一致或者投标报价呈规律性差异。

5）不同投标人的投标文件相互混装。

6）不同投标人的投标保证金从同一单位或者个人的账户转出。

2. 投标人与招标人串通投标

《招标投标法实施条例》规定，有下列情形之一的，属于投标人与招标人串通投标：

1）招标人在开标前开启投标文件并将有关信息泄露给其他投标人。

2）招标人直接或者间接向投标人泄露标底、评标委员会成员等信息。

3）招标人明示或者暗示投标人压低或者抬高投标报价。

4）招标人授意投标人撤换、修改投标文件。

5）招标人明示或者暗示投标人为特定投标人中标提供方便。

6）招标人与投标人为谋求特定投标人中标而采取的其他串通行为。

3. 投标人以行贿手段谋取中标

在账外暗中给予对方单位或个人回扣的，以行贿论处。对方单位或个人在账外暗中收受回扣的，以受贿论处。《招标投标法》规定，禁止投标人以向招标人或者评标委员会成员行贿的手段谋取中标。投标人以行贿手段谋取中标其法律后果是中标无效，有关责任人和单位要承担相应的行政责任或刑事责任。

4. 投标人以低于成本的报价竞标

低于成本的报价竞标不仅是不正当竞争行为，还容易导致中标后的偷工减料，影响工程质量。该成本是以投标人的企业定额计算的成本。投标报价低于工程成本或者高于最高投标限价总价的，评标委员会应当否决投标人的投标。

5. 投标人以他人名义投标或者以其他方式弄虚作假骗取中标

投标人有下列情形之一的，属于以其他方式弄虚作假的行为：

1）使用伪造、变造的许可证件。

2）提供虚假的财务状况或者业绩。

3）提供虚假的项目负责人或者主要技术人员简历、劳动关系证明。

4）提供虚假的信用状况。

5）其他弄虚作假的行为。

5.3.7 联合体投标

联合体投标一般适用于大型建设项目和结构复杂的建设项目。

（1）联合体投标的特点　联合体投标有如下特点：

1）联合体由两个或者两个以上的投标人组成，参与投标是各方的自愿行为。《招标投标法实施条例》规定，招标人应当在资格预审公告、招标公告或者投标邀请书中载明是否接受联合体投标。招标人接受联合体投标并进行资格预审的，联合体应当在提交资格预审申请文件前组成。

2）联合体是一个临时性的组织，不具有法人资格，联合体各方以一个投标人的身份共同投标。

3）中标后，招标人与联合体各方共同签订一个承包合同，联合体各方就中标项目向招标人承担连带责任。

4）联合体各方签订共同投标协议后，不得再以自己名义单独投标，也不得组成新的联合体或参加其他联合体在同一项目中投标。

（2）联合体的资格条件　由同一专业的单位组成的联合体，按照资质等级较低的单位确定资质等级。

（3）联合体协议 联合体各方应当签订共同投标协议，明确约定各方拟承担的工作和责任，并将共同投标协议连同投标文件一并提交招标人。联合体中标的，联合体各方应当共同与招标人签订合同，就中标项目向招标人承担连带责任。

联合体投标未附联合体各方共同投标协议的，将由评标委员会初审后按废标处理。

联合体投标的，应当以联合体各方或者联合体中牵头人的名义提交投标保证金。以联合体中牵头人名义提交的投标保证金，对联合体各成员具有约束力。

【例题 7】 下列关于联合体投标的说法，正确的是（ ）。

A. 招标人接受联合体投标并进行资格评审，联合体应当在提交资格评审申请文件后组成

B. 招标人应当在资格评审公告、招标公告或者投标邀请书中载明是否接受联合体投标

C. 联合体某成员在同一招标项目中以自己的名义单独投标，其投标有效

D. 由同一专业的单位组成的联合体，按照资质等级较高的单位确定其资质等级

【答案】 B

5.4 建设工程开标、评标和中标

5.4.1 开标

开标是指投标人提交投标文件截止同时，招标人依据招标文件规定的时间和地点，开启投标人提交的投标文件，公开宣布投标人的名称、投标价格及投标文件中的其他主要内容的活动。

投标文件有下列情形之一的，招标人不予受理：①逾期送达的或者未送达指定地点的；②未按招标文件要求密封的。

5.4.2 评标

《招标投标法》规定，评标由招标人依法组建的评标委员会负责。招标人应当采取必要的措施，保证评标在严格保密的情况下进行。任何单位和个人不得非法干预、影响评标的过程和结果。

1. 评标委员会

评标委员会的人员应当由招标人或其委托的招标代理机构熟悉相关业务的代表，以及有关技术、经济等方面的专家组成。评标委员会成员人数应为 5 人以上单数，其中经济、技术方面的专家不得少于成员总数的 2/3。评标委员会的专家成员应当从省级以上人民政府有关部门提供的专家名册或者招标代理机构的专家库内的相关专家名单中确定。

确定评标专家，可以采取随机抽取或者直接确定的方式。一般项目，可以采取随机抽取的方式；技术特别复杂、专业性要求特别高或者国家有特殊要求的招标项目，采取随机抽取

方式确定的专家难以胜任的，可以由招标人直接确定。

评标委员会成员有下列情形之一的，不得担任评标委员会成员：

1）投标人或者投标主要负责人的近亲属。

2）项目主管部门或者行政监督部门的人员。

3）与投标人有经济利益关系，可能影响对投标公正评审的。

4）曾因在招标、评标及其他与招标投标有关活动中从事违法行为而受过行政或刑事处罚的。

《评标委员会和评标方法暂行规定》（2013年修正）规定，在评标过程中，评标委员会发现投标人以他人的名义投标、串通投标、以行贿手段谋取中标或者以其他弄虚作假方式投标的，应当否决该投标人的投标。

在评标过程中，评标委员会发现投标人的报价明显低于其他投标报价或者在设有标底时明显低于标底，使其投标报价可能低于其个别成本的，应当要求该投标人做出书面说明并提供相关证明材料。投标人不能合理说明或者不能提供相关证明材料的，由评标委员会认定该投标人以低于成本报价竞标，应当否决其投标。

评标委员会依法否决不合格投标后，因有效投标不足3个使得投标明显缺乏竞争的，评标委员会可以否决全部投标。投标人少于3个或者所有投标被否决的，招标人在分析招标失败的原因并采取相应措施后，应当依法重新招标。

评标委员会经评审应推荐1~3名中标候选人，并标明排列顺序。

2. 评标程序

（1）初步评审　初步评审是对投标文件的合格审查，包括以下内容：

1）形式审查。包括提交的营业执照、资质证书、安全生产许可证是否与投标单位的名称一致；投标函是否经过法定代表人或其委托代理人签字并加盖单位公章；投标文件的格式是否符合招标文件的要求；联合体投标人是否提交了联合体协议书；联合体的成员组成与资格预审的成员组成有无变化；联合体协议书的内容是否与招标文件要求一致；报价的唯一性等。

2）资格审查。对于未进行资格预审的，需要进行资格后审。资格后审的内容和方法与资格预审相同，包括营业执照、资质证书、安全生产许可证等资格证明文件的有效性；企业财务状况；类似项目业绩、信誉、项目经理、正在施工和承接的项目情况；近年发生的诉讼及仲裁情况；联合体投标的申请人提交联合体协议书的情况等。

3）响应性审查。响应性审查包括投标内容是否与投标人须知中的工程或标段一致；投标工期是否满足投标人须知中的要求；工程质量的承诺和质量管理体系是否满足要求；提交的投标保证金形式和金额是否符合投标须知的规定；投标人是否完全接受招标文件中的合同条款等。

初步评审内容中，投标文件有一项不符合规定的评审标准时，即作为废标处理。

（2）详细评审　经初步评审合格的投标文件，评标委员会根据招标文件确定的评标标准和方法，对其技术标和商务标做进一步评审、比较。

1）技术标评估。技术标评估的目的是确认和比较投标人完成本工程的技术能力，以及他们的施工方案的可靠性。

2）商务标评估。商务标评估的目的是从工程成本、财务和经验分析等方面评审投标报价的准确性、合理性、经济效益和风险等，比较授标给不同的投标人产生的不同后果。

（3）投标文件的澄清和说明　评标委员会可以书面方式要求投标人对投标文件做必要的澄清、说明或补正。澄清、说明或补正包括投标文件中含义不明确、对同类问题表述不一致或者有明显文字和计算错误的内容。

投标人不得主动提出澄清、说明或补正。澄清、说明或补正不得改变投标文件的实质性内容（算术性错误修正的除外）。投标人的书面澄清、说明或补正属于投标文件的组成部分。

投标文件不响应招标文件的实质性要求和条件的，招标人应当拒绝，并不允许投标人通过修正或撤销其不符合要求的差异或保留，使之成为具有响应性的投标。

评标委员会按以下原则对投标报价进行修正，修正的价格经投标人书面确认后具有约束力。投标人不接受修正价格的，其投标做废标处理。

投标文件中的大写金额与小写金额不一致的，以大写金额为准。

总价金额与依据单价计算出的结果不一致的，以单价金额为准修正总价，但单价金额小数点有明显错误的除外。

（4）投标偏差和废标的处理　评标委员会应当根据招标文件，审查并逐项列出投标文件的全部投标偏差。投标偏差分为重大偏差和细微偏差。

下列情况属于重大偏差，作为废标：①没有按照招标文件要求提供投标担保或者所提供的投标担保有瑕疵；②投标文件没有投标人授权代理人签字和加盖公章；③投标文件载明的招标项目完成期限超过招标文件规定的期限；④明显不符合技术规格、技术标准的要求；⑤投标文件载明的货物包装方式、检验标准和方法等不符合招标文件的要求；⑥投标文件附有招标人不能接受的条件；⑦不符合招标文件中规定的其他实质性要求。投标文件有上述情形之一的，为未能对招标文件做出实质性响应，做否决投标处理。

《招标投标法实施条例》规定，有下列情形之一的，评标委员会应当否决其投标：

1）投标文件未经投标单位盖章和单位负责人签字。

2）投标联合体没有提交共同投标协议。

3）投标人不符合国家或者招标文件规定的资格条件。

4）同一投标人提交两个以上不同的投标文件或者投标报价，但招标文件要求提交备选投标的除外。

5）投标报价低于成本或者高于招标文件设定的最高投标限价。

6）投标文件没有对招标文件的实质性要求和条件做出响应。

7）投标人有串通投标、弄虚作假、行贿等违法行为。

细微偏差是指投标文件在实质上响应招标文件要求，但在个别地方存在漏项或者提供了不完整的技术信息和数据等情况，并且补正这些遗漏或者不完整不会对其他投标人造成不公平的结果。细微偏差不影响投标文件的有效性。

【例题8】　根据《招标投标法》规定，在招标文件要求提交投标文件的截止时间前，投标人（　　）。

A. 可以补充修改或者撤回已经提交的投标文件，并书面通知招标人

B. 不得补充、修改、替代或者撤回已经提交的投标文件

C. 须经过招标人的同意才可以补充、修改、替代已经提交的投标文件

D. 撤回已经提交的投标文件的，其投标保证金将被没收

【答案】　A

【解析】　在提交投标文件截止时间前，投标人可以补充、修改、替代或者撤回已经提交的投标文件，并书面通知招标人。在提交投标文件截止时间前，撤回已经提交的投标文件，其投标保证金也将被退回。

【例题9】　下列投标人投标的情形中，评标委员会应当否决的有（　　）。

A. 投标人主动提出了对投标文件的澄清、修改

B. 联合体未提交共同投标协议

C. 投标报价高于招标文件设定的最高投标限价

D. 投标文件未经投标人盖章和单位负责人签字

E. 投标文件未对招标文件的实质性要求和条件做出响应

【答案】　BCDE

【例题10】　下列关于投标报价的说法，正确的是（　　）。

A. 报价可以低于成本，但不可以高于最高投标限价

B. 低于成本报价是指低于社会平均成本报价

C. 报价低于成本的，评标委员会应当否决其投标

D. 报价不可以低于成本，但可以高于最高投标限价

【答案】　C

3. 投标有效期

招标文件应当规定一个适当的投标有效期。投标有效期是指为保证招标人有足够的时间在开标后完成评标、定标、合同签订等工作而要求投标人提交的投标文件在一定时间内保持有效的期限。投标有效期从投标人提交投标文件截止之日起计算，一般项目为60~90天，大型项目为120天左右。

评标和定标应当在投标有效期截止前30日完成。不能在投标有效期截止前30日完成评标和定标的，招标人可以书面形式要求所有投标人延长投标有效期。投标人同意延长的，不得要求或被允许修改其投标文件的实质性内容，但应当相应延长其投标保证金的有效期。投标人拒绝延长的，其投标失效，但投标人有权收回其投标保证金。因延长投标有效期造成投

标人损失的，招标人应当给予补偿，但因不可抗力需要延长投标有效期的除外。

【例题 11】 下列情形中，投标人已提交的投标保证金不予返还的是（　　）。

A. 在提交投标文件截止日后撤回投标文件的

B. 提交投标文件后，在投标截止日前表示放弃投标的

C. 开标后被要求对其投标文件进行澄清的

D. 评标期间招标人通知延长投标有效期，投标人拒绝延长的

【答案】 A

5.4.3 定标

1. 中标条件

中标是确定中标人并签订合同的行为。中标人应当符合下列条件：

1）能够最大限度地满足招标文件中规定的各项综合评价标准。

2）能够满足招标文件的实质性要求，并且经评审的投标价格最低，但是投标价格低于成本的除外。

2. 定标程序

（1）确定中标人　招标人根据评标委员会提出的书面评标报告和推荐的中标候选人确定中标人。招标人也可以授权评标委员会直接确定中标人。

《招标投标法实施条例》规定，依法必须进行招标的项目，招标人应当自收到评标报告之日起 3 日内公示中标候选人，公示期不得少于 3 日。

投标人或者其他利害关系人对依法必须进行招标的项目的评标结果有异议的，应当在中标候选人公示期间提出。招标人应当自收到异议之日起 3 日内做出答复。做出答复前，应当暂停招标投标活动。

（2）发出中标通知书　中标人确定后，招标人应当向中标人发出中标通知书，并同时将中标结果通知所有未中标的投标人。中标通知书对招标人和中标人具有法律效力。中标通知书发出后，招标人改变中标结果的，或者中标人放弃中标项目的，应当依法承担法律责任。

（3）招标人与中标人签订书面合同　招标人和中标人应当自中标通知书发出之日起 30 日内，按照招标文件和中标人的投标文件签订书面合同。《招标投标法实施条例》规定，招标人和中标人应当依照《招标投标法》和该条例的规定签订书面合同，合同的标的、价款、质量、履行期限等主要条款应当与招标文件和中标人的投标文件的内容一致。招标人和中标人不得再行订立背离合同约定履行义务完成中标项目。

《新施工合同司法解释一》第二条规定，招标人和中标人另行签订的建设工程施工合同约定的工程范围、建设工期、工程质量、工程价款等实质性内容，与中标合同不一致，一方当事人请求按照中标合同确定权利义务的，人民法院应予支持。

该解释第二十二条规定，当事人签订的建设工程施工合同与招标文件、投标文件、中标通知书载明的工程范围、建设工期、工程质量、工程价款不一致，一方当事人请求将招标文

件、投标文件、中标通知书作为结算工程价款的依据的，人民法院应予支持。

中标人不得向他人转让中标项目，也不得将中标项目肢解后分别向他人转让。招标文件要求中标人提交履约保证金的，中标人应当提交。拒绝提交的，视为放弃中标项目。

《招标投标法实施条例》规定，国有资金占控股或者主导地位的依法必须进行招标的项目，招标人应当确定排名第一的中标候选人为中标人。排名第一的中标候选人放弃中标、因不可抗力不能履行合同、不按照招标文件要求提交履约保证金，或者被查实存在影响中标结果的违法行为等情形，不符合中标条件的，招标人可以按照评标委员会提出的中标候选人名单排序依次确定其他中标候选人为中标人，也可以重新招标。

3. 提交招标投标情况的书面报告

依法必须进行招标的项目，招标人应当自确定中标人之日起 15 日内，向有关行政监督部门提交招标投标情况的书面报告。招标投标程序及工作内容见表 5-2。

表 5-2 招标投标程序及工作内容

招标人的工作	投标人的工作
招标人招标前准备	—
编制资格预审、招标文件	—
发布资格预审公告	投标前期工作
进行资格预审，出售资格预审文件	购买资格预审文件，编制资格预审申请
评审潜在投标人，发出投标邀请书	报送资格预审文件，获得投标邀请书
发售招标文件及答疑、补遗	购买招标文件，分析招标文件
组织踏勘现场，组织召开标前会议	参加踏勘现场、标前会议，编制投标文件
获得投标文件	报送投标文件，交投标保证金
抽取评标专家	
开标	参加开标会
评标	答复招标人及评标委询问，参加澄清会
定标	
发出中标通知书，合同订立谈判	获得中标通知书，参加合同订立谈判
签订合同并退还投标保证金	交履约担保，签订合同

5.5 建设工程招标投标异议和投诉

5.5.1 招标投标异议

招标投标异议是指投标人认为招标文件、招标过程和中标结果使自己的权益受到损害，以书面形式向招标人或招标代理机构提出疑问主张权利的行为。

《招标投标法》规定，投标人和其他利害关系人认为招标投标活动不符合该法有关规定的，有权向招标人提出异议。按照《招标投标法实施条例》的规定，对于资格预审文件有异议的，应当在递交资格预审申请文件截止时间前 2 日提出，招标人应当自收到异议之日起 3 日内做出答复；做出答复前，应当暂停招标投标活动。对于招标文件有异议的，应当在投标截止时间前 10 日提出，招标人应当自收到异议之日起 3 日内做出答复；做出答复前，应当暂停招标投标活动。对于开标的异议，应当在开标现场提出，招标人应当当场做出答复，并制作记录。对于评标结果的异议，应当在公示期内提出。招标人应当自收到异议之日起 3 日内做出答复；做出答复前，应当暂停招标投标活动。

5.5.2　招标投标投诉

《招标投标法实施条例》规定，投标人或者其他利害关系人认为招标投标活动不符合法律、行政法规规定的，可以自知道或者应当知道之日起 10 日内向有关行政监督部门投诉。投诉应当有明确的请求和必要的证明材料。工程建设项目招标投标活动的投诉和处理，主要适用《工程建设项目招标投标活动投诉处理办法》。招标投标投诉可以在招标投标活动的各个阶段提出，包括招标、投标、开标、评标、中标及签订合同等。

根据《工程建设项目招标投标活动投诉处理办法》的规定，有权提出投诉的主体是投标人和其他利害关系人。投标人和其他利害关系人认为招标投标活动不符合法律、法规和规章规定的，有权依法向有关行政监督部门投诉。

《招标投标法实施条例》规定，对资格预审文件或招标文件、开标、评标结果等事项投诉的，应当先向招标人提出异议。异议答复期间不计算在相应的期限内。该规定表明前述三个事项的投诉，提出异议是前置程序，必须先提出异议，然后才能投诉。

【例题 12】　下列关于评标结果异议的说法，正确的是（　　　　）。
A. 对评标结果异议不是对评标结果投诉必然的前置条件
B. 只有投标人有权对项目的评标结果提出异议
C. 对评标结果有异议，应当在中标候选人公示期间提出
D. 招标人对评标结果的异议做出答复前，招标投标活动继续进行
【答案】　C

5.6　建设工程招标投标违法行为及法律责任

对于招标投标活动必须依法实施，任何违法行为都要承担法律责任，《招标投标法》在"法律责任"一章中明确规定应承担的法律责任，《招标投标法实施条例》进一步细化了违法行为和法律责任。

5.6.1　招标人违法行为的法律责任

1. 规避招标

任何单位和个人不得将依法必须进行招标的项目化整为零或者以其他任何方式规避招标。按《招标投标法》和《招标投标法实施条例》的规定，凡依法应公开招标的项目，采

取化整为零或弄虚作假等方式不进行公开招标的，或不按照规定发布资格预审公告或者招标公告且又构成规避招标的，都属于规避招标的情况。

对规避招标的行为要责令限期改正，可以处项目合同金额 5‰ 以上 10‰ 以下的罚款。对全部或者部分使用国有资金的项目，可以暂停项目执行或者暂停资金拨付。对单位直接负责的主管人员和其他直接责任人员依法给予处分，是国家工作人员的，可以进行撤职、降级或开除，情节严重的，依法追究刑事责任。

2. 限制或排斥潜在投标人或者投标人

对限制或排斥潜在投标人或者投标人的处理：招标人以不合理的条件限制或者排斥潜在投标人或者投标人的，对潜在投标人或者投标人实行歧视待遇的，强制要求投标人组成联合体共同投标的，或者限制投标人之间竞争的，责令改正，可以处 1 万元以上 5 万元以下的罚款。

3. 违法招标

招标人有下列情形之一的，由有关行政监督部门责令改正，可以处 10 万元以下的罚款：

1）依法应当公开招标而采用邀请招标。

2）招标文件、资格预审文件的发售、澄清、修改的时限，或者确定的提交资格预审申请文件、投标文件的时限不符合《招标投标法》和《招标投标法实施条例》的规定。

3）接受未通过资格预审的单位或者个人参加投标。

4）接受应当拒收的投标文件。

招标人有上述第 1）、3）、4）项所列行为之一的，对单位直接负责的主管人员和其他直接责任人员依法给予处分。

4. 招标人违规和退还保证金

招标人超过《招标投标法实施条例》规定的比例收取投标保证金、履约保证金或者不按照规定退还投标保证金及银行同期存款利息的，由有关行政监督部门责令改正，可以处 5 万元以下的罚款；给他人造成损失的，依法承担赔偿责任。

5. 违法组建评标委员会

依法必须进行招标的项目的招标人不按照规定组建评标委员会，或者确定、更换评标委员会成员违反《招标投标法》和《招标投标法实施条例》规定的，由有关行政监督部门责令改正，可以处 10 万元以下的罚款，对单位直接负责的主管人员和其他直接责任人员依法给予处分；违法确定或者更换的评标委员会成员做出的评审结论无效，依法重新进行评审。

6. 不按规定确定中标人或者不签订合同

依法必须进行招标的项目的招标人有下列情形之一的，由有关行政监督部门责令改正，可以处中标项目金额 10‰ 以下的罚款；给他人造成损失的，依法承担赔偿责任；对单位直接负责的主管人员和其他直接责任人员依法给予处分：

1）无正当理由不发出中标通知书。

2）不按照规定确定中标人。

3）中标通知书发出后无正当理由改变中标结果。

4）无正当理由不与中标人订立合同。

5）在订立合同时向中标人提出附加条件。

7. 不按规定签订合同

招标人和中标人不按照招标文件和中标人的投标文件订立合同，合同的主要条款与招标文件、中标人的投标文件的内容不一致，或者招标人、中标人订立背离合同实质性内容的协议的，由有关行政监督部门责令改正，可以处中标项目金额 5‰以上 10‰以下的罚款。

8. 不依法对异议做出答复

招标人不按照规定对异议做出答复，继续进行招标投标活动的，由有关行政监督部门责令改正，拒不改正或者不能改正并影响中标结果的，招标、投标、中标无效，应当依法重新招标或者评标。

5.6.2　投标人违法行为的法律责任

1. 串通投标及为谋取中标而行贿

投标人相互串通投标或者与招标人串通投标的，投标人向招标人或者评标委员会成员行贿谋取中标的，投标人有下列行为之一的，属于情节严重行为，由有关行政监督部门取消其 1 年至 2 年内参加依法必须进行招标的项目的投标资格：

1）以行贿谋取中标。

2）3 年内 2 次以上串通投标。

3）串通投标行为损害招标人、其他投标人或者国家、集体、公民的合法利益，造成直接经济损失 30 万元以上。

4）其他串通投标情节严重的行为。

对上述行为处罚如下：中标无效；构成犯罪的，依法追究刑事责任；尚不构成犯罪的，处中标项目金额 5‰以上 10‰以下的罚款。投标人未中标的，对单位的罚款金额按照招标项目合同金额依照招标投标法规定的比例计算。

情节特别严重的是指投标人自上述情节严重行为处罚执行期限届满之日起 3 年内又有该条所列违法行为之一的，或者串通投标、以行贿谋取中标情节特别严重的，由工商行政管理机关吊销营业执照。法律、行政法规对串通投标报价行为的处罚另有规定的，从其规定。

2. 弄虚作假

投标人以他人名义投标或者以其他方式弄虚作假骗取中标的，中标无效；构成犯罪的，依法追究刑事责任；尚不构成犯罪的，处中标项目金额 5‰以上 10‰以下的罚款。依法必须进行招标的项目的投标人未中标的，对单位的罚款金额按照招标项目合同金额依照《招标投标法》规定的比例计算。

投标人有下列行为之一的，属于情节严重行为，由有关行政监督部门取消其 1 年至 3 年内参加依法必须进行招标的项目的投标资格：

1）伪造、变造资格、资质证书或者其他许可证件骗取中标。

2）3 年内 2 次以上使用他人名义投标。

3）弄虚作假骗取中标给招标人造成直接经济损失 30 万元以上。

4）其他弄虚作假骗取中标情节严重的行为。

投标人自情节严重行为处罚执行期限届满之日起 3 年内又有所列违法行为之一的，或者弄虚作假骗取中标情节特别严重的，由工商行政管理机关吊销营业执照。

3. 违反资质许可

出让或者出租资格、资质证书供他人投标的，依照法律、行政法规的规定给予行政处罚，构成犯罪的，依法追究刑事责任。

5.6.3 评标委员会违法行为的法律责任

1. 参与评标违规

《招标投标法实施条例》规定，评标委员会成员有下列行为之一的，由有关行政监督部门责令改正；情节严重的，禁止其在一定期限内参加依法必须进行招标的项目的评标；情节特别严重的，取消其担任评标委员会成员的资格：

1）应当回避而不回避。

2）擅离职守。

3）不按照招标文件规定的评标标准和方法评标。

4）私下接触投标人。

5）向招标人征询确定中标人的意向，或者接受任何单位或者个人明示或者暗示提出的倾向或者排斥特定投标人的要求。

6）对依法应当否决的投标不提出否决意见。

7）暗示或者诱导投标人做出澄清、说明或者接受投标人主动提出的澄清、说明。

8）其他不客观、不公正履行职务的行为。

2. 收受投标人财物或者其他好处

评标委员会成员收受投标人的财物或者其他好处的，没收收受的财物，处 3000 元以上 5 万元以下的罚款，取消担任评标委员会成员的资格，不得再参加依法必须进行招标的项目的评标；构成犯罪的，依法追究刑事责任。

5.6.4 中标人违法行为的法律责任

1. 不按规定签订合同

《招标投标法实施条例》规定，中标人无正当理由不与招标人订立合同，在签订合同时向招标人提出附加条件，或者不按照招标文件要求提交履约保证金的，取消其中标资格，投标保证金不予退还。对依法必须进行招标的项目的中标人，由有关行政监督部门责令改正，可以处中标项目金额 10‰以下的罚款。

2. 转包和违法分包

《招标投标法》规定，中标人将中标项目转让给他人的，将中标项目肢解后分别转让给他人的，违反该法规定将中标项目的部分主体、关键性工作分包给他人的，或者分包人再次分包的，转让、分包无效，处转让、分包项目金额 5‰以上 10‰以下的罚款；有违法所得的，并处没收违法所得；可以责令停业整顿；情节严重的，由工商行政管理机关吊销营业执照。

3. 中标人不履行合同或者不依约履行合同

中标人不履行与招标人订立的合同的，履约保证金不予退还，给招标人造成的损失超过履约保证金数额的，还应当对超过部分予以赔偿；没有提交履约保证金的，应当对招标人的损失承担赔偿责任。中标人不按照与招标人订立的合同履行义务，情节严重的，有关行政监督部门取消其 2~5 年参加招标项目的投标资格并予以公告，直至由工商行政管理机关吊销营业执照。因不可抗力不能履行合同的，不适用上述规定。

5.6.5 其他相关部门和人员违法行为的法律责任

1. 违法投诉

投标人或者其他利害关系人捏造事实、伪造材料或者以非法手段取得证明材料进行投诉，给他人造成损失的，依法承担赔偿责任。

2. 行政部门不依法履行职责

项目审批、核准部门不依法审批、核准项目招标范围、招标方式、招标组织形式的，对单位直接负责的主管人员和其他直接责任人员依法给予处分。

有关行政监督部门不依法履行职责，对违反《招标投标法》和《招标投标法实施条例》规定的行为不依法查处，或者不按照规定处理投诉、不依法公告对招标投标当事人违法行为的行政处理决定的，对直接负责的主管人员和其他直接责任人员依法给予处分。

项目审批、核准部门和有关行政监督部门的工作人员徇私舞弊、滥用职权、玩忽职守，构成犯罪的，依法追究刑事责任。

3. 国家工作人员违法行为

国家工作人员利用职务便利，以直接或者间接、明示或者暗示等任何方式非法干涉招标投标活动，有下列情形之一的，依法给予记过或者记大过处分；情节严重的，依法给予降级或者撤职处分；情节特别严重的，依法给予开除处分；构成犯罪的，依法追究刑事责任：

1）要求对依法必须进行招标的项目不招标，或者要求对依法应当公开招标的项目不公开招标。

2）要求评标委员会成员或者招标人以其指定的投标人作为中标候选人或者中标人，或者以其他方式非法干涉评标活动，影响中标结果。

3）以其他方式非法干涉招标投标活动。

4. 招标代理机构违法行为

泄露应当保密的与招标投标活动有关的情况资料和招标代理机构，与招标人、投标人串通损害国家利益、社会公共利益或者他人合法权益的行为，应当承担法律责任；在所代理的招标项目中投标、代理投标或者向该项目投标人提供咨询的，接受委托编制标底的中介机构参加受托编制标底项目的投标或者为该项目的投标人编制投标文件、提供咨询的，处 5 万元以上 25 万元以下的罚款，对单位直接负责的主管人员和其他直接责任人员处单位罚款数额 5%以上 10%以下的罚款；有违法所得的，并处没收违法所得；情节严重的，禁止其 1~2 年内代理依法必须进行招标的项目并予以公告，直至由工商行政管理机关吊销营业执照；构成犯罪的，依法追究刑事责任；给他人造成损失的，依法承担赔偿责任。

【案例 5-1】

某省重点工程项目，由于工程复杂，技术难度高，一般施工队伍难以胜任，建设单位自行决定采取邀请招标方式。现共有 A、B、C、D、E、F、G、H 8 家施工单位通过了资格预审，并于规定的时间 9 月 10—16 日购买了招标文件。招标文件中规定，10 月 18 日下午 4 时为投标截止时间，11 月 10 日发出中标通知书。

在投标截止时间之前，A、C、D、E、F、G、H 7 家施工单位均提交了投标文件，并按照招标文件的规定提供了投标保证金。10 月 18 日，G 施工单位于下午 3 时向招标人书面提出撤回已提交的投标文件，E 施工单位于下午 3 时 30 分向招标人递交了一份投标价格下降 5% 的书面说明，B 施工单位由于中途堵车于下午 4 时 15 分才将投标文件送达。

10 月 19 日下午 2 时，由当地招标投标监督管理办公室工作人员主持进行了公开开标。

评标委员会委员由招标人直接确定，共由 4 人组成，其中招标人代表 2 人，经济专家 1 人，技术专家 1 人。

评标时发现：A 施工单位投标报价的大写金额小于小写金额；C 施工单位投标报价明显低于其他投标单位报价且未能合理说明理由；D 施工单位投标文件虽无法定代表人签字和委托人授权书，但投标文件均已有项目经理签字并加盖了公章；F 施工单位投标文件中提供的检验标准和方法不符合招标文件的要求；H 施工单位投标文件中某分项工程的报价有个别漏项。

建设单位最终确定 C 施工单位中标，并在中标通知书发出后第 45 天，与该施工单位签订了施工合同。之后双方又另行签订了一份合同金额比中标价降低 10% 的协议。

【问题】

（1）建设单位自行决定采取邀请招标方式的做法是否妥当？

（2）G 施工单位提出的撤回投标文件的要求是否合理？其能否收回投标保证金？

（3）E 施工单位向招标人递交的书面说明是否有效？

（4）A、B、C、D、F、H 6 家施工单位的投标是否为有效标？

（5）指出开标工作的不妥之处。

（6）指出评标委员会成员组成的不妥之处。

（7）指出建设单位在施工合同签订过程中的不妥之处。

【分析】

（1）不妥当。根据《招标投标法》规定：省、自治区、直辖市人民政府确定的地方重点项目不适宜公开招标的，要经过省、自治区、直辖市人民政府批准，可以进行邀请招标。

因此，本案中建设单位自行对省重点工程项目决定采取邀请招标的做法是不妥的。

（2）合理。根据《招标投标法》规定，投标人在招标文件要求提交投标文件的截止时间前，可以补充、修改或者撤回已提交的投标文件，并书面通知招标人。本案中 G 施工单位于投标文件的截止时间前向招标人书面提出撤回已提交的投标文件，其要求是合理的，并有权收回其已缴纳的投标保证金。

（3）E 施工单位向招标人递交的书面说明有效。根据《招标投标法》的规定，投标人在招标文件要求提交投标文件的截止时间前，可以补充、修改或者撤回已提交的投标文件，补充、修改的内容作为投标文件的组成部分。

（4）B、C、D、F 4 家施工单位的投标不是有效标。B 单位标书逾期送达；C 单位的报价可以认定为低于成本；D 单位的标书无法定代表人签字，也无法定代表人的授权委托书；F 单位的情况可以认定为明显不符合技术规格和技术标准的要求，属重大偏差，是无效投标。A、H 两家单位的投标是有效标，属于细微偏差。

（5）开标工作有以下不妥之处：

1）根据《招标投标法》规定，开标应当在招标文件确定的提交投标文件的截止时间的同一时间公开进行。本案中招标文件规定的投标截止时间是 10 月 18 日下午 4 时，但推迟至 10 月 19 日下午 2 时才开标，是不妥之处一。

2）根据《招标投标法》规定，开标应由招标人主持，本案中由属于行政监督部门的当地招标投标监督管理办公室工作人员主持，是不妥之处二。

（6）评标委员会委员不应全部由招标人直接确定，而且评标委员会成员组成也不符合规定。根据《招标投标法》规定，评标委员会由招标人的代表和有关技术、经济等方面的专家组成，成员人数为 5 人以上单数，其中技术经济等方面的专家不得少于成员总数的 2/3。

（7）在中标通知书发出后第 45 天签订施工合同不妥，依照《招标投标法》规定，应于中标通知书发出后 30 天内签订合同。

在签订施工合同后，双方又另行签订一份合同金额比中标价降低 10% 的协议不妥。依照《招标投标法》规定，招标人和中标人不得再行订立背离合同实质性内容的其他协议。

【案例 5-2】

某国有资金投资的大型建设项目，建设单位采用工程量清单公开招标方式进行施工招标。建设单位委托具有相应资质的招标代理机构编制了招标文件。招标文件包括如下规定：

（1）招标人设有最高投标限价和最低投标限价，高于最高投标限价或低于最低投标限价的投标人报价均按废标处理。

（2）投标人应对工程量清单进行复核，招标人不对工程量清单的准确性和完整性负责。

（3）招标人将在投标截止后的 90 天内完成评标和公布中标候选人工作。

投标和评标过程中发生如下事件：

事件 1：投标人 A 对工程量清单中某分项工程工程量的准确性有异议，并于投标截止时间 15 天前向招标人书面提出了澄清申请。

事件 2：投标人 B 在投标截止时间前 10 分钟以书面形式通知招标人撤回已递交的投标文件，并要求招标人 5 天内退还已经递交的投标保证金。

事件3：在评标过程中，投标人D主动对自己的投标文件向评标委员会提出书面澄清、说明。

事件4：在评标过程中，评标委员会发现投标人E和投标人F的投标文件中载明的项目管理成员中有一人为同一人。

【问题】

（1）招标文件中，除了投标人须知、设计图、技术标准和要求、投标文件格式外，还包括哪些内容？

（2）分析招标代理机构编制的招标文件中（1）～（3）项规定是否妥当，并说明理由。

（3）针对事件1和事件2，招标人应如何处理？

（4）针对事件3和事件4，评标委员会应如何处理？

【分析】

（1）招标文件内容还应该包括招标公告（或投标邀请书）、评标办法、合同条款及格式、工程量清单、规定的其他材料。

（2）招标文件规定分析：

1）设有最低投标限价并规定低于最低投标限价按废标处理不妥。理由：招标人不得规定最低投标限价。招标人设有最高投标限价，高于最高投标限价按废标处理妥当。理由：招标人可以设定最高投标限价。

2）招标人不对工程量清单的正确性和准确性负责不妥。理由：招标人应该对其编制的工程量清单的正确性和准确性负责。

3）招标文件规定在投标截止日后的投标有效期90天内完成评标和公布中标候选人工作不妥。理由：大型项目的投标有效期是120天左右。

（3）针对事件1，招标人应该对有异议的清单进行复核，如有错误，由招标人统一修改并把修改情况书面通知所有投标人。

针对事件2，招标人应该在5天内退还投标文件和投标人的投标保证金。

（4）针对事件3，评标委员会不接受投标人主动提出的澄清、说明和补正，仍然按照原投标文件进行评标。

针对事件4，评标委员会可视为投标人E、F为串通投标，投标文件视为无效文件。

【案例5-3】

某建设工程，由于该工程技术复杂且需要采用大型专用施工设备，经有关主管部门批准，采用邀请招标方式进行施工招标，共邀请A、B、C3家国有特级施工企业参加投标。

投标邀请书中规定：6月1～3日9:00～17:00在该单位出售招标文件。

招标文件中规定：6月30日为投标截止日，投标有效期到7月30日为止，招标控制价为4000万元，评标方法采用综合评估法，技术标和商务标各占50%。

在评标过程中，鉴于各投标人的技术方案大同小异，建设单位决定将评标方法改为经评审的最低投标价法。

评标委员会根据修改后的评标方法，确定的评标结果排名顺序为 A 公司、C 公司、B 公司。建设单位于 7 月 14 日确定 A 公司中标，于 7 月 15 日向 A 公司发出中标通知书，并于 7 月 18 日与 A 公司签订了合同。建设单位于 7 月 28 日将中标结果通知了 B、C 两家公司，并将投标保证金退还给这两家公司。建设单位于 8 月 5 日向当地招标投标管理部门提交了该工程招标投标情况的书面报告。

【问题】

指出建设单位在招标工作中有哪些不妥之处？请逐一说明理由。

【分析】

（1）不妥之处一："6 月 1—3 日出售招标文件。"

理由：根据招标投标相关法律规定，招标文件的出售时间不得少于 5 日。

（2）不妥之处二："投标有效期到 7 月 30 日为止。"

理由：投标有效期应考虑开标、评标、定标、公示、签约等时间，若投标有效期截止时间为 7 月 30 日，不能满足相关时间要求。一般项目投标有效期宜为 60~90 天，大型技术复杂项目宜为 120 天左右。

（3）不妥之处三："建设单位决定将评标方法改为经评审的最低投标价法。"

理由：根据招标投标相关法规规定，评标委员会应当按照招标文件确定的评标标准和办法进评标。

（4）不妥之处四："评标委员会根据修改后的评标方法，确定的评标结果排名顺序。"

理由：根据招标投标相关法规规定，评标委员会应当按照招标文件确定的评标标准和办法进评标。

（5）不妥之处五："建设单位于 7 月 28 日将中标结果通知了 B、C 两家公司。"

理由：根据招标投标相关法规规定，招标人应当在向中标人发出中标通知书的同时将中标结果通知所有未中标的投标人。

（6）不妥之处六："建设单位于 7 月 28 日将投标保证金退还 B、C 两家公司。"

理由：根据招标投标相关法规规定，建设单位应当在签订合同后的 5 日内退还中标人和未中标人的投标保证金。本案中合同签订日为 7 月 18 日，7 月 28 日已超 5 日的退还保证金期限。

（7）不妥之处七："建设单位于 8 月 5 日向当地招标投标管理部门提交了该工程招标投标情况的书面报告。"

理由：根据招标投标相关法规规定，建设单位应于确定中标人后的 15 日内向有关行政监督部门提交招标投标情况的书面报告。

本章习题

一、单选题

1. 下列建设项目中，可以不招标的是（　　　）。

A. 个人捐赠的教育项目中合同估算价为 120 万元的监理合同

B. 使用财政预算资金的体育项目中合同估算价为 180 万元的材料采购合同

C. 外商投资的供水项目中合同估算价为 1000 万元的施工合同

D. 上市公司投资的商品房项目中估算价为 500 万元的材料采购合同

2. 某高速公路项目进行招标，开标后允许（　　　）。

A. 评标委员会要求投标人以书面形式澄清含义不明确的内容

B. 投标人再增加优惠条件

C. 招标人更改招标文件中的评标标准和办法

D. 投标人修改投标文件的实质性内容

3. 根据《招标投标法》，投标人补充、修改或者撤回已提交的投标文件，并书面通知招标人的时间期限应在（　　　）。

A. 评标截止时间前　　　　　　　　B. 评标开始前

C. 提交投标文件的截止时间前　　　　D. 投标有效期内

4. 根据招标投标相关法律规定，下列招标投标行为中，不构成招标人与投标人串通投标的是（　　　）。

A. 招标人与投标人事先商定压低标价，中标后再给中标人让利

B. 招标人从几名中标候选人中确定中标人

C. 招标人在开标前将投标情况告知其他投标人

D. 招标人预先内定中标人

5. 根据招标投标相关法律规定，在投标有效期结束前，由于出现特殊情况，招标人要求投标人延长投标有效期时，（　　　）。

A. 投标人不得拒绝延长，并不得收回其投标保证金

B. 投标人可以拒绝延长，并有权收回其投标保证金

C. 投标人不得拒绝延长，但可以收回其投标保证金

D. 投标人可以拒绝延长，但无权收回其投标保证金

6. 在某工程项目招标投标过程中，某投标人要对其投标文件进行补充、修改或撤回。根据《招标投标法》的规定，下列说法正确的是（　　　）。

A. 对投标文件的补充、修改和撤回，应在投标有效期满前进行

B. 在投标有效期内进行的补充、修改作为投标文件的组成部分

C. 在投标有效期内可以进行补充或修改，但要被没收投标保证金

D. 应在投标截止日期前进行

7. 下列属于评标委员会可以做出否决投标决定的情形是（　　　）。

A. 投标文件存在细微偏差

B. 投标报价低于成本或者高于招标文件设定的最高投标限价

C. 投标报价超过标底上下浮动范围

D. 由于招标文件要求提交备选投标，同一投标人提交了两个以上不同的投标文件

8. 根据《招标投标法》及相关法规，下列招标、投标、评标行为中正确的是（　　　）。

A. 投标人的报价明显低于成本的，评标委员会应当否决其投标

B. 投标人的报价高于招标文件设定的最高投标限价，评标委员会有权要求其调整

C. 招标文件采用的评标方法不适合的，开标后评标委员会有权做出调整

D. 招标人有权在评标委员会推荐的中标候选人之外确定中标人

9. 某项目 2023 年 3 月 1 日确定了中标人，2023 年 3 月 8 日发出了中标通知书，2023 年 3 月 12 日中标人收到了中标通知书，则签订合同的日期应该不迟于（　　　）。

A. 2023 年 3 月 26 日　　　　　　　　B. 2023 年 3 月 31 日

C. 2023 年 4 月 7 日　　　　　　　　 D. 2023 年 4 月 11 日

10. 投标有效期应从（　　　）之日起计算。

A. 招标文件规定的提交投标文件截止　　　B. 提交投标文件

C. 提交投标保证金　　　　　　　　　　　D. 确定中标结果

11. 招标人采用资格后审办法对投标人进行资格审查的，应当在（　　　）由评标委员会按照招标文件规定的标准和方法对投标人的资格进行审查。

A. 开标前　　　　　B. 开标后　　　　　C. 开标现场　　　　　D. 接收投标文件时

二、多选题

1. 下列关于项目招标的说法错误的有（　　　）。

A. 施工单项合同估算价在 200 万元人民币以上的项目必须招标

B. 个人投资的项目不需要招标

C. 施工主要技术采用特定专利的项目可以不招标

D. 涉及公众安全的项目必须招标

E. 符合工程招标范围，重要材料采购单项合同估算价在 100 万元人民币以上的项目必须招标

2. 下列行为属于以不合理条件限制、排斥潜在投标人或者投标人的有（　　　）。

A. 限定或者指定特定的专利、商标、品牌、原产地或者供应商

B. 以特定行政区域或者特定行业的业绩、奖项作为加分条件或者中标条件

C. 分阶段招标的项目，在第二阶段向投标人提出提交投标保证金的要求

D. 就同一招标项目向潜在投标人或者投标人提供有差别的项目信息

E. 对潜在投标人或者投标人采取不同的资格审查或者评标标准

3. 下列关于投标文件的说法，正确的有（　　　）。

A. 对未通过资格预审的申请人提交的投标文件，招标人应当签收保存，不得开启

B. 投标人在招标文件要求提交投标文件的截止时间前，可以补充、修改或者撤回已提交的投标文件，并书面通知招标人

C. 在招标文件要求提交投标文件的截止时间后送达的投标文件，招标人应当拒收

D. 投标人提交的投标文件中的投标报价可以低于工程成本

E. 投标文件应当对招标文件提出的实质性要求与条件做出响应

第 5 章练习题

扫码进入小程序，完成答题即可获取答案

第**6**章

工程建设标准及勘察设计法律制度

本章提要及学习目标

工程建设标准及分类，工程建设勘察设计文件的编制与审批程序。

遵循工程建设强制性标准及工程质量标准，提高依法建设的自觉性。

6.1 工程建设标准化法规

6.1.1 工程建设标准概述

1. 工程建设标准的相关概念

标准是指对重复性事物和概念所做的统一规定，它以科学技术和实践经验的综合成果为基础，经有关方面协商一致，由主管机关批准，以特定形式发布，作为共同遵守的准则和依据。

工程建设标准是指对建设工程的勘察、规划、设计、施工、安装、验收等需要统一的技术要求所制定的统一标准。

工程建设标准化是在长期的工程实践中制定、修订、发布和实施的各项工程建设标准。它使工程建设各系统中的各种标准形成相互联系、相辅相成、共同作用的有机整体，是建立良好的建设秩序和创造明显的社会经济效益的重要基础性工作。工程建设标准化有利于促进技术进步，改进产品质量，统一建设工程设计的技术要求、安全要求和施工方法；有利于保障建设工程生产的安全和质量，维护国家和人民的利益。

工程建设标准化法规是指调整工程建设标准的制定、修订、发布、实施与监督活动中所产生的各种社会关系的法律规范的总称。相关法律、法规包括《中华人民共和国标准化法》（简称《标准化法》）（2017年修订），《中华人民共和国标准化法实施条例》，建设部根据《标准化法》制定并颁发了《工程建设国家标准管理办法》及《实施工程建设强制性标准监督规定》（2021年修改）。

2. 工程建设标准的内容与分类

工程建设标准包括标准、规范、规程。规范、规程是标准的形式之一，如建筑规范。其内容一般包括以下五个方面：

1）勘察、规划、设计、施工及验收等的质量要求。

2）有关安全、卫生、环境保护的技术要求。

3）有关术语、符号、代号、量与单位、建筑模数和制图方法。

4）试验、检验和评定等方法。

5）工程建设的信息技术要求。

按上述五个方面的技术要求制定的标准，一般习惯简称为：质量标准，安全卫生、环境保护标准，基础标准，试验、质量评定标准和信息技术标准。

按照标准属性划分，工程建设标准分为强制性标准和推荐性标准。

3. 工程建设标准的分级

《标准化法》规定，标准包括国家标准、行业标准、地方标准和团体标准、企业标准。国家标准分为强制性标准、推荐性标准；行业标准、地方标准是推荐性标准。《实施工程建设强制性标准监督规定》规定，在中华人民共和国境内从事新建、扩建、改建等工程建设活动，必须执行工程建设强制性标准。国家鼓励采用推荐性标准。

（1）国家标准　国家标准是指为了在全国范围统一技术要求和国家需要控制的技术要求所制定的标准。工程建设国家标准由国务院建设行政主管部门负责制订计划、组织草拟、审查批准，由国务院标准化行政主管部门和国务院建设行政主管部门联合发布。

下列标准属于强制性标准：

1）工程建设勘察、规划、设计、施工（包括安装）及验收等通用的综合标准和重要的通用的质量标准。

2）工程建设通用的有关安全、卫生和环境保护的标准。

3）工程建设重要的通用的术语、符号、代号、量与单位、建筑模数和制图方法标准。

4）工程建设重要的通用的试验、检验和评定方法等标准。

5）工程建设重要的通用的信息技术标准。

6）需要控制的其他工程建设通用的标准。

强制性标准以外的标准是推荐性标准。推荐性标准，国家鼓励企业自愿采用。《工程建设国家标准管理办法》规定，工程建设国家标准的编号由国家标准代号、发布标准的顺序号和发布标准的年号组成。强制性国家标准的代号为"GB"，如《钢结构设计标准》（GB 50017—2017）、《建筑工程施工质量验收统一标准》（GB 50300—2013）、《建筑装饰装修工程质量验收标准》（GB 50210—2018）。推荐性国家标准的代号为"GB/T"，如《建设工程监理规范》（GB/T 50319—2013）、《建设工程项目管理规范》（GB/T 50326—2017）。强制性标准必须执行。因此，如采用国家强制性标准，即使双方当事人在合同中约定了采用某项推荐性标准，也必须执行国家强制性标准。

《强制性国家标准管理办法》规定，强制性国家标准发布后实施前，企业可以选择执行原强制性国家标准或者新强制性国家标准。新强制性国家标准实施后，原强制性国家标准同时废止。

（2）行业标准　行业标准是指对没有国家标准，而又需要在全国某个行业范围内统一技术要求所制定的标准。行业标准由行业主管部门负责编制本行业标准的计划、组织草拟、审查批准和发布。

（3）地方标准　地方标准是指没有国家标准、行业标准，而又需要在某个地区范围内统一技术要求所制定的标准。地方标准根据当地的气象、地质、资源等特殊情况的技术要求制定。

（4）企业标准　企业标准是指没有国家标准、行业标准、地方标准，而企业为了组织生产，需要在企业内部统一技术要求所制定的标准。企业标准是企业自己制定的，只适用于企业内部，作为本企业组织生产的依据，而不能作为合法交货、验收的依据。

（5）团体标准　团体标准是由团体按照团体确立的标准制定程序自主制定发布、由社会自愿采用的标准。社会团体可在没有国家标准、行业标准和地方标准的情况下，制定团体标准，快速响应创新和市场对标准的需求，填补现有标准空白。国家鼓励社会团体制定严于国家标准和行业标准的团体标准，引领产业和企业的发展，提升产品和服务的市场竞争力。

推荐性国家标准、行业标准、地方标准、团体标准、企业标准的技术要求不得低于强制性国家标准的相关技术要求。

国家鼓励社会团体、企业制定高于推荐性标准相关技术要求的团体标准、企业标准。

6.1.2　工程建设强制性标准的实施

1. 建设单位

建设单位不得以任何理由，要求建筑设计单位或者建筑施工企业在工程设计或者施工作业中，违反法律、行政法规和建筑工程质量、安全标准，降低工程质量。

建设单位不得明示或者暗示设计单位或者施工单位违反工程建设强制性标准，降低建设工程质量。

工程监理人员认为工程施工不符合工程设计要求、施工技术标准和合同约定的，有权要求建筑施工企业改正。工程监理人员发现工程设计不符合建筑工程质量标准或者合同约定的质量要求的，应当报告建设单位要求设计单位改正。

2. 勘察、设计单位

建筑工程设计应当符合按照国家规定制定的建筑安全规程和技术规范，保证工程的安全性能。

勘察、设计单位必须按照工程建设强制性标准进行勘察、设计，并对其勘察、设计的质量负责。

3. 施工单位

施工单位必须按照工程设计图和施工技术标准施工，不得擅自修改工程设计，不得偷工减料。必须按照工程设计要求、施工技术标准和合同约定，对建筑材料、建筑构配件、设备和商品混凝土进行检验，检验应当有书面记录和专人签字；未经检验或者检验不合格的，不得使用。

新技术、新材料可能影响建设工程质量和安全，没有国家技术标准的，应当由国家认可的检测机构进行试验、论证，出具检测报告，并经国务院有关主管部门或者省、自治区、直辖市人民政府有关主管部门组织的建设工程技术专家委员会审定后，方可使用。

6.1.3　工程建设强制性标准的监督管理

1. 监督管理机构及分工

监督管理机构及分工见表 6-1。

表 6-1　监督管理机构及分工

监督管理机构	管理分工
国务院住房和城乡建设主管部门	负责全国工程建设强制性标准的监督
建设项目规划审查机构	工程建设规划阶段执行强制性标准的监督
施工图设计文件审查单位	工程建设勘察、设计阶段强制性标准的监督
建筑安全监督管理机构	工程建设施工阶段（安全）强制性标准的监督
工程质量监督机构	工程建设施工、监理、验收等阶段强制性标准的监督

2. 监督检查的内容和方式

强制性标准监督检查的内容包括以下方面：

1）工程技术人员是否熟悉、掌握强制性标准。

2）工程项目的规划、勘察、设计、施工、验收等是否符合强制性标准的规定。

3）工程项目采用的材料、设备是否符合强制性标准的规定。

4）工程项目的安全、质量是否符合强制性标准的规定。

5）工程中采用的导则、指南、手册、计算机软件的内容是否符合强制性标准的规定。

工程建设标准批准部门应当对工程项目执行强制性标准的情况进行监督检查。监督检查可以采取重点检查、抽查和专项检查的方式。

6.1.4　违反强制性标准的相关法律责任

《实施工程建设强制性标准监督规定》的相关规定如下：

1）建设单位有下列行为之一的，责令改正，并处以 20 万元以上 50 万元以下的罚款：明示或者暗示施工单位使用不合格的建筑材料、建筑构配件和设备的；明示或者暗示设计单位或者施工单位违反工程建设强制性标准，降低工程质量的。

2）勘察、设计单位违反工程建设强制性标准进行勘察、设计的，责令改正，并处以 10 万元以上 30 万元以下的罚款。有上述行为，造成工程质量事故的，责令停业整顿，降低资质等级；情节严重的，吊销资质证书；造成损失的，依法承担赔偿责任。

3）施工单位违反工程建设强制性标准的，责令改正，处工程合同价款 2% 以上 4% 以下的罚款；造成建设工程质量不符合规定的质量标准的，负责返工、修理，并赔偿因此造成的损失；情节严重的，责令停业整顿，降低资质等级或者吊销资质证书。

4）工程监理单位违反强制性标准规定，将不合格的建设工程及建筑材料、建筑构配件和设备按照合格签字的，责令改正，处 50 万元以上 100 万元以下的罚款，降低资质等级或者吊销资质证书；有违法所得的，予以没收；造成损失的，承担连带赔偿责任。

5）违反工程建设强制性标准造成工程质量、安全隐患或者工程质量安全事故的，按照《建设工程质量管理条例》《建设工程勘察设计管理条例》和《建设工程安全生产管理条例》的有关规定进行处罚。

6.2　建设工程勘察设计文件的编制

建设工程勘察是指根据建设工程的要求，查明、分析、评价建设场地的地质、地理环境特征和岩土工程条件，编制建设工程勘察文件的活动。

建设工程设计是指根据建设工程的要求，对建设工程所需的技术、经济、资源、环境等条件进行综合分析、论证，编制建设工程设计文件的活动。

1. 编制依据

编制建设工程勘察、设计文件，应当以下列规定为依据：

1）项目批准文件。

2）城乡规划。

3）工程建设强制性标准。

4）国家规定的建设工程勘察、设计深度要求。

2. 编制要求

1）编制建设工程勘察文件，应真实、准确，满足建设工程规划、选址、设计、岩土治理和施工的需要。

2）编制方案设计文件，应满足编制初步设计文件和控制概算的需要。编制初步设计文件，应当满足编制施工招标文件、主要设备材料订货和编制施工图设计文件的需要。编制施工图设计文件，应当满足设备材料采购、非标准设备制作和施工的需要，并注明建设工程合理使用年限。

3）设计文件中选用的材料、构配件、设备应注明其规格、型号、性能等技术指标，其质量要求必须符合国家规定的标准。除有特殊要求的建筑材料、专用设备和工艺生产线等外，设计单位不得指定生产厂、供应商。

4）建设工程勘察、设计文件中规定采用的新技术、新材料，可能影响建设工程质量和安全，又没有国家技术标准的，应当由国家认可的检测机构进行试验、论证，出具检测报告，并经国务院有关部门或者省、自治区、直辖市人民政府有关部门组织的建设工程技术专家委员会审定后，方可使用。

3. 工程设计的阶段和内容

一般建设项目的设计可按初步设计和施工图设计两个阶段进行。技术上复杂的建设项目，可增加技术设计阶段，即按初步设计、技术设计、施工图设计三个阶段进行。

（1）初步设计　初步设计一般应包括以下有关文字说明和设计图：设计依据、设计指导思想、产品方案、各类资源的用量和来源、工艺流程、主要设备选型及配置、总图运输、主要建筑物和构筑物、公用及辅助设施、新技术采用情况、主要材料用量、外部协作条件、占地面积和土地利用情况、综合利用和"三废"治理、生活区建设、抗震和人防措施、生产组织和劳动定员、各项技术经济指标、建设顺序和期限、总概算等。

初步设计的深度应满足以下要求：设计方案的比选和确定、主要设备材料订货、土地征用、基建投资的控制、施工招标文件的编制、施工图设计的编制、施工组织设计的编制、施工准备和生产准备等。

（2）技术设计　技术设计的内容由有关部门根据工程的特点和需要自行制定。其深度应能满足确定设计方案中重大技术问题和有关实验、设备制造等方面的要求。

（3）施工图设计　施工图设计应根据已获批准的初步设计进行，其深度应能满足以下要求：设备材料的安排和非标准设备的制作与施工、施工图预算的编制、施工要求等，并应注明建设工程合理使用年限。

4. 建设工程的抗震和防灾

工程勘察设计单位应按规定的业务范围承担工程项目的抗震设计，严格遵守现行抗震设计规范和有关规定。工程项目的设计文件应有抗震设防的内容，包括设防依据、设防标准、方案论证等。

新建工程采用新技术、新材料和新结构体系，均应通过相应级别的抗震性能鉴定，符合抗震要求，方可采用。除了地震灾害，在设计时还要根据当地情况和历史，考虑其他自然灾害的存在，并做出预防。

6.3　工程设计文件的审批和修改

1. 工程设计文件的审批

在我国，建设项目设计文件的审批，实行分级管理、分级审批的原则。设计文件具体审批权限规定如下：

1）大中型建设项目的初步设计和总概算及技术设计，按隶属关系，由国务院主管部门或省、市、自治区审批。

2）小型建设项目初步设计的审批权限，由主管部门或省、市、自治区自行规定。

3）总体规划设计（或总体设计）的审批权限与初步设计的审批权限相同。

4）各部直接代管的下放项目的初步设计，以国务院主管部门为主，会同有关省、市、自治区审查或批准。

5）施工图设计除主管部门规定要审查者外，一般不再审批。设计单位要对施工图的质量负责，并向生产、施工单位进行技术交底，听取意见。

2. 工程设计文件的修改

设计文件是工程建设的主要依据，经批准后就具有一定的严肃性，不得任意修改和变更，如必须修改，须经有关部门批准，其批准权限，根据修改的内容涉及的范围而定。

施工图的修改，须经原设计单位的同意。建设单位、施工单位、监理单位都无权修改建设工程勘察、设计文件。确需修改的，应由原勘察设计单位进行。经原勘察设计单位同意，建设单位也可委托其他具有相应资质的建设工程勘察、设计单位修改，并由修改单位对修改的勘察设计文件承担相应责任。

6.4 施工图设计文件的审查

1. 施工图设计文件审查的概念

施工图设计文件审查是指国务院建设行政主管部门和省、自治区、直辖市人民政府建设行政主管部门依法认定的设计审查机构，根据国家的法律、法规、技术标准与规范，对施工图设计文件的结构安全和强制性标准、规范执行情况等技术方面进行的独立审查。它是政府主管部门对建筑工程勘察设计质量监督管理的重要环节，是基本建设必不可少的程序，工程建设各方必须认真贯彻执行。

《建设工程质量管理条例》规定，建设单位应当将施工图设计文件报县级以上人民政府建设行政主管部门或者其他有关部门审查；县级以上人民政府建设行政主管部门或者交通、水利等有关部门应对施工图设计文件中涉及公共利益、公众安全、工程建设强制性标准的内容进行审查；未经审查批准的施工图设计文件，不得使用。

《建筑工程施工图设计文件审查暂行办法》强调建设工程施工图设计文件审查作为建设工程必须进行的基本建设程序，有关各方都应当遵循，并进一步明确了施工图审查有关各方的责任，审查机构的设置及其审查范围。

《房屋建筑和市政基础设施工程施工图设计文件审查管理办法》规定，国家实施施工图设计文件（含勘察文件，简称施工图）审查制度。施工图未经审查合格的，不得使用。

2. 施工图审查的内容

1）是否符合工程建设强制性标准。

2）地基基础和主体结构的安全性。

3）消防安全性。

4）人防工程（不含人防指挥工程）防护安全性。

5）是否符合民用建筑节能强制性标准，对执行绿色建筑标准的项目，还应当审查是否符合绿色建筑标准。

6）勘察设计企业和注册执业人员及相关人员是否按规定在施工图上加盖相应的图章和签字。

7）法律、法规、规章规定必须审查的其他内容。

施工图审查机构和审查人员应当依据法律、法规和国家与地方的技术标准认真履行审查职责。施工图审查机构应当对审查的施工图质量负相应的审查责任，但不代替设计单位承担设计质量责任。

3. 施工图审查各方的责任

设计文件的质量责任是指在设计文件出现质量问题时，设计单位和设计人员承担直接责任，设计审查单位和设计审查人员负间接的监督责任。当因设计质量存在问题造成损失时，业主只能向设计单位和设计人员追责，审查机构和审查人员在法律上并不承担赔偿责任。

审查机构的审查只是一种监督行为，它只对工程设计质量承担间接的审查责任，其直接责任仍由完成设计的单位及个人负责。如若出现质量问题，设计单位及设计人员还必须依据实际情况和相关法律的规定，承担相应的经济责任、行政责任和刑事责任。

审查机构对施工图审查工作负责，承担审查责任。施工图经审查合格后，仍有违反法律、法规和工程建设强制性标准的问题，给建设单位造成损失的，审查机构依法承担相应的赔偿责任。

政府各级建设行政主管部门在施工图审查中享有行政审批权，主要负责行政监督管理和程序性审批工作，对设计文件的质量不承担直接责任。但国家机关工作人员在施工图审查监督管理工作中玩忽职守、滥用职权、徇私舞弊，构成犯罪的，依法追究刑事责任；尚不构成犯罪的，依法给予行政处分。

【案例 6-1】

某厂新建一车间，分别与市某设计院和市某建筑公司签订设计合同和施工合同。工程竣工后，厂房北侧墙壁发生裂缝。

为此该厂向法院起诉建筑公司。经勘验，裂缝是由于地基不均匀沉降引起的，结论是结构设计图所依据的地质资料不准确，于是该厂又向法院起诉设计院。设计院答称，设计院是根据该厂提供的地质资料设计的，不应承担事故责任。经法院查证：该厂提供的地质资料不是新建车间的地质资料，而是与该车间相邻的某厂的地质资料，事故前设计院并不知道该情况。

【问题】

本案中事故的责任者是谁？

【分析】

该案设计合同的主体是某厂和市设计院，施工合同的主体是该厂和某建筑公司。根据案情，由于设计图所依据的资料不准确，使地基不均匀沉降，最终导致墙壁裂缝事故。所以，事故涉及的是设计合同中的责权关系，而与施工合同无关，即建筑公司没有责任。在设计合同中，提供准确的资料是委托方的义务之一，而且要对资料的可靠性负责，所以，本案中委托方提供假地质资料是事故的根源，委托方是事故的责任者之一。市设计院接受对方提供的资料设计，似乎没有过错，但是直到事故发生前设计院仍不知道资料虚假，说明在整个设计过程中，市设计院并未对地质资料进行认真审查，使用了虚假资料进行设计，最终导致事故，所以设计院也是责任者之一。在本案事故中，委托方（某厂）为直接责任者、主要责任者，市设计院为间接责任者、次要责任者。本案中经济损失和诉讼费主要应由该厂负担，市设计院也应承担一部分责任。

典型案例

本章习题

一、单选题

1. 关于工程建设强制性标准实施及其监督的说法，正确的是（   ）。

A. 强制性国家标准发布后实施前，企业可以选择继续执行原强制性标准或新的强制性标准

B. 可能影响建设工程质量和安全且无国家技术标准的新材料，一律不得在工程中使用

C. 工程建设验收阶段的执行情况由建筑安全监督管理机构实施监督

D. 工程建设勘察阶段的执行情况由规划行政主管部门实施监督

2. 下列事项中，不属于强制性标准监督检查内容的有（   ）。

A. 工程项目的规划、勘察、设计、施工、验收等是否符合强制性标准的规定

B. 工程材料、设备是否符合强制性标准的规定

C. 工程安全、质量是否符合强制性标准的规定

D. 有关工程管理人员是否熟悉、掌握强制性标准

3. 下列标准中，可以制定为强制性标准的有（   ）。

A. 行业标准

B. 地方标准

C. 团体标准

D. 国家标准

4. 下列工程建设国家标准中，不属于强制性标准的有（   ）。

A. 工程建设规划、施工等通用的综合标准

B. 工程建设重要的通用的制图方法标准

C. 工程建设重要的通用的试验检验和评定方法标准

D. 工程建设重要的通用的信息管理标准

5. 根据《实施工程建设强制性标准监督规定》，不属于强制性标准监督检查内容的有（   ）。

A. 工程技术人员是否熟悉、掌握强制性标准

B. 工程项目负责人是否熟悉、掌握强制性标准

C. 工程项目的安全、质量是否符合强制性标准的规定

D. 工程项目所采用的材料、设备是否符合强制性标准的规定

二、简答题

1. 简述工程建设标准的内容与分类。

2. 工程强制性标准有哪些？

3. 施工图审查各方的责任有哪些？

第**7**章
建设工程安全生产管理法律制度

本章提要及学习目标

建筑工程安全管理制度和安全生产监督管理制度，各建设主体安全责任与义务，生产安全事故调查处理。

弘扬科学严谨的工匠精神，注重建设工程质量，注重生命财产安全，提高安全文明施工和责任意识。

施工现场具有危险作业多、立体交叉作业多、作业面广、工期长、受自然气候环境影响大等特点，建设工程安全生产管理不仅关系建筑企业的健康发展，而且关系人民的生命财产安全及社会的稳定。

7.1 建设工程安全生产监督管理

7.1.1 安全生产监督管理部门

《安全生产法》（2021年修正）规定，国务院应急管理部门依照该法，对全国安全生产工作实施综合监督管理；县级以上地方各级人民政府应急管理部门依照该法，对本行政区域内安全生产工作实施综合监督管理。

国务院交通运输、住房和城乡建设、水利、民航等有关部门依照该法和其他有关法律、行政法规的规定，在各自的职责范围内对有关行业、领域的安全生产工作实施监督管理；县级以上地方各级人民政府有关部门依照该法和其他有关法律、法规的规定，在各自的职责范围内对有关行业、领域的安全生产工作实施监督管理。对新兴行业、领域的安全生产监督管理职责不明确的，由县级以上地方各级人民政府按照业务相近的原则确定监督管理部门。

应急管理部门和对有关行业、领域的安全生产工作实施监督管理的部门，统称负有安全生产监督管理职责的部门。

7.1.2　安全生产监督管理措施

对安全生产负有监督管理职责的部门依照有关法律、法规的规定，对涉及安全生产的事项需要审查批准（包括批准、核准、许可、注册、认证、颁发证照等）或者验收的，必须严格依照有关法律、法规和国家标准或者行业标准规定的安全生产条件和程序进行审查；不符合有关法律、法规和国家标准或者行业标准规定的安全生产条件的，不得批准或者验收通过。对未依法取得批准或者验收合格的单位擅自从事有关活动的，负责行政审批的部门发现或者接到举报后应当立即予以取缔，并依法予以处理。对已经依法取得批准的单位，负责行政审批的部门发现其不再具备安全生产条件的，应当撤销原批准。

《建设工程安全生产管理条例》规定，建设行政主管部门在审核发放施工许可证时，应当对建设工程是否有安全施工措施进行审查，对没有安全施工措施的，不得颁发施工许可证。

建设行政主管部门或者其他有关部门对建设工程是否有安全施工措施进行审查时，不得收取费用。

7.1.3　安全生产监督管理部门的职权

负有安全生产监督管理职责的部门依法对生产经营单位执行有关安全生产的法律、法规和国家标准或者行业标准的情况进行监督检查，行使以下职权：

1）进入生产经营单位进行检查，调阅有关资料，向有关单位和人员了解情况。

2）对检查中发现的安全生产违法行为，当场予以纠正或者要求限期改正；对依法应当给予行政处罚的行为，依照《安全生产法》和其他有关法律、行政法规的规定做出行政处罚决定。

3）对检查中发现的事故隐患，应当责令立即排除；重大事故隐患排除前或者排除过程中无法保证安全的，应当责令从危险区域内撤出作业人员，责令暂时停产停业或者停止使用；重大事故隐患排除后，经审查同意，方可恢复生产经营和使用。

4）对有根据，认为不符合保障安全生产的国家标准或者行业标准的设施、设备、器材以及违法生产、储存、使用、经营、运输的危险物品予以查封或者扣押，对违法生产、储存、使用、经营危险物品的作业场所予以查封，并依法做出处理决定。监督检查不得影响被检查单位的正常生产经营活动。

7.1.4　安全生产监督检查人员的义务

安全生产监督检查人员在行使职权时，应当履行如下法定义务：

1）应当忠于职守，坚持原则，秉公执法。

2）在执行监督检查任务时，必须出示有效的监督执法证件。

3）对涉及被检查单位的技术秘密和业务秘密，应当为其保密。

7.2　安全生产管理基本制度

1. 安全生产责任制度

安全生产责任制度是建筑生产中最基本的安全管理制度，是所有安全规章制度的核心。在建筑活动中，只有明确安全责任，分工负责，才能形成完整有效的安全管理体系，激发每个人的安全责任感，严格执行建设工程安全的法律、法规和安全规程、技术规范，防患于未然，减少和杜绝建筑工程事故，为建设工程的生产创造一个良好的环境。

1）《安全生产法》（2021 年修正）规定，生产经营单位的主要负责人是本单位安全生产第一责任人，对施工单位的安全生产工作全面负责。其他负责人对职责范围内的安全生产工作负责。生产经营单位的主要负责人对本单位安全生产工作负有下列职责：

① 建立健全并落实本单位全员安全生产责任制，加强安全生产标准化建设。

② 组织制定并实施本单位安全生产规章制度和操作规程。

③ 组织制定并实施本单位安全生产教育和培训计划。

④ 保证本单位安全生产投入的有效实施。

⑤ 组织建立并落实安全风险分级管控和隐患排查治理双重预防工作机制，督促、检查本单位的安全生产工作，及时消除生产安全事故隐患。

⑥ 组织制定并实施本单位的生产安全事故应急救援预案。

⑦ 及时、如实报告生产安全事故。

2）生产经营单位的全员安全生产责任制应当明确各岗位的责任人员、责任范围和考核标准等内容。生产经营单位应当建立相应的机制，加强对全员安全生产责任制落实情况的监督考核，保证全员安全生产责任制的落实。

3）矿山、金属冶炼、建筑施工、运输单位和危险物品的生产、经营、储存、装卸单位，应当设置安全生产管理机构或者配备专职安全生产管理人员。

2. 群防群治制度

群防群治制度是职工群众进行预防和治理安全的一种制度。这一制度要求建筑企业职工在施工中应当遵守有关生产的法律、法规和建筑行业安全规章、规程，不得违章作业；对于危及生命安全和身体健康的行为有权提出批评、检举和控告。

3. 安全生产教育培训制度

安全生产教育培训制度是对广大建筑企业干部职工进行安全教育培训、提高其安全意识、增加其安全知识和技能的制度。安全生产，人人有责。许多建筑安全事故发生的一个重要原因就是有关人员安全意识不强，安全技能不够，这些都是没有做好安全教育培训工作的后果。

《安全生产法》规定，生产经营单位应当对从业人员进行安全生产教育和培训，保证从业人员具备必要的安全生产知识，熟悉有关的安全生产规章制度和安全操作规程，掌握本岗位的安全操作技能，了解事故应急处理措施，知悉自身在安全生产方面的权利和义务。未经安全生产教育和培训合格的从业人员，不得上岗作业。

4. 安全生产检查制度

安全生产检查制度是上级管理部门或企业自身对安全生产状况进行定期或不定期检查的制度。通过检查，还可总结出好的经验并加以推广，为进一步做好安全工作打下基础。安全检查制度是安全生产的保障。

《安全生产法》规定，生产经营单位的安全生产管理人员应当根据本单位的生产经营特点，对安全生产状况进行经常性检查；对检查中发现的安全问题，应当立即处理；不能处理的，应当及时报告本单位有关负责人，有关负责人应当及时处理。检查及处理情况应当如实记录在案。

生产经营单位的安全生产管理人员在检查中发现重大事故隐患，依照前款规定向本单位有关负责人报告，有关负责人不及时处理的，安全生产管理人员可以向主管的负有安全生产监督管理职责的部门报告，接到报告的部门应当依法及时处理。

5. 伤亡事故处理报告制度

伤亡事故处理报告制度是指在施工中发生事故时，建筑企业应当采取紧急措施减少人员伤亡和事故损失，并按照国家有关规定及时向有关部门报告的制度。

6. 安全责任追究制度

《安全生产法》规定，国家实行生产安全事故责任追究制度，依照该法和有关法律、法规的规定，追究生产安全事故责任单位和责任人员的法律责任。

建设单位、设计单位、施工单位、监理单位，由于没有履行职责造成人员伤亡和事故损失的，视情节给予相应处理；情节严重的，责令停业整顿，降低资质等级或吊销资质证书；构成犯罪的，依法追究刑事责任。

7.3　安全生产许可证制度

2014年7月修订的《安全生产许可证条例》规定，安全生产许可证的发放范围具体包括五类企业：矿山企业、建筑施工企业和危险化学品、烟花爆竹、民用爆炸物品生产企业。这五类危险性较大的企业，必须依照法定条件、程序，向有关管理机关申请领取安全生产许可证，方可进行生产。凡是没有取得安全生产许可证的，一律不得从事相关生产活动。

1. 安全生产许可证的申请条件

《建筑施工企业安全生产许可证管理规定》中对建筑施工企业取得安全生产许可证应当具备的安全生产条件的具体规定为：

1）建立、健全安全生产责任制，制定完备的安全生产规章制度和操作规程。

2）保证本单位安全生产条件所需资金的投入。

3）设置安全生产管理机构，按照国家有关规定配备专职安全生产管理人员。

4）主要负责人、项目负责人、专职安全生产管理人员经建设主管部门或其他部门考核合格。

5）特种作业人员经有关业务主管部门考核合格，取得特种作业操作资格证书。

6）管理人员和作业人员每年至少进行一次安全生产教育培训并考核合格。

7）依法参加工伤保险，依法为施工现场从事危险作业的人员办理意外伤害保险，为从业人员交纳保险费。

8）施工现场的办公区、生活区及作业场所和安全防护用具、机械设备、施工机具及配件符合有关安全生产法律、法规、标准和规程的要求。

9）有职业危害防治措施，并为作业人员配备符合国家标准或者行业标准的安全防护用具和安全防护服装。

10）有对危险性较大的分部分项工程及施工现场易发生重大事故的部位、环节的预防、监控措施和应急预案。

11）有生产安全事故应急救援预案、应急救援组织或者应急救援人员，配备必要的应急救援器材、设备。

12）法律、法规规定的其他条件。

企业在进行生产前，应当依照规定向安全生产许可证颁发管理机关申请领取安全生产许可证，并提供规定的相关文件、资料。安全生产许可证颁发管理机关应当自收到申请之日起45日内审查完毕，经审查符合安全生产条件的，颁发安全生产许可证；不符合该条例规定的安全生产条件的，不予颁发安全生产许可证，书面通知企业并说明理由。企业不得转让、冒用安全生产许可证或者使用伪造的安全生产许可证。

2. 安全生产许可证的有效期

安全生产许可证的有效期为3年。安全生产许可证有效期满需要延期的，企业应当于期满前3个月向原安全生产许可证颁发管理机关办理延期手续。企业在安全生产许可证有效期内，严格遵守有关安全生产的法律、法规，未发生死亡事故的，安全生产许可证有效期届满时，经原安全生产许可证颁发管理机关同意，不再审查，安全生产许可证有效期延期3年。

建筑施工企业变更名称、地址、法定代表人等，应当在变更后10日内，到原安全生产许可证颁发管理机关办理安全生产许可证变更手续。

【例题1】　下列关于安全生产许可证有效期的说法，正确的有（　　　）。

A. 安全生产许可证的有效期为3年

B. 施工企业应当向原安全生产许可证颁发管理机关办理延期手续

C. 安全生产许可证有效期满需要延期的，施工企业应当于期满前1个月办理延期手续

D. 施工企业在安全生产许可证有效期内，严格遵守有关安全生产的法律、法规，未发生死亡事故的，安全生产许可证有效期届满时，自动延期

E. 安全生产许可证有效期延期3年

【答案】　ABE

【解析】　选项C错误，安全生产许可证有效期满需要延期的，企业应当于期满前3个月办理延期手续。选项D错误，企业在安全生产许可证有效期内，严格遵守有关安全生产的法律、法规，未发生死亡事故的，安全生产许可证有效期届满时，经原安全生产许可证颁发管理机关同意，不再审查，安全生产许可证有效期延期3年，因此不是自动延期。

【例题 2】　根据《建筑施工企业安全生产许可证管理规定》，下列关于安全生产许可证的说法正确的有（　　）。

A. 施工企业未取得安全生产许可证的不得从事建筑施工活动

B. 施工企业变更法定代表人的不必办理安全生产许可证变更手续

C. 对没有取得安全生产许可证的施工企业所承包的项目不得颁发施工许可证

D. 施工企业取得安全生产许可证后不得降低安全生产条件

E. 未发生死亡事故的安全生产许可证有效期届满时自动延期

【答案】　ACD

3. 安全生产许可证的政府监管

住房城乡建设主管部门在审核发放施工许可证时，应当对已经确定的建筑施工企业是否有安全生产许可证进行审查，对没有取得安全生产许可证的，不得颁发施工许可证。企业不得转让、冒用安全生产许可证或者使用伪造的安全生产许可证。企业取得安全生产许可证后，不得降低安全生产条件，并应当加强日常安全生产管理，接受安全生产许可证颁发管理机关的监督检查。

4. 安全生产许可的相关法律责任

（1）未取得安全生产许可证擅自生产的法律责任　未取得安全生产许可证擅自进行生产，责令停止生产，没收违法所得，并处 10 万元以上 50 万元以下的罚款；造成重大事故或者其他严重后果，构成犯罪的，依法追究刑事责任。

（2）期满未办理延期手续，继续进行生产的法律责任　违反规定，安全生产许可证有效期满未办理延期手续，继续进行生产的，责令停止生产，限期补办延期手续，没收违法所得，并处 5 万元以上 10 万元以下的罚款；逾期仍不办理延期手续，继续进行生产的，依照规定处罚。

（3）转让安全生产许可证的法律责任　转让安全生产许可证的，没收违法所得，处 10 万元以上 50 万元以下的罚款，并吊销其安全生产许可证；构成犯罪的，依法追究刑事责任；接受转让的，依照规定处罚。

（4）冒用或伪造安全生产许可证的法律责任　冒用安全生产许可证或者使用伪造的安全生产许可证进行生产的，责令停止生产，没收违法所得，并处 10 万元以上 50 万元以下的罚款；造成重大事故或者其他严重后果，构成犯罪的，依法追究刑事责任。

7.4　安全生产责任主体的安全责任及有关规定

7.4.1　建设单位的安全责任

1. 向施工单位提供资料

建设单位应当向施工单位提供施工现场及毗邻区域内供水、排水、供电、供气、供热、通信、广播电视等地下管线资料，气象和水文观测资料，相邻建筑物和构筑物、地下工程的有关资料，并保证资料的真实、准确、完整。

建设单位提供的资料将成为施工单位后续工作的主要参考依据。这些资料如果不真实、准确、完整，并因此导致了施工单位的损失，施工单位可以就此向建设单位要求赔偿。

2. 办理申请批准手续

《建筑法》规定，有下列情形之一的，建设单位应当按照国家有关规定办理申请批准手续：需要临时占用规划批准范围以外场地的；可能损坏道路、管线、电力、邮电通信等公共设施的；需要临时停水、停电、中断道路交通的；需要进行爆破作业的；法律、法规规定需要办理报批手续的其他情形。

3. 依法履行合同

建设单位不得对勘察、设计、施工、工程监理等单位提出不符合建设工程安全生产法律、法规和强制性标准规定的要求，不得随意压缩合同约定的工期。

4. 提供安全生产费用

建设单位在编制工程概算时，应当确定建设工程安全作业环境及安全施工措施所需费用。

5. 不得推销劣质材料设备

建设单位不得明示或者暗示施工单位购买、租赁、使用不符合安全施工要求的安全防护用具、机械设备、施工机具及配件、消防设施和器材。

6. 申领施工许可证时应当提供安全施工措施资料

建设单位在申请领取施工许可证时，应当提供建设工程有关安全施工措施的资料。

依法批准开工报告的建设工程，建设单位应当自开工报告批准之日起 15 日内，将保证安全施工的措施报送建设工程所在地的县级以上地方人民政府建设行政主管部门或者其他有关部门备案。

7. 对装修工程和拆除工程的规定

建设单位应当将拆除工程发包给具有相应资质等级的施工单位。

建设单位应当在拆除工程施工 15 日前，将有关资料报送建设工程所在地的县级以上地方人民政府建设行政主管部门或者其他有关部门备案。

《建筑法》规定，涉及建筑主体和承重结构变动的装修工程，建设单位应当在施工前委托原设计单位或者具有相应资质条件的设计单位提出设计方案；没有设计方案的，不得施工。

8. 建设单位违反《建设工程安全生产管理条例》的法律责任

（1）未提供安全生产作业环境及安全施工措施所需费用的法律责任　建设单位未提供建设工程安全生产作业环境及安全施工措施所需费用的，责令限期改正；逾期未改正的，责令该建设工程停止施工。

建设单位未将保证安全施工的措施或者拆除工程的有关资料报送有关部门备案的，责令限期改正，并给予警告。

（2）其他法律责任　建设单位有下列行为之一的，责令限期改正，处 20 万元以上 50 万元以下的罚款；造成重大安全事故，构成犯罪的，对直接责任人员，依照刑法有关规定追究刑事责任；造成损失的，依法承担赔偿责任：①对勘察、设计、施工、工程监理等单位提出不符合安全生产法律、法规和强制性标准规定的要求的；②要求施工单位压缩合同约定的工期的；③将拆除工程发包给不具有相应资质等级的施工单位的。

（3）《危险性较大的分部分项工程安全管理规定》相关规定　建设单位有下列行为之一的，责令限期改正，并处 1 万元以上 3 万元以下的罚款；对直接负责的主管人员和其他直接责任人员处 1000 元以上 5000 元以下的罚款：未按照本规定提供工程周边环境等资料的；未按照本规定在招标文件中列出危险性较大的分部分项工程（简称危大工程）清单的；未按照施工合同约定及时支付危大工程施工技术措施费或者相应的安全防护文明施工措施费的；未按照本规定委托具有相应勘察资质的单位进行第三方监测的；未对第三方监测单位报告的异常情况组织采取处置措施的。

7.4.2　施工单位的安全责任及相关规定

1. 主要负责人、项目负责人及安全生产管理机构和专职安全生产管理人员的安全责任

（1）主要负责人　施工单位主要负责人依法对本单位的安全生产工作全面负责。"主要负责人"并不仅限于施工单位的法定代表人，而是指对施工单位全面负责，有生产经营决策权的人。

（2）项目负责人　施工单位的项目负责人应当由取得相应执业资格的人员担任，对建设工程项目的安全施工负责。"相应执业资格"是指建造师执业资格。项目负责人的安全责任主要包括以下几项：

1）落实安全生产责任制度、安全生产规章制度和操作规程。

2）确保安全生产费用的有效使用。

3）根据工程的特点组织制定安全施工措施，消除安全事故隐患。

4）及时、如实报告生产安全事故。

> 【例题 3】　下列关于施工企业项目负责人安全生产责任的说法，正确的有（　　　）。
> A. 开展项目安全教育培训
> B. 对建设工程项目的安全施工负责
> C. 确保安全生产费用的有效使用
> D. 监督作业人员安全保护用品的配备及使用情况
> E. 及时、如实报告生产安全事故
> 【答案】　BCE

（3）安全生产管理机构和专职安全生产管理人员　施工单位应当设立安全生产管理机构，配备专职安全生产管理人员。

1）安全生产管理机构的设立及其职责。安全生产管理机构是指施工单位及其在建设工程项目中设置的负责安全生产管理工作的独立职能部门。

2）专职安全生产管理人员的职责。专职安全生产管理人员是指经建设主管部门或者其他有关部门安全生产考核合格，并取得安全生产考核合格证书，在企业从事安全生产管理工作的专职人员，包括施工单位安全生产管理机构的负责人及其工作人员和施工现场专职安全生产管理人员。

专职安全生产管理人员的安全责任主要包括负责施工现场安全生产日常检查并做好检查记录；现场监督危险性较大工程安全专项施工方案实施情况；对作业人员违规违章行为有权予以纠正或查处；对施工现场存在的安全隐患有权责令立即整改；对于发现的重大安全隐患，有权向企业安全生产管理机构报告；依法报告生产安全事故情况。

2. 总承包单位和分包单位的安全责任

建设工程实行施工总承包的，由总承包单位对施工现场的安全生产负总责。总承包单位依法将建设工程分包给其他单位的，分包合同中应当明确各自在安全生产方面的权利、义务。总承包单位和分包单位对分包工程的安全生产承担连带责任。

分包单位应当服从总承包单位的安全生产管理，分包单位不服从管理导致生产安全事故的，由分包单位承担主要责任。

实行施工总承包的建设工程，由总承包单位负责上报安全事故。《建设工程安全生产管理条例》规定，施工单位应当根据建设工程施工的特点、范围，对施工现场易发生重大事故的部位、环节进行监控，制定施工现场生产安全事故应急救援预案。实行施工总承包的，由总承包单位统一组织编制建设工程生产安全事故应急救援预案。

3. 施工单位的安全生产教育培训的规定

（1）管理人员的考核　施工单位的主要负责人、项目负责人、专职安全生产管理人员应当经建设行政主管部门或者其他有关部门考核合格后方可任职。

（2）作业人员的安全生产教育培训

1）施工单位应当对管理人员和作业人员每年至少进行一次安全生产教育培训，其教育培训情况记入个人工作档案。安全生产教育培训考核不合格的人员，不得上岗。

2）作业人员进入新的岗位或者新的施工现场前，应当接受安全生产教育培训。未经教育培训或者教育培训考核不合格的人员，不得上岗作业。

3）施工单位在采用新技术、新工艺、新设备、新材料时，应当对作业人员进行相应的安全生产教育培训。

4）特种作业人员的培训考核。建筑施工特种作业包括：①建筑电工；②建筑架子工；③建筑起重信号司索工；④建筑起重机械司机；⑤建筑起重机械安装拆卸工；⑥高处作业吊篮安装拆卸工；⑦经省级以上人民政府建设主管部门认定的其他特种作业。特种作业人员必须按照国家有关规定经过专门的安全作业培训，并取得特种作业操作资格证书后，方可上岗作业。

（3）消防安全教育培训　公安部、住房和城乡建设部等九部委联合颁布的《社会消防安全教育培训规定》中规定，在建工程的施工单位应当开展下列消防安全教育工作：①建设工程施工前应当对施工人员进行消防安全教育；②在建设工地醒目位置、施工人员集中住宿场所设置消防安全宣传栏，悬挂消防安全挂图和消防安全警示标志；③对明火作业人员进行经常性的消防安全教育；④组织灭火和应急疏散演练。

4. 施工单位应采取的安全措施

（1）专项施工方案的编制及实施规定

1）编制专项施工方案的范围。施工单位应当在施工组织设计中编制安全技术措施和施工现场临时用电方案。对下列达到一定规模的危险性较大的分部分项工程编制专项施工方案：

① 基坑支护与降水工程。

② 土方开挖工程。

③ 模板工程。

④ 起重吊装工程。

⑤ 脚手架工程。

⑥ 拆除、爆破工程。

⑦ 国务院建设行政主管部门或者其他有关部门规定的其他危险性较大的工程。

对上述所列工程中涉及深基坑开挖深度超过 5m（含 5m）、地下暗挖工程、高大模板工程的专项施工方案，施工单位还应当组织专家进行论证、审查。实行施工总承包的，由施工总承包单位组织召开专家论证会。专家论证前专项施工方案应当通过施工单位审核和总监理工程师审查。

住房和城乡建设部关于印发《房屋市政工程生产安全重大事故隐患判定标准（2022版）》的通知规定，施工安全管理有下列情形之一的，应判定为重大事故隐患：建筑施工企业未取得安全生产许可证擅自从事建筑施工活动；施工单位的主要负责人、项目负责人、专职安全生产管理人员未取得安全生产考核合格证书从事相关工作；建筑施工特种作业人员未取得特种作业人员操作资格证书上岗作业；危险性较大的分部分项工程未编制、未审核专项施工方案，或未按规定组织专家对"超过一定规模的危险性较大的分部分项工程范围"的专项施工方案进行论证。

2）专项施工方案编制和审查。2018 年住房和城乡建设部发布的《危险性较大的分部分项工程安全管理规定》规定，施工单位应当在危大工程施工前组织工程技术人员编制专项施工方案。实行施工总承包的，专项施工方案应当由施工总承包单位组织编制。危大工程实行分包的，专项施工方案可以由相关专业分包单位组织编制。

专项施工方案应当由施工单位技术负责人审核签字、加盖单位公章，并由总监理工程师审查签字、加盖执业印章后方可实施。

危大工程实行分包并由分包单位编制专项施工方案的，专项施工方案应当由总承包单位技术负责人及分包单位技术负责人共同审核签字并加盖单位公章。

施工单位应当在施工现场显著位置公告危大工程名称、施工时间和具体责任人员，并在危险区域设置安全警示标志。

3）专项施工方案实施与监督。施工单位应当严格按照专项施工方案组织施工，不得擅自修改专项施工方案。因规划调整、设计变更等原因确需调整的，修改后的专项施工方案应当按照规定重新审核和论证。涉及资金或者工期调整的，建设单位应当按照约定予以调整。

施工单位应当对危大工程施工作业人员进行登记，项目负责人应当在施工现场履职。项目专职安全生产管理人员应当对专项施工方案实施情况进行现场监督，对未按照专项施工方案施工的，应当要求立即整改，并及时报告项目负责人，项目负责人应当及时组织限期整改。施工单位应当按照规定对危大工程进行施工监测和安全巡视，发现危及人身安全的紧急情况，应当立即组织作业人员撤离危险区域。

监理单位应当结合危大工程专项施工方案编制监理实施细则，并对危大工程施工实施专项巡视检查。监理单位发现施工单位未按照专项施工方案施工的，应当要求其进行整改；情节严重的，应当要求其暂停施工，并及时报告建设单位。施工单位拒不整改或者不停止施工的，监理单位应当及时报告建设单位和工程所在地住房城乡建设主管部门。

对于按照规定需要进行第三方监测的危大工程，建设单位应当委托具有相应勘察资质的单位进行监测。

施工、监理单位应当建立危大工程安全管理档案。施工单位应当将专项施工方案及审核、专家论证、交底、现场检查、验收及整改等相关资料纳入档案管理。监理单位应当将监理实施细则、专项施工方案审查、专项巡视检查、验收及整改等相关资料纳入档案管理。

4）违反专项施工方案编制和实施规定的法律责任。

① 施工单位未按照规定编制并审核危大工程专项施工方案的，依照《建设工程安全生产管理条例》对单位进行处罚，并暂扣安全生产许可证 30 日；对直接负责的主管人员和其他直接责任人员处 1000 元以上 5000 元以下的罚款。

② 施工单位有下列行为之一的，依照《安全生产法》《建设工程安全生产管理条例》对单位和相关责任人员进行处罚：未向施工现场管理人员和作业人员进行方案交底和安全技术交底的；未在施工现场显著位置公告危大工程，并在危险区域设置安全警示标志的；项目专职安全生产管理人员未对专项施工方案实施情况进行现场监督的。

③ 施工单位有下列行为之一的，责令限期改正，处 1 万元以上 3 万元以下的罚款，暂扣安全生产许可证 30 日；对直接负责的主管人员和其他直接责任人员处 1000 元以上 5000 元以下的罚款：未对超过一定规模的危大工程专项施工方案进行专家论证的；未根据专家论证报告对超过一定规模的危大工程专项施工方案进行修改，或者未按照规定重新组织专家论证的；未严格按照专项施工方案组织施工，或者擅自修改专项施工方案的。

④ 施工单位有下列行为之一的，责令限期改正，并处 1 万元以上 3 万元以下的罚款；对直接负责的主管人员和其他直接责任人员处 1000 元以上 5000 元以下的罚款：项目负责人未按照规定现场履职或者组织限期整改的；施工单位未按照规定进行施工监测和安全巡视的；未按照规定组织危大工程验收的；发生险情或者事故时，未采取应急处置措施的；未按照规定建立危大工程安全管理档案的。

（2）安全施工技术交底　建设工程施工前，施工单位负责项目管理的技术人员应当对有关安全施工的技术要求向施工作业班组、作业人员做出详细说明，并由双方签字确认。

专项施工方案实施前，编制人员或者项目技术负责人应当向施工现场管理人员进行方案交底。施工现场管理人员应当向作业人员进行安全技术交底，并由双方和项目专职安全生产管理人员共同签字确认。

（3）施工现场安全警示标志的设置　施工单位应当在施工现场入口处、施工起重机械、临时用电设施、脚手架、出入通道口、楼梯口、电梯井口、孔洞口、桥梁口、隧道口、基坑边沿、爆破物及有害危险气体和液体存放处等危险部位，设置明显的安全警示标志。安全警示标志必须符合国家标准。

（4）施工现场的安全防护　施工单位应当根据不同施工阶段和周围环境及季节、气候的变化，在施工现场采取相应的安全施工措施。施工现场暂时停止施工的，施工单位应当做好现场防护，所需费用由责任方承担，或者按照合同约定执行。

（5）施工现场的布置　施工现场的布置应当符合安全和文明施工要求，施工单位应当将施工现场的办公区、生活区与作业区分开设置，并保持安全距离；办公区、生活区的选址应当符合安全性要求。职工的膳食、饮水、休息场所等应当符合卫生标准。施工单位不得在尚未竣工的建筑物内设置员工集体宿舍。

施工现场临时搭建的建筑物应当符合安全使用要求。施工现场使用的装配式活动房屋应当具有产品合格证。临时建筑物一般包括施工现场的办公用房、宿舍、食堂、仓库、卫生间等。

（6）周边环境防护措施　在城市市区内的建设工程，施工现场实行封闭管理，施工单位对因建设工程施工可能造成损害的毗邻建筑物、构筑物和地下管线等，应当采取专项防护措施。施工单位应当遵守有关环境保护法律、法规的规定，在施工现场采取措施，防止或者减少粉尘、废气、废水、固体废物、噪声、振动和施工照明对人与环境的危害和污染。在城市市区内的建设工程，施工单位应当对施工现场实行封闭围挡。

（7）施工现场的消防安全措施　施工单位应当在施工现场建立消防安全责任制度，确定消防安全责任人，制定用火、用电、使用易燃易爆材料等各项消防安全管理制度和操作规程，设置消防通道、消防水源，配备消防设施和灭火器材，并在施工现场入口处设置明显标志。

建设工程的消防设计、施工必须符合国家工程建设消防技术标准。建设、设计、施工、工程监理等单位依法对建设工程的消防设计、施工质量负责。

特殊建设工程未经消防设计审查或者审查不合格的，建设单位、施工单位不得施工；其他建设工程，建设单位未提供满足施工需要的消防设计图及技术资料的，有关部门不得发放施工许可证或者批准开工报告。

因施工等特殊情况需要使用明火作业的，应当按照规定事先办理审批手续，采取相应的消防安全措施，作业人员应当遵守消防安全规定。进行电焊、气焊等具有火灾危险作业的人员和自动消防系统的操作人员，必须持证上岗，并遵守消防安全操作规程。

（8）安全防护设备管理　施工单位采购、租赁的安全防护用具、机械设备、施工机具及配件，应当具有生产（制造）许可证、产品合格证，并在进入施工现场前进行查验。

施工现场的安全防护用具、机械设备、施工机具及配件必须由专人管理，定期进行检查、维修和保养，建立相应的资料档案，并按照国家有关规定及时报废。

作业人员应当遵守安全施工的强制性标准、规章制度和操作规程，正确使用安全防护用具、机械设备等。

（9）起重机械设备管理　施工单位在使用施工起重机械和整体提升脚手架、模板等自升式架设设施前，应当组织有关单位进行验收，也可以委托具有相应资质的检验检测机构进行验收；使用承租的机械设备和施工机具及配件的，由施工总承包单位、分包单位、出租单位和安装单位共同进行验收，验收合格的方可使用。

《特种设备安全监察条例》规定的施工起重机械，在验收前应当经有相应资质的检验检测机构监督检验合格。

施工单位应当自施工起重机械和整体提升脚手架、模板等自升式架设设施验收合格之日起 30 日内，向建设行政主管部门或者其他有关部门登记。登记标志应当置于或者附着于该设备的显著位置。

（10）办理保险　生产经营单位必须依法参加工伤保险，为从业人员缴纳保险费。鼓励企业为从事危险作业的职工办理意外伤害保险，支付保险费。《建设工程安全生产管理条例》还规定，施工单位应当为施工现场从事危险作业的人员办理意外伤害保险。意外伤害保险费由施工单位支付。实行施工总承包的，由总承包单位支付意外伤害保险费。意外伤害保险期限自建设工程开工之日起至竣工验收合格止。

5. 施工从业人员的安全生产权利和义务

按照《建筑法》《安全生产法》《建设工程安全生产管理条例》等法律、行政法规的规定，施工从业人员主要有如下的安全生产权利和义务：

1）生产经营单位与从业人员订立的劳动合同，应当载明有关保障从业人员劳动安全、防止职业危害的事项，以及依法为从业人员办理工伤保险的事项。

生产经营单位不得以任何形式与从业人员订立协议，免除或者减轻其对从业人员因生产安全事故伤亡依法应承担的责任。

2）生产经营单位的从业人员有权了解其作业场所和工作岗位存在的危险因素、防范措施及事故应急措施，有权对本单位的安全生产工作提出建议。

3）从业人员有权对本单位安全生产工作中存在的问题提出批评、检举、控告；有权拒绝违章指挥和强令冒险作业。

4）生产经营单位不得因从业人员对本单位安全生产工作提出批评、检举、控告或者拒绝违章指挥、强令冒险作业而降低其工资、福利等待遇或者解除与其订立的劳动合同。

5）从业人员发现直接危及人身安全的紧急情况时，有权停止作业或者在采取可能的应急措施后撤离作业场所。

生产经营单位不得因从业人员在前款紧急情况下停止作业或者采取紧急撤离措施而降低其工资、福利等待遇或者解除与其订立的劳动合同。

6）因生产安全事故受到损害的从业人员，除依法享有工伤保险外，依照有关民事法律尚有获得赔偿的权利的，有权向本单位提出赔偿要求。

7）从业人员在作业过程中，应当严格遵守本单位的安全生产规章制度和操作规程，服从管理，正确佩戴和使用劳动防护用品。

8）从业人员应当接受安全生产教育和培训，掌握本职工作所需的安全生产知识，提高安全生产技能，增强事故预防和应急处理能力。

9）从业人员发现事故隐患或者其他不安全因素，应当立即向现场安全生产管理人员或者本单位负责人报告；接到报告的人员应当及时予以处理。

10）工会有权对建设项目的安全设施与主体工程同时设计、同时施工、同时投入生产和使用进行监督，提出意见。

工会对生产经营单位违反安全生产法律、法规，侵犯从业人员合法权益的行为，有权要求纠正；发现生产经营单位违章指挥、强令冒险作业或者发现事故隐患时，有权提出解决的建议，生产经营单位应当及时研究答复；发现危及从业人员生命安全的情况时，有权向生产经营单位建议组织从业人员撤离危险场所，生产经营单位必须立即做出处理。

工会有权依法参加事故调查，向有关部门提出处理意见，并要求追究有关人员的责任。

6. 施工单位其他相关法律责任

（1）挪用安全生产费用的法律责任　施工单位挪用列入建设工程概算的安全生产作业环境及安全施工措施所需费用的，责令限期改正，处挪用费用 20% 以上 50% 以下的罚款；造成损失的，依法承担赔偿责任。

（2）违反施工现场管理的法律责任　施工单位有下列行为之一的，责令限期改正；逾期未改正的，责令停业整顿，并处 5 万元以上 10 万元以下的罚款；造成重大安全事故，构成犯罪的，对直接责任人员，依照刑法有关规定追究刑事责任：

1）施工前未对有关安全施工的技术要求做出详细说明的。

2）未根据不同施工阶段和周围环境及季节、气候的变化，在施工现场采取相应的安全施工措施，或者在城市市区内的建设工程的施工现场未实行封闭围挡的。

3）在尚未竣工的建筑物内设置员工集体宿舍的。

4）施工现场临时搭建的建筑物不符合安全使用要求的。

5）未对因建设工程施工可能造成损害的毗邻建筑物、构筑物和地下管线等采取专项防护措施的。

施工单位有上述第 4）项、第 5）项行为，造成损失的，依法承担赔偿责任。

（3）违反安全设施管理的法律责任　施工单位有下列行为之一的，责令限期改正，逾期未改正的，责令停业整顿，并处 10 万元以上 30 万元以下的罚款；情节严重的，降低资质等级，直至吊销资质证书；造成重大安全事故，构成犯罪的，对直接责任人员，依照刑法有关规定追究刑事责任；造成损失的，依法承担赔偿责任：

1）安全防护用具、机械设备、施工机具及配件在进入施工现场前未经查验或者查验不合格即投入使用的。

2）使用未经验收或者验收不合格的施工起重机械和整体提升脚手架、模板等自升式架设设施的。

3）委托不具有相应资质的单位承担施工现场安装、拆卸施工起重机械和整体提升脚手架、模板等自升式架设设施的。

4）在施工组织设计中未编制安全技术措施、施工现场临时用电方案或者专项施工方案的。

（4）管理人员不履行安全生产管理职责的法律责任　施工单位的主要负责人、项目负责人未履行安全生产管理职责的，责令限期改正；逾期未改正的，责令施工单位停业整顿；造成重大安全事故、重大伤亡事故或者其他严重后果，构成犯罪的，依照刑法有关规定追究刑事责任。

施工单位的主要负责人、项目负责人有前款违法行为，尚不够刑事处罚的，处2万元以上20万元以下的罚款或者按照管理权限给予撤职处分；自刑罚执行完毕或者受处分之日起，5年内不得担任任何施工单位的主要负责人、项目负责人。

（5）作业人员违章作业的法律责任　作业人员不服管理、违反规章制度和操作规程冒险作业造成重大伤亡事故或者其他严重后果，构成犯罪的，依照刑法有关规定追究刑事责任。

（6）降低安全生产条件的法律责任　施工单位取得资质证书后，降低安全生产条件的，责令限期改正；经整改仍未达到与其资质等级相适应的安全生产条件的，责令停业整顿，降低其资质等级直至吊销资质证书。

（7）其他法律责任　施工单位有下列行为之一的，责令限期改正，逾期未改正的，责令停业整顿，依照《安全生产法》的有关规定处以罚款；造成重大安全事故，构成犯罪的，对直接责任人员，依照刑法有关规定追究刑事责任：

1）未设立安全生产管理机构、配备专职安全生产管理人员或者分部分项工程施工时无专职安全生产管理人员现场监督的。

2）施工单位的主要负责人、项目负责人、专职安全生产管理人员、作业人员或者特种作业人员，未经安全教育培训或者经考核不合格即从事相关工作的。

3）未在施工现场的危险部位设置明显的安全警示标志，或者未按照国家有关规定在施工现场设置消防通道、消防水源、配备消防设施和灭火器材的。

4）未向作业人员提供安全防护用具和安全防护服装的。

5）未按照规定在施工起重机械和整体提升脚手架、模板等自升式架设设施验收合格后登记的。

6）使用国家明令淘汰、禁止使用的危及施工安全的工艺、设备、材料的。

7.4.3　工程监理单位的安全责任

1. 审查承包人安全技术措施和专项施工方案的责任

施工组织设计在本质上是施工单位编制的施工计划，其中要包含安全技术措施和施工方案。对于达到一定规模的危险性较大的分部分项工程要编制专项施工方案。

2. 监理的安全生产责任

工程监理单位在实施监理过程中，发现存在安全事故隐患的，应当要求施工单位整改；情况严重的，应当要求施工单位暂时停止施工，并及时报告建设单位。施工单位拒不整改或者不停止施工的，工程监理单位应当及时向有关主管部门报告。工程监理单位和监理工程师应当按照法律、法规和工程建设强制性标准实施监理，并对建设工程安全生产承担监理责任。

3. 监理单位的安全法律责任

（1）违反强制性标准的法律责任　注册执业人员（包括监理工程师）未执行法律、法规和工程建设强制性标准的，责令停止执业 3 个月以上 1 年以下；情节严重的，吊销执业资格证书，5 年内不予注册；造成重大安全事故的，终身不予注册；构成犯罪的，依照刑法有关规定追究刑事责任。

（2）其他法律责任　工程监理单位有下列行为之一的，责令限期改正；逾期未改正的，责令停业整顿，并处 10 万元以上 30 万元以下的罚款；情节严重的，降低资质等级，直至吊销资质证书；造成重大安全事故，构成犯罪的，对直接责任人员，依照刑法有关规定追究刑事责任；造成损失的，依法承担赔偿责任：

1）未对施工组织设计中的安全技术措施或者专项施工方案进行审查的。

2）发现安全事故隐患未及时要求施工单位整改或者暂时停止施工的。

3）施工单位拒不整改或者不停止施工，未及时向有关主管部门报告的。

4）未依照法律、法规和工程建设强制性标准实施监理的。

（3）《危险性较大的分部分项工程安全管理规定》相关规定

1）监理单位有下列行为之一的，依照《安全生产法》《建设工程安全生产管理条例》对单位进行处罚；对直接负责的主管人员和其他直接责任人员处 1000 元以上 5000 元以下的罚款：总监理工程师未按照规定审查危大工程专项施工方案的；发现施工单位未按照专项施工方案实施，未要求其整改或者停工的；施工单位拒不整改或者不停止施工时，未向建设单位和工程所在地住房城乡建设主管部门报告的。

2）监理单位有下列行为之一的，责令限期改正，并处 1 万元以上 3 万元以下的罚款；对直接负责的主管人员和其他直接责任人员处 1000 元以上 5000 元以下的罚款：未按照规定编制监理实施细则的；未对危大工程施工实施专项巡视检查的；未按照规定参与组织危大工程验收的；未按照规定建立危大工程安全管理档案的。

【例题 4】　根据《建设工程安全生产管理条例》，工程监理单位在实施监理过程中，发现存在安全隐患且情况严重的，应当（　　　）。

A. 要求施工单位整改，并及时报告有关主管部门

B. 要求施工单位整改，并及时报告建设单位

C. 要求施工单位暂时停止施工，并及时报告有关主管部门

D. 要求施工单位暂时停止施工，并及时报告建设单位

【答案】　D

【例题 5】　下列建设工程安全生产责任中，属于工程监理单位安全职责的有（　　）。

A. 审查安全技术措施或专项施工方案

B. 编制安全技术措施或专项施工方案

C. 对施工现场的安全生产负总责

D. 对施工安全事故隐患提出整改要求

E. 出现生产安全事故，负责成立事故调查组

【答案】　AD

典型案例

【案例 7-1】

　　某商务中心高层建筑，总建筑面积约 15 万 m²，地下 2 层，地上 22 层。施工单位对施工作业人员进行了三级安全教育。在地下桩基施工中，由于是深基坑工程，项目经理部按照设计文件和施工技术标准编制了基坑防护及降水工程专项施工方案，经项目经理签字后组织施工。同时，项目经理安排负责质量检查的人员兼任安全管理工作。当土方开挖至坑底设计标高时，监理工程师发现基坑四周地表出现大量裂纹，坑边部分土石有滑落现象，即向现场作业人员发出口头通知，要求停止施工，撤离相关作业人员。但施工作业人员担心拖延施工进度，对监理通知不予理睬，继续施工。随后，基坑发生大面积坍塌，造成基坑下作业人员 3 人死亡、2 人重伤、1 人轻伤。经查施工单位未办理意外伤害保险。

【问题】

　　施工单位有哪些违反安全管理的行为？

【分析】

　　施工单位存在如下违法问题：

　　(1) 专项施工方案审批程序错误。《建设工程安全生产管理条例》规定，施工单位对达到一定规模的危险性较大的分部分项工程编制专项施工方案后，须经施工单位技术负责人、总监理工程师签字后实施。本案中的基坑支护和降水工程专项施工方案仅由项目经理签字后即组织施工，是违法的。

　　(2) 安全生产管理环节严重缺失。《建设工程安全生产管理条例》规定，施工单位应当设立安全生产管理机构，配备专职安全生产管理人员。该条例还规定，对分部分项工程专项施工方案的实施，由专职安全生产管理人员进行现场监督。本案中，项目经理部安排质量检查人员兼任安全管理人员，明显违反了上述规定。

　　(3) 施工作业人员安全生产自我保护意识不强。《建设工程安全生产管理条例》规定，作业人员有权对施工现场的作业条件、作业程序和作业方式中存在的安全问题提出批评、检举和控告，有权拒绝违章指挥和强令冒险作业。在施工中发生危及人身安全的紧急情况时，作业人员有权立即停止作业或者采取必要的应急措施后撤离危险区域。本案中，施工作业人员迫于施工进度压力冒险作业，也是造成安全事故的重要原因。

　　(4) 施工单位未办理意外伤害保险。《建设工程安全生产管理条例》规定，施工单位应当为施工现场从事危险作业的人员办理意外伤害保险。

7.4.4 勘察、设计单位的安全责任

1. 勘察单位的安全责任

建设工程勘察是工程建设的基础性工作。建设工程勘察文件是建设工程项目规划、选址和设计的重要依据，其勘察成果是否科学、准确，对建设工程安全生产具有重要影响。勘察单位有确保勘察文件的质量，保证后续工作的安全的责任；同时有科学勘察，保证周边建筑物安全的责任。

2. 设计单位的安全责任

（1）科学设计　设计单位应当按照法律、法规和工程建设强制性标准进行设计。

（2）提出建议　设计单位应当考虑施工安全操作和防护的需要，对涉及施工安全的重点部位和环节在设计文件中注明，并对防范生产安全事故提出指导意见。

采用新结构、新材料、新工艺的建设工程和特殊结构的建设工程，设计单位应当在设计中提出保障施工作业人员安全和预防生产安全事故的措施建议。

（3）承担设计成果的责任　设计单位和注册建筑师等注册执业人员应当对其设计负责。

3. 勘察单位、设计单位安全法律责任

（1）《建设工程安全生产管理条例》的相关规定　勘察单位、设计单位有下列行为之一的，责令限期改正，处 10 万元以上 30 万元以下的罚款；情节严重的，责令停业整顿，降低资质等级，直至吊销资质证书；造成重大安全事故，构成犯罪的，对直接责任人员，依照刑法有关规定追究刑事责任；造成损失的，依法承担赔偿责任：

1）未按照法律、法规和工程建设强制性标准进行勘察、设计的。

2）采用新结构、新材料、新工艺的建设工程和特殊结构的建设工程，设计单位未在设计中提出保障施工作业人员安全和预防生产安全事故的措施建议的。

注册执业人员未执行法律、法规和工程建设强制性标准的，责令停止执业 3 个月以上 1 年以下；情节严重的，吊销执业资格证书，5 年内不予注册；造成重大安全事故的，终身不予注册；构成犯罪的，依照刑法有关规定追究刑事责任。

（2）《危险性较大的分部分项工程安全管理规定》的相关规定

1）勘察单位未在勘察文件中说明地质条件可能造成的工程风险的，责令限期改正，依照《建设工程安全生产管理条例》对单位进行处罚；对直接负责的主管人员和其他直接责任人员处 1000 元以上 5000 元以下的罚款。

2）设计单位未在设计文件中注明涉及危大工程的重点部位和环节，未提出保障工程周边环境安全和工程施工安全的意见的，责令限期改正，并处 1 万元以上 3 万元以下的罚款；对直接负责的主管人员和其他直接责任人员处 1000 元以上 5000 元以下的罚款。

3）监测单位有下列行为之一的，责令限期改正，并处 1 万元以上 3 万元以下的罚款；对直接负责的主管人员和其他直接责任人员处 1000 元以上 5000 元以下的罚款：未取得相应勘察资质从事第三方监测的；未按照规定编制监测方案的；未按照监测方案开展监测的；发现异常未及时报告的。

【例题6】 下列关于建设单位安全责任的说法，正确的有（ ）。

A. 审查专项施工方案

B. 确保地下管线的安全

C. 申领施工许可证时应当提供有关安全施工措施的资料

D. 对拆除工程不用备案

【答案】 C

【例题7】 根据《建设工程安全生产管理条例》，下列属于建设单位安全责任的有（ ）。

A. 编制施工安全生产规章制度

B. 向施工企业提供准确的地下管线资料

C. 将拆除工程的有关资料报送有关部门备案

D. 保证设计文件符合工程建设强制性标准

E. 为从事特种作业的施工人员办理意外伤害保险

【答案】 BC

【例题8】 工程监理单位在实施监理过程中，发现存在安全隐患，应当（ ）。

A. 要求施工单位整改

B. 要求施工单位整改，并及时报告建设单位

C. 要求施工单位暂时停止施工，并及时报告有关主管部门

D. 要求施工单位暂时停止施工，并及时报告建设单位

【答案】 A

【例题9】 下列建设工程安全生产责任中，属于工程监理单位的安全责任的有（ ）。

A. 审查安全技术措施或专项施工方案

B. 编制安全技术措施或专项施工方案

C. 对施工现场的安全生产负总责

D. 对施工现场生产安全事故隐患提出整改要求

E. 对建设工程安全生产承担监理责任

【答案】 ADE

【解析】 工程监理单位应当审查施工组织设计中的安全技术措施或者专项施工方案是否符合工程建设强制性标准，依法对施工安全事故隐患进行处理，对建设工程安全生产承担监理责任。

【例题 10】　设计单位的安全责任包括（　　　）。

A. 按照法律、法规和工程建设强制性标准进行设计

B. 有提出防范生产安全事故的指导意见和措施建议的责任

C. 对设计成果承担责任

D. 提供真实、准确的勘察文件，不能弄虚作假

E. 对安全技术措施或专项施工方案进行审查

【答案】　ABC

【解析】　选项 D 属于勘察单位的责任，选项 E 属于监理单位的责任。

7.4.5　其他相关单位的安全责任

1. 机械设备和配件供应单位的安全责任

为建设工程提供机械设备和配件的单位，应当按照安全施工的要求配备齐全有效的保险、限位等安全设施和装置。

2. 出租机械设备和施工机具及配件单位的安全责任

出租的机械设备和施工机具及配件，应当具有生产（制造）许可证、产品合格证，并应当对出租的机械设备和施工机具及配件的安全性能进行检测，在签订租赁协议时，应当出具检测合格证明。禁止出租检测不合格的机械设备和施工机具及配件。

3. 承担安全评价、认证、检测、检验职责机构的法律责任

《安全生产法》规定，承担安全评价、认证、检测、检验职责的机构应当具备国家规定的资质条件，并对其做出的安全评价、认证、检测、检验结果的合法性、真实性负责。资质条件由国务院应急管理部门会同国务院有关部门制定。

承担安全评价、认证、检测、检验职责的机构应当建立并实施服务公开和报告公开制度，不得租借资质、挂靠、出具虚假报告。

承担安全评价、认证、检测、检验职责的机构出具失实报告的，责令停业整顿，并处 3 万元以上 10 万元以下的罚款；给他人造成损害的，依法承担赔偿责任。

承担安全评价、认证、检测、检验职责的机构租借资质、挂靠、出具虚假报告的，没收违法所得；违法所得在 10 万元以上的，并处违法所得二倍以上五倍以下的罚款，没有违法所得或者违法所得不足 10 万元的，单处或者并处 10 万元以上 20 万元以下的罚款；对其直接负责的主管人员和其他直接责任人员处 5 万元以上 10 万元以下的罚款；给他人造成损害的，与生产经营单位承担连带赔偿责任；构成犯罪的，依照刑法有关规定追究刑事责任。

对有前款违法行为的机构及其直接责任人员，吊销其相应资质和资格，五年内不得从事安全评价、认证、检测、检验等工作；情节严重的，实行终身行业和职业禁入。

4. 安装拆卸单位的安全责任

（1）安装与拆卸

1）施工起重机械和自升式架设设施等的安装、拆卸属于特殊专业安装，具有高度危险性，容易造成重大伤亡事故。

2）在施工现场安装、拆卸施工起重机械和整体提升脚手架、模板等自升式架设设施，必须由具有相应资质的单位承担。

3）安装、拆卸施工起重机械和整体提升脚手架、模板等自升式架设设施，应当编制拆装方案、制定安全施工措施，并由专业技术人员、专职安全生产管理人员进行现场监督。施工起重机械和整体提升脚手架、模板等自升式架设设施安装完毕后，安装单位应当自检，出具自检合格证明，并向施工单位进行安全使用说明，办理验收手续并签字。

（2）检验检测

1）强制检测。施工起重机械和整体提升脚手架、模板等自升式架设设施的使用达到国家规定的检验检测期限的，必须经具有专业资质的检验检测机构检测。经检测不合格的，不得继续使用。

2）检验检测机构的安全责任。检验检测机构对检测合格的施工起重机械和整体提升脚手架、模板等自升式架设设施，应当出具安全合格证明文件，并对检测结果负责。

（3）法律责任

1）未提供安全设施和装置的法律责任。为建设工程提供机械设备和配件的单位，未按照安全施工的要求配备齐全有效的保险、限位等安全设施和装置的，责令限期改正，处合同价款 1 倍以上 3 倍以下的罚款；造成损失的，依法承担赔偿责任。

2）出租未经安全性能检测或者经检测不合格的机械设备的法律责任。出租单位出租未经安全性能检测或者经检测不合格的机械设备和施工机具及配件的，责令停业整顿，并处 5 万元以上 10 万元以下的罚款；造成损失的，依法承担赔偿责任。

3）违法安装、拆卸自升式架设设施的法律责任。施工起重机械和整体提升脚手架、模板等自升式架设设施安装、拆卸单位有下列行为之一的，责令限期改正，处 5 万元以上 10 万元以下的罚款；情节严重的，责令停业整顿，降低资质等级，直至吊销资质证书；造成损失的，依法承担赔偿责任：①未编制拆装方案、制定安全施工措施的；②未由专业技术人员现场监督的；③未出具自检合格证明或者出具虚假证明的；④未向施工单位进行安全使用说明，办理移交手续的。

施工起重机械和整体提升脚手架、模板等自升式架设设施安装、拆卸单位有上述规定的第①项、第③项行为，经有关部门或者单位职工提出后，对事故隐患仍不采取措施，因而发生重大伤亡事故或者造成其他严重后果，构成犯罪的，对直接责任人员，依照刑法有关规定追究刑事责任。

【案例 7-2】

2018 年 3 月 15 日，由某建筑工程公司承包的某高层建筑工地发生一起塔式起重机倒塌事故，造成 6 人死亡，9 人受伤。分析事故原因发现，塔式起重机是由租赁公司出租给承包商的，并由某安装公司进行塔式起重机安装，但该安装公司并不具备安装塔式起重机的相应资质；在塔式起重机安装完毕后，由于高层施工急需使用，安装单位没有进行自检，也没有向承包商进行安全使用说明，承包商未进行验收就投入使用，结果因塔式起重机安装过程中存在安全隐患造成了这起重大事故。

典型案例

【问题】

（1）《建设工程安全生产管理条例》对塔式起重机的安装单位的安全责任是如何规定的？本案中的安装单位是否承担该起安全事故的安全责任？为什么？

（2）《建设工程安全生产管理条例》对承包商使用塔式起重机的安全责任是如何规定的？承包商对这起安全事故是否应当承担使用塔式起重机的安全责任？为什么？

【分析】

问题（1）具体分析：

1）《建设工程安全生产管理条例》对塔式起重机的安装单位的安全责任规定如下：

① 在施工现场安装、拆卸施工起重机械和整体提升脚手架、模板等自升式架设设施，必须由具有相应资质的单位承担。

② 安装、拆卸施工起重机械和整体提升脚手架、模板等自升式架设设施，应当编制拆装方案、制定安全施工措施，并由专业技术人员、专职安全生产管理人员进行现场监督。

③ 施工起重机械和整体提升脚手架、模板等自升式架设设施安装完毕后，安装单位应当自检，出具自检合格证明，并向承包商进行安全使用说明，办理验收手续并签字。

2）该安装单位应当承担相应的安装责任。原因如下：

① 该安装单位没有相应的资质等级，就从事该安装业务，属于违法经营。

② 该塔式起重机安装完毕后，安装单位没有进行自检，也没有向承包商进行安全使用说明。

问题（2）具体分析：

1）《建设工程安全生产管理条例》对承包商使用塔式起重机的安全责任规定如下：

① 承包商在使用施工起重机械和整体提升脚手架、模板等自升式架设设施前，应当组织有关单位进行验收，也可以委托具有相应资质的检验检测机构进行验收。

② 使用承租的机械设备和施工机具及配件的，由施工总承包单位、分包单位、出租单位和安装单位共同进行验收，验收合格方可使用。

③《特种设备安全监察条例》规定的施工起重机械，在验收前应当经有相应资质的检验检测机构监督检验合格。

④ 承包商应当自施工起重机械和整体提升脚手架、模板等自升式架设设施验收合格之日起30日内，向建设行政主管部门或者其他有关部门登记。登记标志应当置于或者附于该设备的显著位置。

2）承包商对这起安全事故应当承担使用塔式起重机的安全责任。原因如下：

① 承包商委托不具有安装塔式起重机资质的安装单位进行塔式起重机安装。

② 承包商在使用塔式起重机前，应当组织有关单位进行验收，也可以委托具有相应资质的检验检测机构进行验收。但本案中的承包商未对塔式起重机安装质量进行验收就投入使用，所以应当承担相应的安全责任。

【案例 7-3】

某高层办公楼，总建筑面积 137500m²，地下 3 层，地上 25 层。业主与施工总承包单位签订了施工总承包合同，并委托了工程监理单位。

施工总承包单位完成桩基工程后，将深基坑支护工程的设计委托给了专业设计单位，并自行决定将基坑支护和土方开挖工程分包给了一家专业分包单位施工。专业设计单位根据业主提供的勘察报告完成了基坑支护设计后，即将设计文件直接给了专业分包单位。专业分包单位在收到设计文件后编制了基坑支护工程和降水工程专项施工方案，方案经施工总承包单位项目经理签字后即由专业分包单位组织施工，专业分包单位在开工前进行了三级安全教育。

专业分包单位在施工过程中，由负责质量管理工作的施工人员兼职现场安全生产管理工作。土方开挖到接近基坑设计标高（自然地坪下 8.5m）时，总监理工程师发现基坑四周地表出现裂缝，即向施工总承包单位发出书面通知，要求停止施工并要求立即撤离现场，待查明原因后再恢复施工。但总承包单位认为地表裂缝属正常现象，没有予以理睬。不久基坑发生了严重坍塌，并造成 4 名施工人员被掩埋，最终 3 人死亡、1 人重伤。

事故发生后，专业分包单位立即向有关安全生产监督管理部门上报了事故情况。经事故调查组调查，造成坍塌事故的主要原因是地质勘查资料中未表明地下存在古河道，基坑支护设计中未能考虑这一因素。事故造成直接经济损失 80 万元，于是专业分包单位要求设计单位赔偿事故损失 80 万元。

【问题】

(1) 请指出上述整个事件中有哪些做法不妥？写出正确的做法。

(2) 这起事故的主要责任者是谁？请说明理由。

【分析】

(1) 整个事件中下列做法不妥：

1) 施工总承包单位自行决定将基坑支护和土方开挖工程分包给专业分包单位施工不妥，正确做法是按合同规定的程序选择专业分包单位或得到业主同意后分包。

2) 专业设计单位将设计文件直接交给专业分包单位不妥。正确做法是设计单位将设计文件提交给总承包单位，深基坑专项施工方案经总承包单位组织专家进行论证、审查同意后，由总承包单位交给专业分包单位实施。

3) 专业分包单位编制的基坑支护工程和降水工程专项施工方案，经由施工总承包单位项目经理签字后即由专业分包单位组织施工不妥。正确做法是专项施工方案应先经总承包单位技术负责人审核签字，再经总监理工程师审核签字后由专业分包单位组织施工。

4) 专业分包单位在施工过程中，由负责质量管理工作的施工人员兼职现场安全生产监督工作不妥。按照《建设工程安全生产管理条例》规定，正确做法是在施工过程中，安排专职安全生产管理人员负责现场安全生产监督工作。

5) 当基坑四周地表出现裂缝时，总承包单位收到监理单位要求停止施工的书面通知而不予理睬、拒不执行不妥。正确做法是总承包单位在收到总监理工程师发出的停工通知后，应该立即停止施工，查明原因，采取有效措施消除安全隐患。

6）事故发生后，专业分包单位立即向有关安全生产监督管理部门上报事故情况的做法不妥。正确做法是事故发生后专业分包单位应立即向总承包单位报告，由总承包单位立即向有关安全生产监督管理部门报告。

7）工程质量安全事故造成经济损失后，专业分包单位要求设计单位赔偿事故损失不妥。正确做法是专业分包单位向总承包单位提出损失赔偿，由总承包单位再向业主提出损失赔偿要求。

（2）这起事故的主要责任者是施工总承包单位。因为当基坑四周地表出现裂缝，总监理工程师书面通知总承包单位停止施工，要求撤离现场施工人员并查明原因时，施工总承包单位拒不执行总监理工程师指令，没有及时采取有效措施避免基坑严重坍塌事故的发生。

7.5　安全事故调查处理和应急救援

《安全生产法》确立了事故应急救援和调查处理制度，对事故发生前应急救援的准备和事故发生后调查处理的组织分别进行了规范，体现了重在预防的指导思想。事故应急和处理制度主要包括事故应急预案的制定和事故应急体系的建立、高危生产经营单位的应急救援、事故报告、重大事故的应急抢救、调查处理的原则、事故责任的追究、事故统计和公布等内容。

7.5.1　建筑工程安全事故报告处理程序

1. 安全事故等级划分

国务院颁布的《生产安全事故报告和调查处理条例》，自2007年6月1日起施行。该条例对工程安全事故及处理做了相应规定。根据生产安全事故（以下简称事故）造成的人员伤亡或者直接经济损失，事故一般分为以下等级：

1）特别重大事故，是指造成30人以上死亡，或者100人以上重伤（包括急性工业中毒，下同），或者1亿元以上直接经济损失的事故。

2）重大事故，是指造成10人以上30人以下死亡，或者50人以上100人以下重伤，或者5000万元以上1亿元以下直接经济损失的事故。

3）较大事故，是指造成3人以上10人以下死亡，或者10人以上50人以下重伤，或者1000万元以上5000万元以下直接经济损失的事故。

4）一般事故，是指造成3人以下死亡，或者10人以下重伤，或者1000万元以下直接经济损失的事故。

所称的"以上"包括本数，所称的"以下"不包本数。

2. 生产安全事故报告

（1）事故报告　《安全生产法》规定，生产经营单位发生生产安全事故后，事故现场有关人员应当立即报告本单位负责人。单位负责人接到报告后，应当于1小时内向事故发生地县级以上人民政府安全生产监督管理部门和负有安全生产监督管理职责的有关部门报告。

情况紧急时，事故现场有关人员可以直接向事故发生地县级以上人民政府安全生产监督管理部门和负有安全生产监督管理职责的有关部门报告。

事故发生地有关地方人民政府、安全生产监督管理部门和负有安全生产监督管理职责的有关部门接到事故报告后，其负责人应当立即赶赴事故现场，组织事故救援。

事故发生后，有关单位和人员应当妥善保护事故现场以及相关证据，任何单位和个人不得破坏事故现场、毁灭相关证据；对事故不得迟报、漏报、谎报或者瞒报。

因抢救人员、防止事故扩大以及疏通交通等原因，需要移动事故现场物件的，应当做出标志，绘制现场简图并做出书面记录，妥善保存现场重要痕迹、物证。

事故发生地公安机关根据事故的情况，对涉嫌犯罪的，应当依法立案侦查，采取强制措施和侦查措施。犯罪嫌疑人逃匿的，公安机关应当迅速追捕归案。

（2）事故报告的内容　事故报告应当包括下列内容：

1）事故发生单位的概况。

2）事故发生的时间、地点以及事故现场的情况。

3）事故的简要经过。

4）事故已经造成或者可能造成的伤亡人数（包括下落不明的人数）和初步估计的直接经济损失。

5）已经采取的措施。

6）其他应当报告的情况。

事故发生单位负责人接到事故报告后，应当立即启动事故相应应急预案，或者采取有效措施，组织抢救，防止事故扩大，减少人员伤亡和财产损失。

3. 事故调查处理

重大事故、较大事故、一般事故分别由事故发生地省级人民政府、设区的市级人民政府、县级人民政府负责调查。省级人民政府、设区的市级人民政府、县级人民政府可以直接组织事故调查组进行调查，也可以授权或者委托有关部门组织事故调查组进行调查。未造成人员伤亡的一般事故，县级人民政府也可以委托事故发生单位组织事故调查组进行调查。上级人民政府认为必要时，可以调查由下级人民政府负责调查的事故。

【例题 11】　关于施工生产安全事故报告的基本要求，下列说法正确的有（　　　）。

A. 单位负责人接到报告后，应当于 2 小时内向事故发生地负有安全生产监督管理职责的有关部门报告

B. 事故发生后，事故现场有关人员应当立即向本单位负责人报告

C. 单位负责人接到报告后，应当于 24 小时内向事故发生地县级以上人民政府安全生产监督管理部门报告

D. 任何单位和个人对事故不得迟报、漏报、谎报或者瞒报

E. 事故发生后，事故现场有关人员只能向本单位负责人报告

【答案】　BD

【例题 12】 某工程脚手架倒塌事故造成分包方 2 人死亡，10 人重伤，直接经济损失 800 万元，则下列说法正确的是（　　　）。

A. 该事故属于较大事故

B. 单位负责人接到报告后，应在 2 小时内向县级以上人民政府安全生产监督管理部门报告

C. 由于分包单位操作失误造成的事故，由分包单位上报事故

D. 该事故由省级人民政府组织事故调查组进行调查

【答案】　A

【解析】　选项 A 正确，造成 10 人重伤的事故属于较大事故。选项 B 错误，应当于 1 小时内报告。选项 C 错误，应由总承包单位上报。选项 D 错误，较大事故由事故发生地设区的市级人民政府组织事故调查组。

7.5.2　应急救援工作职责

1. 地方政府的应急救援

《安全生产法》规定，县级以上地方各级人民政府应当组织有关部门制定本行政区域内特大生产安全事故应急预案，建立应急救援体系。

事故应急预案应当包括可能发生的特大事故的种类，事故发生的地区、地段、地点或者单位，事故波及地区的人员、道路交通、消防设施和通道，事故可能造成的危害及其应对措施，事故救援的组织指挥，抢救伤害人员的措施，以及设施、设备、器材和物品的组织供应，事故现场秩序维持和后期处理措施等。

2. 生产经营单位生产安全事故的应急救援

1）生产经营单位应当制定本单位生产安全事故应急救援预案，与所在地县级以上地方人民政府组织制定的生产安全事故应急救援预案相衔接，并定期组织演练。

2）施工单位应当制定本单位的生产安全事故应急救援预案。

3）实行施工总承包的，由总承包单位统一编制预案。

4）总包单位和分包单位按照预案各自建立应急救援组织或者配备人员和器材。

《生产安全事故报告和调查处理条例》规定，事故发生单位负责人接到事故报告后，应当立即启动事故相应应急预案，或者采取有效措施，组织抢救，防止事故扩大，减少人员伤亡和财产损失。

《生产安全事故报告和调查处理条例》规定，事故发生后，有关单位和人员应当妥善保护事故现场以及相关证据，任何单位和个人不得破坏事故现场、毁灭相关证据。

3. 相关法律责任

1）《安全生产法》规定，未按照规定制定生产安全事故应急救援预案或者未定期组织演练的，责令限期改正，可以处 5 万元以下的罚款；逾期未改正的，责令停产停业整顿，并处 5 万元以上 10 万元以下的罚款，对其直接负责的主管人员和其他直接责任人员处 1 万元

以上 2 万元以下的罚款。

2）《安全生产法》规定，生产经营单位的主要负责人在本单位发生生产安全事故时，不立即组织抢救或者在事故调查处理期间擅离职守或者逃匿的，给予降级、撤职的处分，并由应急管理部门处上一年年收入 60% 至 100% 的罚款；对逃匿的处 15 日以下拘留；构成犯罪的，依照刑法有关规定追究刑事责任。生产经营单位的主要负责人对生产安全事故隐瞒不报、谎报或者迟报的，依照以上规定处罚。

3）《安全生产法》规定，生产经营单位的主要负责人未履行该法规定的安全生产管理职责，导致发生生产安全事故的，由应急管理部门依照下列规定处以罚款：

① 发生一般事故的，处上一年年收入百分之四十的罚款。

② 发生较大事故的，处上一年年收入百分之六十的罚款。

③ 发生重大事故的，处上一年年收入百分之八十的罚款。

④ 发生特别重大事故的，处上一年年收入百分之一百的罚款。

4）《安全生产法》规定，生产经营单位的其他负责人和安全生产管理人员未履行该法规定的安全生产管理职责的，责令限期改正，处一万元以上三万元以下的罚款；导致发生生产安全事故的，暂停或者吊销其与安全生产有关的资格，并处上一年年收入百分之二十以上百分之五十以下的罚款；构成犯罪的，依照刑法有关规定追究刑事责任。

5）《安全生产法》规定，发生生产安全事故，对负有责任的生产经营单位除要求其依法承担相应的赔偿等责任外，由应急管理部门依照下列规定处以罚款：

① 发生一般事故的，处三十万元以上一百万元以下的罚款。

② 发生较大事故的，处一百万元以上二百万元以下的罚款。

③ 发生重大事故的，处二百万元以上一千万元以下的罚款。

④ 发生特别重大事故的，处一千万元以上二千万元以下的罚款。

发生生产安全事故，情节特别严重、影响特别恶劣的，应急管理部门可以按照前款罚款数额的二倍以上五倍以下对负有责任的生产经营单位处以罚款。

6）《生产安全事故报告和调查处理条例》规定，事故发生单位及其有关人员有下列行为之一的，对事故发生单位处 100 万元以上 500 万元以下的罚款；对主要负责人、直接负责的主管人员和其他直接责任人员处上一年年收入 60% 至 100% 的罚款；属于国家工作人员的，并依法给予处分，构成违反治安管理行为的，由公安机关依法给予治安管理处罚，构成犯罪的，依法追究刑事责任：谎报或者瞒报事故的；伪造或者故意破坏事故现场的；转移、隐匿资金、财产，或者销毁有关证据、资料的；拒绝接受调查或者拒绝提供有关情况和资料的；在事故调查中作伪证或者指使他人作伪证的；事故发生后逃匿的。

7）《生产安全事故报告和调查处理条例》规定，事故发生单位对事故发生负有责任的，由有关部门依法暂扣或者吊销其有关证照，对事故发生单位负有事故责任的有关人员，依法暂停或者撤销其与安全生产有关的执业资格、岗位证书；事故发生单位主要负责人受到刑事处罚或者撤职处分的，自刑罚执行完毕或者受处分之日起，5 年内不得担任任何生产经营单位的主要负责人。

【案例 7-4】

2023 年 10 月 25 日，某建筑公司承建的某市电视台演播中心工地发生一起施工安全事故。大演播厅舞台在浇筑顶部混凝土施工中，因模板支撑系统失稳导致屋顶坍塌，造成在现场施工的农民工和电视台工作人员共 6 人死亡，35 人受伤（其中重伤 11 人），直接经济损失 70 余万元。

事故发生后，该建筑公司项目经理部向有关部门紧急报告事故情况。闻讯赶到的有关领导，指挥公安民警等相关救援人员和现场工人实施了紧急抢险工作，将伤者立即送往医院进行救治。

【问题】

（1）本案中的施工安全事故应定为哪种等级的事故？

（2）事故发生后，施工单位应采取哪些措施？

【分析】

（1）应定为较大事故。《生产安全事故报告和调查处理条例》规定，较大事故是指造成 3 人以上 10 人以下死亡，或者 10 人以上 50 人以下重伤，或者 1000 万元以上 5000 万元以下直接经济损失的事故。

（2）事故发生后，依据《生产安全事故报告和调查处理条例》规定，施工单位应采取下列措施：

1）报告事故。事故发生后，事故现场有关人员应当立即向本单位负责人报告；单位负责人接到报告后，应当于 1 小时内向事故发生地县级以上人民政府安全生产监督管理部门和负有安全生产监督管理职责的有关部门报告。情况紧急时，事故现场有关人员可以直接向事故发生地县级以上人民政府安全生产监督管理部门和负有安全生产监督管理职责的有关部门报告。

2）启动事故应急预案，组织抢救。事故发生单位负责人接到事故报告后，应当立即启动事故相应应急预案，或者采取有效措施，组织抢救，防止事故扩大，减少人员伤亡和财产损失。

3）事故现场保护。有关单位和人员应当妥善保护事故现场以及相关证据，任何单位和个人不得破坏事故现场、毁灭相关证据。因抢救人员、防止事故扩大以及疏通交通等原因，需要移动事故现场物件的，应当做出标志，绘制现场简图并做出书面记录，妥善保存现场重要痕迹、物证。

【案例 7-5】

上海市静安区胶州路 728 号公寓大楼所在的胶州路教师公寓小区于 2010 年 9 月 24 日开始实施节能综合改造项目施工，建设单位为上海市静安区建设和交通委员会，总承包单位为上海市静安区建设总公司，设计单位为上海静安置业设计有限公司，监理单位为上海市静安建设工程监理有限公司。施工内容主要包括外立面搭设脚手架、外墙喷涂聚氨酯硬泡体保温材料、更换外窗等。

上海市静安区建设总公司承接该工程后，将工程转包给其子公司上海佳艺建筑装饰工程公司（以下简称佳艺公司），佳艺公司又将工程拆分成外墙保温、窗户改建、脚手架搭建、拆除窗户、外墙整修和门厅粉刷、线管整理等，再分包给 7 家施工单位。其中上海亮迪化工科技有限公司出借资质给个体人员张某分包外墙保温工程，上海迪姆物业管理有限公司（以下称迪姆公司）出借资质给个体人员支某和沈某合伙分包脚手架搭建工程。支某和沈某合伙借用迪姆公司资质承接脚手架搭建工程后，又进行了内部分工，其中，支某负责胶州路 728 号公寓大楼的脚手架搭建，同时支某与沈某又将胶州路教师公寓小区三栋大楼脚手架搭建的电焊作业分包给个体人员王某。

2010 年 11 月 15 日 13 时，该节能改造工程在北侧外立面进行电焊作业。电焊工吴某及电焊辅助工王某在无灭火器及接火盆的情况下，违规在 10 层电梯前室北窗外进行电焊作业，电焊溅落的金属熔融物引燃下方 9 层脚手架护平台上堆积的聚氨酯保温材料碎块、碎屑，引发火灾。火势随后迅猛蔓延，因烟囱效应引发大面积立体火灾，最终造成 58 人死亡、71 人受伤的严重后果，建筑物过火面积达 12000m²，直接经济损失约 1.58 亿元。

【问题】

分析本次火灾的原因及暴露的问题。

【分析】

(1) 本次火灾的原因和处理。

事故调查组查明，该起特别重大火灾事故是一起因企业违规造成的责任事故。

事故的直接原因：在胶州路 728 号公寓大楼节能综合改造项目施工过程中，施工人员违规在 10 层电梯前室北窗外进行电焊作业，电焊溅落的金属熔融物引燃下方 9 层位置脚手架防护平台上堆积的聚氨酯保温材料碎块、碎屑引发火灾。

事故的间接原因：一是建设单位、投标企业、招标代理机构相互串通、虚假招标和转包、违法分包；二是工程项目施工组织管理混乱；三是设计企业、监理机构工作失职；四是市、区两级建设主管部门对工程项目监督管理缺失；五是静安区公安消防机构对工程项目监督检查不到位；六是静安区政府对工程项目组织实施工作领导不力。

依照有关规定，对 54 名事故责任人做出严肃处理，其中，26 名责任人被移送司法机关依法追究刑事责任，28 名责任人受到党纪、政纪处分。此事故涉及滥用职权罪、受贿罪、行贿罪、重大责任事故罪。

(2) 事故暴露的问题。

1) 电焊工无特种作业人员资格证，严重违反操作规程，引发大火后逃离现场。

2) 装修工程违法违规招标，层层多次分包，导致安全责任不落实。

3) 施工作业现场管理混乱，安全措施不落实，存在明显的抢工期、抢进度、突击施工的行为。

4) 事故现场违规使用大量尼龙网、聚氨酯泡沫等易燃材料，导致大火迅速蔓延。

5) 安全监管不力，致使多次分包、多家作业和无证电焊工上岗，对停产后复工的项目安全管理不到位。

（3）事故责任分析。

1）特种作业人员。《建筑法》规定，从事建筑活动的专业技术人员，应当依法取得相应的执业资格证书，并在执业资格证书许可的范围内从事建筑活动。此工程的电焊工无特种作业人员资格证，严重违反操作规程，引发大火后逃离现场，这严重违反了《建筑法》的规定。

2）监理人员。《建筑法》规定，建筑工程监理应当依照法律、行政法规及有关的技术标准、设计文件和建筑工程承包合同，对承包单位在施工质量、建设工期和建设资金使用等方面，代表建设单位实施监督。因此，工程监理人员在本次事故当中也应负一定的责任。

3）施工单位。施工单位的项目负责人对建设工程项目的安全施工负责，落实安全生产责任制度、安全生产规章制度和操作规程，确保安全生产费用的有效使用，并根据工程的特点组织制定安全施工措施，消除安全事故隐患，及时、如实报告生产安全事故。本次事故中子公司没有落实安全生产责任、安全生产制度和操作规程，导致电焊工违规操作。

【案例 7-6】

某高层建筑，建设单位与施工总承包方签订施工总承包合同，并委托了一家监理单位，签订了监理合同。依据《建设工程安全生产管理条例》，监理单位明确了自身的安全生产监理责任，包括以下几项：

1）应审查施工组织设计中的安全技术措施或者专项施工方案是否符合工程建设强制性标准。

2）在实施监理过程中，发现存在安全事故隐患的，应当要求施工单位整改；情况严重的，应当要求施工单位暂时停止施工，并及时报告建设单位。施工单位拒不整改或者不停止施工的，工程监理单位应当及时向有关主管部门报告。

3）应按照法律、法规和工程建设强制性标准实施监理。

在工程施工过程中，发生了以下事件。

事件1：施工总承包单位按合同规定将脚手架工程分包给了某专业分包单位，该分包单位根据总包单位提供的设计文件编制了脚手架工程专项施工方案，随即分包单位立即依照方案组织人员负责脚手架搭设施工。因安全员有急事未到位，该专业分包单位现场安全生产管理工作由负责质量管理工作的人员暂时兼任。

事件2：施工总承包单位、专业分包单位根据建设工程施工的特点、范围，对施工现场易发生重大事故的部位、环节进行监控，各自编制了施工现场生产安全事故应急救援预案。按照应急救援预案，施工总承包单位、专业分包单位共同建立了应急救援组织，配备了救援器材、设备，并定期组织了演练。

【问题】

（1）依据《建设工程安全生产管理条例》，哪些专项施工方案应经施工单位技术负责人、总监理工程师签字后才能实施？

（2）事件 1 的做法有无不妥之处？若不妥，写出正确做法。

（3）事件 2 的做法有无不妥之处？若不妥，写出正确做法。

（4）依据《建设工程安全生产管理条例》，监理工程师应承担法律责任的情形包括哪些？

【分析】

（1）以下专项施工方案应经施工单位技术负责人、总监理工程师签字后才能实施：①基坑支护与降水工程；②土方开挖工程；③模板工程；④起重吊装工程；⑤脚手架工程；⑥拆除、爆破工程；⑦国务院建设行政主管部门或者其他有关部门规定的其他危险性较大的工程。

（2）事件 1 的不妥之处及正确做法如下：

1）专项施工方案未经有关负责人审核签字认可立即实施的做法不妥。

正确做法：专项施工方案应当由施工单位技术负责人审核签字、加盖单位公章，并由总监理工程师审查签字、加盖执业印章后方可实施。

2）专业分包单位现场安全生产管理工作由负责质量管理工作的人员暂时兼任的做法不妥。

正确做法：现场安全生产管理工作应由专职安全生产管理人员负责。

（3）事件 2 的不妥之处及正确做法如下：

1）施工总承包单位、专业分包单位各自编制了施工现场生产安全事故应急救援预案的做法不妥。

正确做法：实行施工总承包的，由总承包单位统一编制建设工程生产安全事故应急救援预案。

2）施工总承包单位、专业分包单位共同建立了应急救援组织的做法不妥。

正确做法：施工总承包单位、专业分包单位应各自建立应急救援组织。

（4）依据《建设工程安全生产管理条例》工程监理单位有下列行为之一的，应承担法律责任：

1）未对施工组织设计中的安全技术措施或者专项施工方案进行审查的。

2）发现安全事故隐患未及时要求施工单位整改或者暂时停止施工的。

3）施工单位拒不整改或者不停止施工，未及时向有关主管部门报告的。

4）未依照法律、法规和工程建设强制性标准实施监理的。

本章习题

一、单选题

1. 对于土方开挖工程，施工企业编制专项施工方案后，经（　　）签字后实施。

A. 施工企业项目经理、现场监理工程师

B. 施工企业技术负责人、建设单位负责人

C. 施工企业技术负责人、总监理工程师

D. 建设单位负责人、总监理工程师

2. 在施工现场安装、拆卸施工起重机械和整体提升脚手架、模板等自升式架设设备，必须由（　　）承担。

A. 设备使用单位　　　　　　　　　　B. 具有相应资质的单位

C. 设备出租单位　　　　　　　　　　D. 检验检测机构

3. 施工企业专职安全员在对安全生产进行现场监督检查时，发现安全隐患，可及时向（　　）报告。

A. 施工企业负责人　　　　　　　　　B. 建设安全主管部门

C. 项目负责人和安全生产管理机构　　D. 县级以上人民政府

4. 按照《建设工程安全生产管理条例》的规定，（　　）不属于建设单位安全责任范围。

A. 向建设行政主管部门提供安全施工措施资料

B. 向施工单位提供准确的地下管线资料

C. 对拆除工程进行备案

D. 向施工现场从事特种作业的施工人员提供安全保障

5. 甲建筑公司是某施工项目的施工总承包单位，乙建筑公司是其分包单位。2023年5月5日，乙建筑公司的施工项目发生了生产安全事故，应由（　　）向负有安全生产监督管理职责的部门报告。

A. 甲建筑公司或乙建筑公司　　　　　B. 甲建筑公司

C. 乙建筑公司　　　　　　　　　　　D. 甲建筑公司和乙建筑公司

6. 下列各项中，属于监理单位主要安全责任的是（　　）。

A. 组织专家论证、审查深基坑专项施工方案

B. 施工单位拒不整改安全隐患时，及时向有关主管部门报告

C. 申领施工许可证时，提供建设工程有关安全施工措施的资料

D. 提出保障施工作业人员安全和预防生产事故的措施建议

7. 下列人员中，不属于建筑施工企业特种作业人员的是（　　）。

A. 电工　　　　　B. 架子工　　　　　C. 钢筋工　　　　　D. 起重信号工

8. 施工单位与建设单位签订施工合同后，将其中的部分工程分包给分包单位，则施工现场的安全生产由（　　）负总责。

A. 建设单位　　　B. 施工单位　　　C. 分包单位　　　D. 工程监理单位

9. 工程施工中发生安全事故造成10人死亡，该事故属于（　　）事故。

A. 特别重大　　　B. 重大　　　　　C. 较大　　　　　D. 一般

10. 工程监理单位在实施监理过程中，发现存在安全事故隐患，情况严重的，应当要求施工单位（　　）。

A. 暂停施工，并及时报告建设单位

B. 暂停施工，并及时报告有关主管部门

C. 整改，并及时报告建设单位

D. 整改，并及时报告有关主管部门

二、多选题

1. 某机械设备租赁公司拟在施工现场安装施工起重机械。根据《建设工程安全生产管理条例》，该公司应（　　）。

A. 编制安装方案　　　　　　　　　　B. 出具自检合格证明

C. 具有起重设备安装工程专业承包资质　D. 自行验收

E. 派出本单位专业技术人员现场监督

2. 某工程设备安装阶段，需要使用起吊能力为 10t 的起重机进行大型设备的吊装。承包商与设备租赁公司签订施工机械租赁合同时，应依据《建设工程安全生产管理条例》要求该设备租赁公司提供（　　）。

A. 生产厂家的起重机制造许可证

B. 起重机出厂的产品合格证明

C. 租赁公司自行测试的安全性能检测记录

D. 机械燃油消耗定额证明

E. 具有资质检验检测机构出具的安全性能检测合格证明

3. 经过对某项目进行检查，发现存在下列情形，其中违反了《建设工程安全生产管理条例》的有（　　）。

A. 施工单位没有专职安全管理人员

B. 特种作业人员没有持证上岗

C. 施工前没有进行安全技术交底

D. 由于没有采取措施，施工时破坏了地下管线

E. 已经半年没有对特种作业人员进行安全生产教育培训

4. 建设单位的安全责任有（　　）。

A. 向施工单位提供真实、准确、完整的地下管线资料

B. 采取措施保护施工现场毗邻区域内地下管线

C. 提出保障施工作业人员安全的措施建议

D. 对安全技术措施进行审查

E. 提供安全生产费用

5. 甲装饰公司以 100 万元的价格承包了某大厦装饰工程，然后将此大厦全部装饰工程以 90 万元交由乙施工队施工。由于乙施工队操作不慎，引起火灾。下列说法中正确的有（　　）。

A. 甲装饰公司的行为构成了合同的分包

B. 甲装饰公司的行为构成了合同的转包

C. 甲装饰公司应对火灾损失承担责任

D. 甲装饰公司不应对火灾损失承担责任

E. 火灾损失应由乙施工队全部承担

6. 下列关于建设单位安全责任的说法中，正确的有（　　）。

A. 不得压缩合同的工期

B. 确保地下管线的安全

C. 需要临时占用规划批准范围以外场地的，办理批准手续

D. 申请施工许可证时应当提供有关安全施工措施的资料

E. 审查专项施工方案

第 7 章练习题

扫码进入小程序，完成答题即可获取答案

第**8**章
建设工程质量管理法律制度

本章提要及学习目标

　　建设工程质量的管理体系，政府对建设工程质量的监督管理，各建设主体的质量责任与义务，竣工验收制度及保修制度。

　　培养学生严谨的工作作风和工匠精神、品德。

8.1　建设工程质量管理概述

　　影响建设工程质量的因素很多，如决策、设计、材料、机械、地形、地质、水文、气象、施工工艺、操作方法、技术措施、人员素质、管理制度等，归纳起来，可分为五大方面，即人员、机械、材料、方法和环境。在工程建设全过程中严格控制好这五大因素，是保证建设工程质量的关键。

8.1.1　建设工程质量的管理体系

　　目前，我国现行的建设工程质量管理体系包括纵向管理和横向管理两个方面。

　　纵向管理是国家对建设工程质量进行的监督管理，它具体由建设行政主管部门及其授权机构实施。这种管理贯穿在工程建设全过程和各个环节之中，它既对工程建设从设计、规划、土地管理、环保、消防等方面进行监督管理，又对工程建设主体从资质认定和审查、成果质量检测、奖罚等方面进行监督管理，还对工程建设中各种活动，如工程建设招标投标、工程施工、验收、维修等进行监督管理。

　　横向管理包括两个方面：

　　1）一是工程承包单位的管理，如勘察单位、设计单位、施工单位自己对所承担工作的质量管理。承包单位要按要求建立专门的质检机构，配备相应的质检人员，建立相应的质量保证制度，如审核校对制、培训上岗制、质量抽检制、各级质量责任制和部门领导质量责任制等。

2）二是建设单位对建设工程的管理。可成立相应的机构和人员，对所建工程的质量进行监督，也可委托社会监理单位对工程建设的质量进行监理。现在，世界上大多数国家推行监理制度，我国也在推进和完善这一制度。

8.1.2　建设工程质量相关的法律、法规

为了保证建设工程质量监督的有效进行，我国在建设工程质量管理方面以法律、法规的形式确立了建设工程质量标准化制度、建设工程质量监督制度、建设工程质量责任制、建设工程竣工验收备案管理制度、建筑质量保修制度及竣工验收备案管理制度。

我国现行规范建设工程质量管理的法律、法规主要有《建筑法》《标准化法》《中华人民共和国产品质量法》（简称《产品质量法》），行政法规主要有《建设工程质量管理条例》《标准化法实施条例》，部门规章主要有《工程建设行业标准管理办法》《实施工程建设强制性标准监督规定》《工程建设标准强制性条文》《建设工程质量保证金管理暂行办法》等。

8.2　建设工程质量监督管理

《建设工程质量管理条例》明确规定，国家实行建设工程质量监督管理制度。政府质量监督作为一项制度，以行政法规的性质在《建设工程质量管理条例》中加以明确，强调了建设工程质量必须实行政府监督管理。政府实行建设工程质量监督的主要目的是保证建设工程使用安全和环境质量，主要依据是法律、法规和强制性标准，主要方式是政府认可的第三方强制监督，主要内容是地基基础、主体结构、环境质量和与此相关的工程建设各方主体的质量行为，主要手段是施工许可制度和竣工验收备案制度。

建设工程质量监督管理的特点：

（1）权威性　建设工程质量监督体现的是国家意志，任何单位和个人从事工程建设活动都应当服从这种监督管理。

（2）强制性　建设工程质量监督是由国家的强制力来保证的，任何单位和个人不服从这种监督管理都将受到法律的制裁。

（3）综合性　建设工程质量监督管理并不局限于某一个阶段或某一个方面，而是贯穿于建设活动的全过程，并适用于建设单位、勘察单位、设计单位、施工单位、工程建设监理单位。

8.2.1　建设工程质量监督管理的主体

对建设工程质量进行监督管理的主体是各级政府建设行政主管部门和其他有关部门。《建设工程质量管理条例》规定，国务院建设行政主管部门对全国的建设工程质量实施统一的监督管理。国务院交通、水利等有关部门按照国务院规定的职责分工，负责对全国的有关专业建设工程质量的监督管理。

《建设工程质量管理条例》规定各级政府有关主管部门应当加强对有关建设工程质量的

法律、法规和强制性标准执行情况的监督检查；同时，规定政府有关主管部门履行监督检查职责时，有权采取下列措施：

1）要求被检查的单位提供有关工程质量的文件和资料。

2）进入被检查的施工现场进行检查。

3）发现有影响工程质量的问题时，责令改正。

由于建设工程质量监督具有专业性强、周期长、程序繁杂等特点，政府部门通常不宜亲自进行日常检查工作。这就需要通过委托由政府认可的第三方，即建设工程质量监督机构，来依法代行工程质量监督职能，并对委托的政府部门负责。政府部门主要对建设工程质量监督机构进行业务指导和管理，不进行具体工程质量监督。

8.2.2　建设工程质量监督管理机构

从事房屋建筑工程和市政基础设施工程质量监督的机构，必须按照国家有关规定经国务院建设行政主管部门或者省、自治区、直辖市人民政府建设行政主管部门考核，经考核合格后方可实施质量监督。建设工程质量监督机构是经省级以上建设行政主管部门或有关专业部门考核认定的独立法人，接受县级以上地方人民政府建设行政主管部门或有关专业部门的委托，依法对建设工程质量进行强制性监督，并对委托部门负责。

建设工程质量监督机构在进行监督工作中发现有违反建设工程质量管理规定的行为和影响工程质量的问题时，有权采取责令改正、局部暂停施工等强制性措施，直至问题得到改正。需要给予行政处罚的，报告委托部门批准后实施。

8.2.3　建设工程质量监督内容

1. 对责任主体和有关机构履行质量责任和义务的监督检查

监督机构对责任主体和有关机构履行质量责任和义务进行监督的一般原则：①抽查责任主体和有关机构执行有关法律、法规及工程技术标准的情况；②抽查责任主体和有关机构质量管理体系的建立和实施情况；③发现存在违法违规行为的，按建设行政主管部门委托的权限对违法违规事实进行调查取证、对责任单位、责任人提出处罚建议或按委托权限实施行政处罚。

（1）对建设单位　监督机构应对建设单位的下列行为进行抽查：①施工前办理质量监督注册、施工图设计文件审查、施工许可手续情况；②按规定委托监理情况；③组织图纸会审、设计交底、设计变更工作情况；④组织工程质量验收情况；⑤原设计有重大修改、变动的施工图设计文件重新报审情况；⑥及时办理工程竣工验收备案手续情况。

（2）对勘察、设计单位　监督机构应对勘察、设计单位的下列行为进行抽查：①参加地基验槽、基础、主体结构及有关重要部位工程质量验收和工程竣工验收情况；②签发设计修改变更、技术洽商通知情况；③参加有关工程质量问题的处理情况。

（3）对施工单位　监督机构应对施工单位的下列行为进行抽查：①施工单位资质、项目经理部管理人员的资格、配备及到位情况，主要专业工种操作上岗资格、配备及到位情况；②分包单位资质与对分包单位的管理情况；③施工组织设计或施工方案审批及执行情况；④施工现场施工操作技术规程及国家有关规范、标准的配置情况；⑤工程技术标准及经审查批准的施工图设计文件的实施情况；⑥检验批、分项、分部（子分部）、单位（子单位）工程质量的检验评定情况；⑦质量问题的整改和质量事故的处理情况；⑧技术资料的收集、整理情况。

（4）对监理单位　监督机构应对监理单位的下列行为进行抽查：①监理单位资质、项目监理机构的人员资格、配备及到位情况；②监理规划、监理实施细则（关键部位和工序的确定及措施）的编制审批内容的执行情况；③对材料、构配件、设备投入使用或安装前进行审查情况；④对分包单位的资质进行核查情况；⑤见证取样制度的实施情况；⑥对重点部位、关键工序实施旁站监理情况；⑦质量问题通知单签发及质量问题整改结果的复查情况；⑧组织检验批、分项、分部（子分部）工程的质量验收、参与单位（子单位）工程质量的验收情况；⑨监理资料收集整理情况。

（5）对工程质量检测单位　监督机构应对工程质量检测单位的下列行为进行抽查：①是否超越核准的类别、业务范围承接任务；②检测业务基本管理制度情况；③检测内容和方法的规范性程度；④检测报告形成程序、数据及结论的符合性程度。

2. 对工程实体质量的监督检查

监督机构对工程实体质量监督的一般原则：①对工程实体质量的监督采取抽查施工作业面的施工质量与对关键部位重点监督相结合的方式；②重点检查结构质量、环境质量和重要使用功能，其中重点监督工程地基基础、主体结构和其他涉及结构安全的关键部位；③抽查涉及结构安全和使用功能的主要材料、构配件和设备的出厂合格证、试验报告、见证取样送检资料及结构实体检测报告；④抽查结构混凝土及承重砌体施工过程的质量控制情况；⑤实体质量检查要辅以必要的监督检测，由监督人员根据结构部位的重要程度及施工现场质量情况进行随机抽检。

3. 对工程竣工验收的监督检查

监督机构应对验收组成员组成及竣工验收方案进行监督，对工程实体质量进行抽检，对观感质量进行检查，对工程竣工验收文件进行审查。

8.3　建设工程竣工验收制度

1. 建设工程竣工验收的主体

《建设工程质量管理条例》规定，建设单位收到建设工程竣工报告后，应当组织设计、施工、工程监理等有关单位进行竣工验收。

2. 竣工验收应当具备的法定条件

《建筑法》规定，交付竣工验收的建筑工程，必须符合规定的建筑工程质量标准，有完整的工程技术经济资料和经签署的工程保修书，并具备国家规定的其他竣工条件。建筑工程竣工经验收合格后，方可交付使用，未经验收或者验收不合格的，不得交付使用。

《建设工程质量管理条例》进一步规定，建设工程竣工验收应当具备下列条件：

1）完成建设工程设计和合同约定的各项内容。

2）有完整的技术档案和施工管理资料。

3）有工程使用的主要建筑材料、建筑构（配）件和设备的进场试验报告。

4）有勘察、设计、施工、工程监理等单位分别签署的质量合格文件。

5）有施工单位签署的工程保修书。建设工程经验收合格的，方可交付使用。

3. 规划、消防、节能、环保、档案等验收的规定

《建设工程质量管理条例》规定，建设单位应当自建设工程竣工验收合格之日起 15 日内，将建设工程竣工验收报告和规划、公安消防、环保等部门出具的认可文件或者准许使用文件报建设行政主管部门或者其他有关部门备案。

（1）建设工程竣工规划验收　建设工程竣工后，建设单位应当依法向城乡规划行政主管部门提出竣工规划验收申请，由城乡规划行政主管部门按照选址意见书、建设用地规划许可证、建设工程规划许可证、乡村建设规划许可证及其有关规划的要求，对建设工程进行规划验收。

《城乡规划法》规定，县级以上地方人民政府城乡规划主管部门按照国务院规定对建设工程是否符合规划条件予以核实。未经核实或者经核实不符合规划条件的，建设单位不得组织竣工验收。建设单位应当在竣工验收后 6 个月内向城乡规划主管部门报送有关竣工验收资料。

《城乡规划法》规定，建设单位未在建设工程竣工验收后 6 个月内向城乡规划主管部门报送有关竣工验收资料的，由所在地城市、县人民政府城乡规划主管部门责令限期补报；逾期不补报的，处 1 万元以上 5 万元以下的罚款。

（2）建设工程竣工消防验收　《中华人民共和国消防法》（简称《消防法》）2021 年 4 月修正，规定按照国家工程建设消防技术标准需要进行消防设计的建设工程竣工，依照下列规定进行消防验收、备案：

1）国务院住房和城乡建设主管部门规定应当申请消防验收的建设工程竣工，建设单位应当向住房和城乡建设主管部门申请消防验收。

2）其他建设工程，建设单位在验收后应当报住房和城乡建设主管部门备案，住房和城乡建设主管部门应当进行抽查。

依法应当进行消防验收的建设工程，未经消防验收或者消防验收不合格的，禁止投入使用；其他建设工程经依法抽查不合格的，应当停止使用。

3）法律责任。下列行为由住房和城乡建设主管部门、消防救援机构按照各自职权责令停止施工、停止使用或者停产停业，并处三万元以上三十万元以下罚款：依法应当进行消防验收的建设工程，未经消防验收或者消防验收不合格，擅自投入使用的；其他建设工程验收后经依法抽查不合格，不停止使用的。

建设单位未依照规定在验收后报住房和城乡建设主管部门备案的，由住房和城乡建设主管部门责令改正，处五千元以下罚款。

（3）建设工程竣工环保验收　《建设项目环境保护管理条例》（2017 年修订）规定，编制环境影响报告书、环境影响报告表的建设项目竣工后，建设单位应当按照国务院环境保护行政主管部门规定的标准和程序，对配套建设的环境保护设施进行验收，编制验收报告。建设单位在环境保护设施验收过程中，应当如实查验、监测、记载建设项目环境保护设施的建设和调试情况，不得弄虚作假。

除按照国家规定需要保密的情形外，建设单位应当依法向社会公开验收报告。

分期建设、分期投入生产或者使用的建设项目，其相应的环境保护设施应当分期验收。

编制环境影响报告书、环境影响报告表的建设项目，配套建设的环境保护设施经验收合格，方可投入生产或者使用，未经验收或者验收不合格的，不得投入生产或者使用。

（4）建筑工程节能验收 《中华人民共和国节约能源法》（2018 年 10 月修正）规定，国家实行固定资产投资项目节能评价和审查制度。不符合强制性节能标准的项目，建设单位不得开工建设；已经建成的，不得投入生产、使用。

《民用建筑节能条例》规定，建设单位组织竣工验收，应当对民用建筑是否符合民用建筑节能强制性标准进行查验，对不符合民用建筑节能强制性标准的，不得出具竣工验收合格报告。

节能分部工程验收应由总监理工程师（建设单位项目负责人）主持。

工程项目存在以下问题之一的，监理单位不得组织节能工程验收：①未完成建筑节能工程设计内容的；②隐蔽验收记录等技术档案和施工管理资料不完整的；③工程使用的主要建筑材料、建筑构配件和设备未提供进场检验报告的，未提供相关的节能性能检测报告的；④工程存在违反强制性标准的质量问题而未整改完毕的；⑤对监督机构发出的责令整改内容未整改完毕的；⑥存在其他违反法律、法规行为而未处理完毕的。

单位工程在办理竣工备案时应提交建筑节能相关资料，不符合要求的不予备案。

（5）档案验收 《建设工程质量管理条例》规定，建设单位应当严格按照国家有关档案管理的规定，及时收集、整理建设项目各环节的文件资料，建立、健全建设项目档案，并在建设工程竣工验收后，及时向建设行政主管部门或者其他有关部门移交建设项目档案。

2019 年 3 月住房和城乡建设部修改后发布的《城市建设档案管理规定》规定，建设单位应当在工程竣工验收后 3 个月内，向城建档案馆报送一套符合规定的建设工程档案。

《建设工程文件归档规范》规定，勘察、设计、施工、监理等单位应将本单位形成的工程文件立卷后向建设单位移交。

建设工程项目实行总承包管理的，总包单位应负责收集、汇总各分包单位形成的工程档案，并应及时向建设单位移交；各分包单位应将本单位形成的工程文件整理、立卷后及时移交总包单位。建设工程项目由几个单位承包的，各承包单位应负责收集、整理立卷其承包项目的工程文件，并应及时向建设单位移交。

4. 竣工验收备案制度

（1）竣工验收备案的时间及须提交的文件 建设工程竣工后，建设单位应根据施工单位的竣工报告，组织勘察、设计、施工、监理等有关单位进行竣工验收，并于验收合格后15 日内报竣工验收备案部门。

（2）竣工验收备案文件的签收和处理 备案机关收到建设单位报送的竣工验收备案文件，验证文件齐全后，应当在工程竣工验收备案表上签署文件收讫。工程竣工验收备案表一式两份，一份由建设单位保存，一份留备案机关存档。

工程质量监督机构应当在工程竣工验收之日起15日内，向备案机关提交工程质量监督报告。

备案机关发现建设单位在竣工验收过程中有违反国家有关建设工程质量管理规定行为的，应当在收讫竣工验收备案文件15日内，责令停止使用，重新组织竣工验收。

8.4　建设工程质量责任主体的法律责任

建设单位、勘察单位、设计单位、施工单位和施工图审查机构、工程质量检测机构、监理单位，都属于建设工程质量责任主体。

建设工程质量责任主体违反法律规定，根据适用法律的不同、可以导致的法律责任的不同，主要分为民事责任、刑事责任、行政责任。

8.4.1　建设单位的质量责任和义务

1. 依法对工程进行发包

建设单位应当依法行使工程发包权。建设单位应当将工程发包给具有相应资质等级的单位，不得将建设工程肢解发包。

2. 依法进行招标

《建设工程质量管理条例》规定，建设单位应当依法对工程建设项目的勘察、设计、施工、监理以及与工程建设有关的重要设备、材料等的采购进行招标。

3. 依法提供原始资料

建设单位必须向有关的勘察、设计、施工、工程监理等单位提供与建设工程有关的原始资料。原始资料必须真实、准确、齐全。

4. 不得干预投标人

建设工程发包单位不得迫使承包方以低于成本的价格竞标。承包方主要是指勘察、设计和施工单位。建设单位也不得任意压缩合理工期，不得明示或者暗示设计单位或者施工单位违反工程建设强制性标准，降低建设工程质量。

5. 送审施工图

建设单位应当将施工图设计文件报县级以上人民政府建设行政主管部门或者其他有关部门审查。施工图设计文件未经审查批准的，不得使用。

6. 确保提供的物资符合要求

按照合同约定，由建设单位采购建筑材料、建筑构配件和设备的，建设单位应当保证建筑材料、建筑构配件和设备符合设计文件和合同的要求。在使用前施工单位应当按照规定对其进行检验和试验，如果不合格，不得在工程上使用。

7. 依法实行工程监理

《建设工程质量管理条例》规定，实行监理的建设工程，建设单位应当委托具有相应资质等级的工程监理单位进行监理，也可以委托具有工程监理相应资质等级并与被监理工程的施工承包单位没有隶属关系或者其他利害关系的该工程的设计单位进行监理。

8. 依法办理工程质量监督手续

《建设工程质量管理条例》规定，建设单位在开工前，应当按照国家有关规定办理工程质量监督手续，工程质量监督手续可以与施工许可证或者开工报告合并办理。

9. 依法进行装修工程

《建设工程质量管理条例》规定，涉及建筑主体和承重结构变动的装修工程，建设单位应当在施工前委托原设计单位或者具有相应资质等级的设计单位提出设计方案；没有设计方案的，不得施工。房屋建筑使用者在装修过程中，不得擅自变动房屋建筑主体和承重结构。

10. 依法组织竣工验收

建设单位收到建设工程竣工报告后，应当组织设计、施工、工程监理等有关单位进行竣工验收。建设工程经竣工验收合格的，方可交付使用。

11. 移交建设项目档案

建设单位还应当严格按照国家有关档案管理的规定，向建设行政主管部门或者其他有关部门移交建设项目档案。

12. 其他法律责任

(1)《建筑法》的相关规定　建设单位要求建筑设计单位或者建筑施工企业违反建筑工程质量、安全标准，降低工程质量的，责令改正，可以处以罚款；构成犯罪的，依法追究刑事责任。

(2)《建设工程质量管理条例》的相关规定

1) 建设单位将建设工程发包给不具有相应资质等级的勘察、设计、施工单位或者委托给不具有相应资质等级的工程监理单位的，责令改正，处 50 万元以上 100 万元以下的罚款。

2) 建设单位将建设工程肢解发包的，责令改正，处工程合同价款百分之零点五以上百分之一以下的罚款；对全部或者部分使用国有资金的项目，并可以暂停项目执行或者暂停资金拨付。

3) 建设单位有下列行为之一的，责令改正，处 20 万元以上 50 万元以下的罚款：迫使承包方以低于成本的价格竞标的；任意压缩合理工期的；明示或者暗示设计单位或者施工单位违反工程建设强制性标准，降低工程质量的；施工图设计文件未经审查或者审查不合格，擅自施工的；建设项目必须实行工程监理而未实行工程监理的；未按照国家规定办理工程质量监督手续的；明示或者暗示施工单位使用不合格的建筑材料、建筑构配件和设备的；未按照国家规定将竣工验收报告、有关认可文件或者准许使用文件报送备案的。

4) 建设单位未取得施工许可证或者开工报告未经批准，擅自施工的，责令停止施工，限期改正，处工程合同价款百分之一以上百分之二以下的罚款。

5) 建设单位有下列行为之一的，责令改正，处工程合同价款百分之二以上百分之四以下的罚款；造成损失的，依法承担赔偿责任：未组织竣工验收，擅自交付使用的；验收不合格，擅自交付使用的；对不合格的建设工程按照合格工程验收的。

6) 建设工程竣工验收后，建设单位未向建设行政主管部门或者其他有关部门移交建设项目档案的，责令改正，处 1 万元以上 10 万元以下的罚款。

8.4.2 施工单位的质量责任和义务

1. 依法承揽工程

施工单位应当依法取得相应等级的资质证书，并在其资质等级许可的范围内承揽工程。

禁止施工单位超越本单位资质等级许可的业务范围或者以其他施工单位的名义承揽工程。禁止施工单位允许其他单位或者个人以本单位的名义承揽工程。施工单位不得转包或者违法分包工程。

2. 施工单位对施工质量负责

《建筑法》规定，建筑施工企业对工程的施工质量负责。

建设工程实行总承包的，总承包单位应当对全部建设工程质量负责；建设工程勘察、设计、施工、设备采购的一项或者多项实行总承包的，总承包单位应当对其承包的建设工程或者采购的设备的质量负责。

总承包单位依法将建设工程分包给其他单位的，分包单位应当按照分包合同的约定对其分包工程的质量向总承包单位负责，分包单位还应当接受总承包单位的质量管理。总承包单位与分包单位对分包工程的质量承担连带责任。分包工程发生质量问题时，建设单位或其他受害人既可以向分包单位请求赔偿，也可以向总承包单位请求赔偿；进行赔偿的一方，有权依据分包合同的约定，对不属于自己责任的那部分赔偿向对方追偿。

3. 按图施工

施工单位必须按照工程设计图和施工技术标准施工，不得擅自修改工程设计，不得偷工减料。施工单位在施工过程中发现设计文件和设计图有差错的，应当及时提出意见和建议。

建设单位、施工单位、监理单位不得修改建设工程勘察、设计文件；确需修改建设工程勘察、设计文件的，应当由原建设工程勘察、设计单位修改。经原建设工程勘察、设计单位书面同意，建设单位也可以委托其他具有相应资质的建设工程勘察、设计单位修改。修改单位对修改的勘察、设计文件承担相应责任。

施工单位、监理单位发现建设工程勘察、设计文件不符合工程建设强制性标准、合同约定的质量要求的，应当报告建设单位，建设单位有权要求建设工程勘察、设计单位对建设工程勘察、设计文件进行补充、修改。建设工程勘察、设计文件内容需要进行重大修改的，建设单位应当报经原审批机关批准后，方可修改。

4. 对建筑材料、构配件和设备及商品混凝土进行检验

施工单位必须按照工程设计要求、施工技术标准和合同约定，对建筑材料、建筑构配件、设备和商品混凝土进行检验，检验应当有书面记录和专人签字；未经检验或者检验不合格的，不得使用。经监理工程师审查并确认其质量合格后，方准进场。凡是没有产品出厂合格证明及检验不合格者，不得进场。

5. 对施工质量进行检验

施工单位必须建立、健全施工质量的检验制度，严格工序管理，做好隐蔽工程的质量检查和记录。隐蔽工程在隐蔽前，施工单位应当通知建设单位和建设工程质量监督机构。

6. 见证取样

施工人员对涉及结构安全的试块、试件以及有关材料，应当在建设单位或者工程监理单位监督下现场取样，并送具有相应资质等级的质量检测单位进行检测。

检测机构是具有独立法人资格的中介机构。检测机构从事规定的质量检测业务，应当取得相应的资质证书。

7. 返修和保修

施工单位对施工中出现质量问题的建设工程或者竣工验收不合格的建设工程，应当负责返修。返修包括修理和返工。

建设工程竣工验收合格前，施工单位应对质量问题履行返修义务；对于非施工单位原因造成的质量问题，施工单位也应当负责返修，但是因此而造成的损失及返修费用由责任方负责。

建设工程竣工验收合格后，施工单位应对保修期内出现的质量问题履行保修义务。

【例题 1】　施工企业在施工过程中发现设计文件和施工图有差错的，应当（　　　）。
A. 继续按设计文件和施工图施工
B. 对设计文件和施工图进行修改，按修改后的设计文件和施工图进行施工
C. 对设计文件和施工图进行修改，征得设计单位同意后按修改后的设计文件和施工图进行施工
D. 及时提出意见和建议
【答案】　D

【例题 2】　下列质量事故中，属于建设单位责任的有（　　　）。
A. 商品混凝土未经检验造成的质量事故
B. 总包和分包单位职责不明造成的质量事故
C. 地下管线资料不准确造成的质量事故
D. 施工中使用了禁止使用的材料造成的质量事故
【答案】　C
【解析】　选项 A、B、D 属于施工单位的责任。

8. 其他法律责任

《建设工程质量管理条例》的相关规定如下：

1）施工单位在施工中偷工减料的，使用不合格的建筑材料、建筑构配件和设备的，或者有不按照工程设计图或者施工技术标准施工的其他行为的，责令改正，处工程合同价款百分之二以上百分之四以下的罚款；造成建设工程质量不符合规定的质量标准的，负责返工、修理，并赔偿因此造成的损失；情节严重的，责令停业整顿，降低资质等级或者吊销资质证书。

2）施工单位未对建筑材料、建筑构配件、设备和商品混凝土进行检验，或者未对涉及

结构安全的试块、试件以及有关材料取样检测的，责令改正，处 10 万元以上 20 万元以下的罚款；情节严重的，责令停业整顿，降低资质等级或者吊销资质证书；造成损失的，依法承担赔偿责任。

3）施工单位不履行保修义务或者拖延履行保修义务的，责令改正，处 10 万元以上 20 万元以下的罚款，并对在保修期内因质量缺陷造成的损失承担赔偿责任。

8.4.3　工程监理单位的质量责任和义务

1. 依法承揽业务

工程监理单位应当依法取得相应等级的资质证书，并在资质等级许可的范围内承担工程监理业务。

禁止工程监理单位超越本单位资质等级许可的范围或者以其他工程监理单位的名义承担工程监理业务。禁止工程监理单位允许其他单位或者个人以本单位的名义承担工程监理业务。工程监理单位不得转让工程监理业务。

2. 独立监理

工程监理单位与被监理工程的施工承包单位以及建筑材料、建筑构配件和设备供应单位有隶属关系或者其他利害关系的，不得承担该项建设工程的监理业务。

独立是公正的前提条件，监理单位如果不独立是不可能保持公正的。

3. 依法监理

工程监理单位应当依照法律、法规以及有关技术标准、设计文件和建设工程承包合同，代表建设单位对施工质量实施监理，并对施工质量承担监理责任。

监理工程师应当按照工程监理规范的要求，采取旁站、巡视和平行检验等形式，对建设工程实施监理。

4. 确认质量

工程监理单位应当选派具备相应资格的总监理工程师和监理工程师进驻施工现场。

未经监理工程师签字，建筑材料、建筑构配件和设备不得在工程上使用或者安装，施工单位不得进行下一道工序的施工。未经总监理工程师签字，建设单位不拨付工程款，不进行竣工验收。

5. 相关法律责任

（1）《建筑法》相关规定　工程监理单位不按照委托监理合同的约定履行监理义务，对应当监督检查的项目不检查或者不按照规定检查，给建设单位造成损失的，应当承担相应的赔偿责任。工程监理单位与承包单位串通，为承包单位谋取非法利益，给建设单位造成损失的，应当与承包单位承担连带赔偿责任。

工程监理单位与建设单位或者建筑施工企业串通，弄虚作假、降低工程质量的，责令改正，处以罚款，降低资质等级或者吊销资质证书；有违法所得的，予以没收；造成损失的，承担连带赔偿责任；构成犯罪的，依法追究刑事责任。

（2）《建设工程质量管理条例》相关规定　工程监理单位与被监理工程的施工承包单位以及建筑材料、建筑构配件和设备供应单位有隶属关系或者其他利害关系承担该项建设工程的监理业务的，责令改正，处 5 万元以上 10 万元以下的罚款，降低资质等级或者吊销资质证书；有违法所得的，予以没收。

工程监理单位有下列行为之一的，责令改正，处 50 万元以上 100 万元以下的罚款，降低资质等级或者吊销资质证书；有违法所得的，予以没收；造成损失的，承担连带赔偿责任：与建设单位或者施工单位串通，弄虚作假、降低工程质量的；将不合格的建设工程、建筑材料、建筑构配件和设备按照合格签字的。

监理工程师因过错造成质量事故的，责令停止执业 1 年；造成重大质量事故的，吊销执业资格证书，5 年以内不予注册；情节特别恶劣的，终身不予注册。

工程监理单位违反国家规定，降低工程质量标准，造成重大安全事故，构成犯罪的，对直接责任人员依法追究刑事责任。

【例题 3】　下列关于工程监理职责和权限的说法，正确的有（　　　）。

A. 未经监理工程师签字，建筑材料不得在工程上使用

B. 未经监理工程师签字，施工企业不得进入下一道工序的施工

C. 未经专业监理工程师签字，建设单位不得拨付工程款

D. 未经总监理工程师签字，建设单位不得进行竣工验收

E. 未经监理工程师签字，建筑构配件不得在工程上使用

【答案】　ABDE

8.4.4　勘察、设计单位的质量责任和义务

1. 勘察、设计单位共同的责任和义务

（1）依法承揽工程　从事建设工程勘察、设计的单位应当依法取得相应等级的资质证书，并在其资质等级许可的范围内承揽工程。

禁止勘察、设计单位超越其资质等级许可的范围或者以其他勘察、设计单位的名义承揽工程。禁止勘察、设计单位允许其他单位或者个人以本单位的名义承揽工程。

勘察、设计单位不得转包或者违法分包所承揽的工程。

（2）执行强制性标准　勘察、设计单位必须按照工程建设强制性标准进行勘察、设计，并对其勘察、设计的质量负责。注册建筑师、注册结构工程师等注册执业人员应当在设计文件上签字，对设计文件负责。

2. 勘察单位的质量责任

由于勘察单位提供的资料会影响后续工作的质量，因此勘察单位提供的地质、测量、水文等勘察成果必须真实、准确。

3. 设计单位的质量责任

（1）科学设计的责任　设计单位应当根据勘察成果文件进行建设工程设计，设计文件应当符合国家规定的设计深度要求，注明工程合理使用年限。

（2）选择材料设备的责任　设计单位在设计文件中选用的建筑材料、建筑构配件和设备，应当注明规格、型号、性能等技术指标，其质量要求必须符合国家规定的标准。除有特

殊要求的建筑材料、专用设备、工艺生产线等外，设计单位不得指定生产厂、供应商。

（3）依法对设计文件进行设计交底　设计单位应当就审查合格的施工图设计文件向施工单位做出详细说明。

建设工程勘察、设计单位应当在建设工程施工前，向施工单位和监理单位说明建设工程勘察、设计意图，解释建设工程勘察、设计文件。建设工程勘察、设计单位应当及时解决施工中出现的勘察、设计问题。

（4）参与质量事故分析的责任　设计单位应当参与建设工程质量事故分析，并对因设计造成的质量事故，提出相应的技术处理方案。

4. 其他法律责任

《建设工程质量管理条例》规定，有下列行为之一的，责令改正，处 10 万元以上 30 万元以下的罚款：勘察单位未按照工程建设强制性标准进行勘察的；设计单位未根据勘察成果文件进行工程设计的；设计单位指定建筑材料、建筑构配件的生产厂、供应商的；设计单位未按照工程建设强制性标准进行设计的。

有上述行为，造成工程质量事故的，责令停业整顿，降低资质等级；情节严重的，吊销资质证书；造成损失的，依法承担赔偿责任。

【例题 4】　根据《建设工程质量管理条例》，设计单位在设计文件中选用的建筑材料、建筑构配件和设备，应当（　　）。

A. 按照建设单位的指令确定　　　B. 注明规格、型号、性能等技术指标

C. 注明生产厂、供应商　　　　　D. 征求施工企业的意见

【答案】　B

【例题 5】　下列不属于发包人义务的情形是（　　）。

A. 提供必要施工条件

B. 及时组织工程竣工验收

C. 向有关部门移交建设项目档案

D. 就审查合格的施工图设计文件向施工企业进行详细说明

【答案】　D

8.4.5　工程质量事故报告制度

工程质量事故是指由于建设、勘察、设计、施工、监理等单位违反工程质量有关法律法规和工程建设标准，使工程产生结构安全、重要使用功能等方面的质量缺陷，造成人身伤亡或者重大经济损失的事故。

《建设工程质量管理条例》（2019 年修订）第五十二条规定，建设工程发生质量事故，有关单位应当在 24 小时内向当地建设行政主管部门和其他有关部门报告。对重大质量事故，事故发生地的建设行政主管部门和其他有关部门应当按照事故类别和等级向当地人民政府和

上级建设行政主管部门和其他有关部门报告。特别重大质量事故的调查程序按照国务院有关规定办理。

如果同时发生安全事故，施工单位应当立即启动生产安全事故应急救援预案。

8.5　建设工程质量保修制度

建设工程质量保修制度是指建设工程在办理竣工验收手续后，在规定的保修期限内，因勘察、设计、施工、材料等原因造成的质量缺陷，应当由施工承包单位负责维修、返工或更换，由责任单位负责赔偿损失。质量缺陷是指建设工程的质量不符合工程建设强制性标准以及合同的约定。

8.5.1　工程质量保修书

建设工程承包单位在向建设单位提交工程竣工验收报告时，应当向建设单位出具质量保修书。质量保修书中应当明确建设工程的保修范围、保修期限和保修责任。

"有施工单位签署的工程保修书"是建设工程竣工验收应具备的条件之一。工程质量保修书是一种合同，是发包承包双方就保修范围、保修期限和保修责任等设立权利与义务的协议，集中体现了承包单位对发包单位的工程质量保修承诺。

8.5.2　保修范围和最低保修期限

《建设工程质量管理条例》规定了保修范围及其在正常使用条件下各自对应的最低保修期限。

1）基础设施工程、房屋建筑的地基基础工程和主体结构工程，为设计文件规定的该工程的合理使用年限。

2）屋面防水工程、有防水要求的卫生间、房间和外墙面的防渗漏，为 5 年。

3）供热与供冷系统，为 2 个采暖期、供冷期。

4）电气管线、给水排水管道、设备安装和装修工程，为 2 年。

上述保修范围属于法律强制性规定。发包承包双方约定的保修期限不得低于《建设工程质量管理条例》规定的期限，但可以延长。

建设工程保修期的起始日是竣工验收合格之日。

【例题 6】　在正常条件下，关于建设工程法定最低保修期限的说法，正确的有（　　　）。

A. 屋面防水工程为 5 年

B. 给水排水管道为 2 年

C. 供热与供冷系统为 2 个采暖期、供冷期

D. 基础设施为设计文件规定的该工程的合理使用年限

E. 设备安装和装修工程为 5 年

【答案】　ABCD

8.5.3　保修责任

建设工程在保修范围和保修期内发生质量问题的，施工单位应当履行保修义务，并对造成的损失承担赔偿责任。

不属于保修范围的情况如下：

1）因使用不当造成的质量缺陷。

2）第三方造成的质量缺陷。

3）不可抗力造成的质量缺陷。

保修期内建设单位和施工单位应遵守以下程序：

1）建设工程在保修期限内出现质量缺陷，建设单位应当向施工单位发出保修通知。

2）施工单位接到保修通知后，应当到现场核查情况，在保修书约定的时间内予以保修。发生涉及结构安全或者严重影响使用功能的紧急抢修事故，施工单位接到保修通知后，应当立即到达现场抢修。

3）施工单位不按工程质量保修书约定保修的，建设单位可以另行委托其他单位保修，由原施工单位承担相应责任。

4）保修费用由造成质量缺陷的责任方承担。如果质量缺陷是由于施工单位未按照工程建设强制性标准和合同要求施工造成的，则施工单位不仅要负责保修，还要承担保修费用。但是，如果质量缺陷是由于设计单位、勘察单位或建设单位、监理单位的原因造成的，施工单位仅负责保修，其有权对由此发生的保修费用向建设单位索赔。建设单位向施工单位承担赔偿责任后，有权向造成质量缺陷的责任方追偿。

【例题7】　关于建设工程返修的说法，正确的是（　　）。

A. 建设工程返修不包括竣工验收不合格的情形

B. 对竣工验收不合格的建设工程，若非施工企业原因造成的，施工企业不负责返修

C. 对施工中出现质量问题的建设工程，无论是否施工企业原因造成的，施工企业都应负责返修

D. 对竣工验收不合格的建设工程，若是施工企业原因造成的，施工企业负责有偿返修

【答案】　C

【例题8】　建设单位和施工企业经过平等协商确定某屋面防水工程的保修期限为3年，工程竣工验收合格移交使用后的第4年屋面出现渗漏，则承担该工程维修责任的是（　　）。

A. 施工企业

B. 建设单位

C. 使用单位

D. 建设单位和施工企业协商确定

【答案】　A

【例题 9】　关于施工企业返修义务的说法，正确的是（　　）。

A. 施工企业仅对施工中出现质量问题的建设工程负责返修

B. 施工企业仅对竣工验收不合格的工程负责返修

C. 非施工企业原因造成的质量问题，相应的损失和返修费用由责任方承担

D. 对于非施工企业原因造成的质量问题，施工企业无返修的义务

【答案】　C

【例题 10】　某工程建设单位组织验收合格后投入使用，2 年后外墙出现裂缝，经查是由于设计缺陷造成的，则下列说法正确的是（　　）。

A. 施工单位维修，建设单位直接承担费用

B. 建设单位维修并承担费用

C. 施工单位维修并承担费用

D. 施工单位维修，设计单位直接承担费用

【答案】　A

【解析】　建设工程竣工时发现的质量问题或者质量缺陷，无论是建设单位的责任还是施工单位的责任，施工单位都有义务进行修复或返修。但是，对于非施工单位原因出现的质量问题或质量缺陷，其返修的费用和造成的损失是应由责任方承担的。施工单位在保修期内承担保修责任。外墙裂缝系主体结构工程，最低保修期为设计文件规定的合理使用期限，因此施工单位应承担保修责任。选项 B 错误，该质量问题是因为设计缺陷造成的，因此维修费由建设单位承担后可向设计单位追偿。

【例题 11】　关于工程建设中使用建筑材料的说法，正确的是（　　）。

A. 建筑材料应该由建设单位采购

B. 建设单位采购的建筑材料经施工企业检验不合格的，应当拒绝使用

C. 建设单位招标采购建筑材料的，可以指定三个以上品牌

D. 建设单位采购的建筑材料经施工企业检验合格，使用后被证实属于不合格材料的，应由施工企业承担责任

【答案】　B

【解析】　选项 A 错误，建筑材料的采购由建设和施工单位约定。

选项 B 正确，施工单位有对建筑材料、构配件进行检验检测的职责，对检测不合格的不得使用。

选项 C 错误，建设单位不得指定购买建筑材料、构配件及不得指定生产厂商、供应商。

选项 D 错误，建筑材料不合格导致建设工程质量不合格的，应按谁采购谁负责原则处理。

8.6　建设工程质量保证金

1. 质量保证金的含义

《建设工程质量保证金管理办法》（2017 年修订）规定，建设工程质量保证金（简称保证金）是指发包人与承包人在建设工程承包合同中约定，从应付的工程款中预留，用以保证承包人在缺陷责任期内对建设工程出现的缺陷进行维修的资金。

缺陷是指建设工程质量不符合工程建设强制性标准、设计文件，以及承包合同的约定。

2. 缺陷责任期

缺陷责任期从工程通过竣工验收之日起计。由于承包人原因导致工程无法按规定期限进行竣工验收的，缺陷责任期从实际通过竣工验收之日起计。由于发包人原因导致工程无法按规定期限进行竣工验收的，在承包人提交竣工验收报告 90 天后，工程自动进入缺陷责任期。

缺陷责任期一般为 1 年，最长不超过 2 年，具体可由发包、承包双方在合同中约定。

3. 质量保证金的预留与使用

建设工程竣工结算后，发包人应按照合同约定及时向承包人支付工程结算价款并预留保证金。发包人保证金总预留比例不得高于工程价款结算总额的 3%。在工程项目竣工前，已经缴纳履约保证金的，发包人不得同时预留工程质量保证金。采用工程质量保证担保、工程质量保险等其他方式的，发包人不得再预留质量保证金。

缺陷责任期内，由承包人原因造成的缺陷，承包人应负责维修，并承担鉴定及维修费用。如果承包人不维修也不承担费用，发包人可按合同约定扣除保证金，并由承包人承担违约责任。承包人维修并承担相应费用后，不免除对工程的一般损失赔偿责任。缺陷责任期满，质量保证金应返还。

由他人原因造成的缺陷，发包人负责组织维修，承包人不承担费用，且发包人不得从保证金中扣除费用。

4. 质量保证金的返还

缺陷责任期内，承包人认真履行合同约定的责任，到期后，承包人向发包人申请返还保证金。

发包人在接到承包人返还保证金申请后，应于 14 日内会同承包人按照合同约定的内容进行核实。如果无异议，发包人应当在核实后 14 日内将保证金返还给承包人；逾期支付的，从逾期之日起，按照同期银行贷款利率计付利息，并承担违约责任。发包人在接到承包人返还保证金申请后 14 日内不予答复。经催告后 14 日内仍不予答复，视同认可承包人的返还保证金申请。

《新施工合同司法解释一》规定，有下列情形之一，承包人请求发包人返还工程质量保证金的，人民法院应予支持：

1）当事人约定的工程质量保证金返还期限届满。

2）当事人未约定工程质量保证金返还期限的，自建设工程通过竣工验收之日起满 2 年。

3）因发包人原因建设工程未按约定期限进行竣工验收的，自承包人提交工程竣工验收报告 90 日后当事人约定的工程质量保证金返还期限届满；当事人未约定工程质量保证金返还期限的，自承包人提交工程竣工验收报告 90 日后起满 2 年。

发包人返还工程质量保证金后，不影响承包人根据合同约定或者法律规定履行工程保修义务。

5. 质量保修期与缺陷责任期的关系

质量保修期是指建设工程在正常使用条件下的法定最低保修期限，在此期限内承包人对建设工程出现的质量问题有保修义务。缺陷责任期是指质量保证金的预留期限，最长为 2 年，缺陷责任期满，发包人应当将质量保证金返还给承包人。发包人返还工程质量保证金后，不影响承包人根据合同约定或者法律规定履行工程保修义务。

【案例 8-1】

某建筑公司承揽了某开发公司的某住宅小区的施工项目，建筑面积为 19 万 m^2。2018 年 7 月 18 日，在没有办理施工许可证的情况下开始施工，建筑公司为了减少施工任务，在未经建设单位认可的情况下将主体结构分包给了无相应资质条件的分包单位。在施工过程中，工程监理人员发现工程设计不符合建设工程质量标准，但并未提出任何异议。施工单位开除了 3 位专职安全生产管理人员，另指定一位资料员王某管理施工安全。在搭设脚手架的时候，王某要求有恐高症的刘某进行高处搭设，刘某予以拒绝，王某就以刘某不服从管理为由将其辞退。为了获得更多的效益，建设单位要求施工单位将合同中所约定的工期 2 年缩减为 1 年。施工单位为了赶进度，招收了一批新的作业人员，这批作业人员在未接受安全生产教育培训的情况下就直接上岗作业；施工单位还要求从业人员自己支付意外伤害保险费。工程竣工验收合格后，建设单位在 30 天后才到县级人民政府建设行政主管部门备案。小区运行 2 年后，建设单位发现房屋有漏水现象，要求施工单位进行保修，施工单位以合同约定保修期为 2 年为理由拒绝保修。

【问题】

此案中存在哪些工程安全和质量管理违法行为？

【分析】

（1）施工单位在建设单位没有办理施工许可证的情况下开始施工。

《建筑法》规定，建筑工程开工前，建设单位应当按照国家有关规定向工程所在地县级以上人民政府建设行政主管部门申请领取施工许可证。

（2）施工单位在未经建设单位认可的情况下，将主体结构分包给了无相应资质条件的分包单位。

《建筑法》规定，禁止总承包单位将工程分包给不具备相应资质条件的单位。建筑工程总承包单位可以将承包工程中的部分工程分包给具有相应资质条件的分包单位，但是除总承包合同中约定的分包外，必须经建设单位认可。施工总承包的建筑工程主体结构的施工必须由总承包单位自行完成。

（3）工程监理人员发现工程设计不符合建筑工程质量标准，但并未提出异议。

《建筑法》规定，工程监理人员发现工程设计不符合建筑工程质量标准或合同约定的，应当报告建设单位，要求设计单位改正。

（4）施工单位指定一位资料员来管理施工安全。

《安全生产法》规定，建筑施工单位应当设置安全生产管理机构或者配备专职安全生产管理人员。

（5）王某要求有恐高症的刘某进行高处作业，刘某拒绝，王某就以不服从管理将刘某辞退。

《安全生产法》规定，从业人员有权利拒绝生产经营单位违章指挥，强令冒险作业。

（6）为获得更多的效益，建设单位要求施工单位缩短工期为1年。

《建设工程安全生产管理条例》规定，建设单位不得向施工单位提出不符合建设工程安全生产法律、法规和强制性标准规定的要求，不得压缩合同约定工期。

（7）新进作业人员在未经安全生产教育培训下就上岗作业。

《建设工程安全生产管理条例》规定，作业人员进入新的岗位或者新的施工现场前，应当接受安全生产教育培训，未经教育培训不得上岗作业。

（8）施工单位要求从业人员自己支付意外伤害保险费。

《建设工程安全生产管理条例》规定，意外伤害保险费由施工单位支付。

（9）工程竣工验收合格后，建设单位在30天后才到建设行政主管部门备案。

《建设工程质量管理条例》规定，建设单位应当在工程竣工验收合格后的15天内到县级以上人民政府建设主管部门备案。

（10）施工单位以合同约定保修期为2年为理由，拒绝对楼房漏水现象保修。

《建设工程质量管理条例》规定，屋面防水工程、有防水要求的卫生间、房间和外墙面的防渗漏最低保修期为5年，因此该合同约定无效，施工单位应按法律规定进行保修。

【案例8-2】

2018年3月，某建筑公司（承包人）与某公司（发包人）就某商业大厦的建设签订总承包合同，并由某建筑设计公司担任建筑设计和施工监理工作。2019年11月，在该商业大厦工程完工后验收时，发包人发现多项缺陷和需要整改的项目，要求承包人予以修缮并尽快完工。建筑设计公司向承包人发出竣工证明，确认实际竣工日期是2020年11月16日，保修期为1年，至2021年11月15日止。

2021年5月，发包人与承包人达成最终结算书，确认工程总价款，但发包人未按期履约。2022年12月，承包人以欠付工程款为由向法院起诉，发包人则以承包人质量缺陷造成的违约损失、租金损失、修复工作的费用以及其他费用提出反诉。

【问题】

（1）本案工程约定的保修期是否有效？

（2）保修期内所发生的质量缺陷责任如何承担？

【分析】

（1）本案工程质量保修期的约定部分有效。

保修期约定一般分为两种情况：第一种情况是遵循法定的保修期，第二种情况是遵循约定的保修期。但是约定的保修期不得低于法定的保修期，若低于法定保修期，则以法定的保修期为准。法律规定，在正常使用条件下，房屋建筑工程的最低保修期限：地基基础工程和主体结构工程，为设计文件规定的该工程的合理使用年限；屋面防水工程、有防水要求的卫生间、房间和外墙面的防渗漏，为 5 年；供热与供冷系统，为 2 个采暖期、供冷期；电气管线、给水排水管道、设备安装，为 2 年；装修工程，为 2 年。其他项目的保修期限由发包人和承包人约定。

双方约定建设工程保修期时，只能高于法律规定的标准，不能低于法律规定的标准。对此，本案双方的协议没有全部遵守法律的规定约定。按我国相关法律规定，对法律有明确规定的保修期限的部位，按法律规定的保修期；对法律没有明确规定的保修期限的部位，则按双方约定的保修期。法律规定，无论是法定的保修期，还是约定的保修期，保修期起算时间均自建设工程竣工验收合格之日起计算。

（2）保修期内的质量缺陷的责任遵循"各负其责"的原则。

对于在保修期内发现的质量缺陷，施工单位首先有责任进行维修，之后可确认缺陷的责任方并追究其责任。

【案例 8-3】

2021 年 4 月初，昊翔建筑工程公司（实为未取得建筑施工企业资质的农民工施工队，以下简称昊翔公司）获悉新宇股份有限公司（以下简称新宇公司）欲建多功能楼的信息，便当即与其洽谈。新宇公司明知昊翔公司未取得建筑施工企业资质，但为压低工程价款，便于 4 月 15 日与其签订建设工程施工合同。合同约定由昊翔公司承建多功能楼工程，总高为 20m，建筑面积约为 3000m²；工期为 2021 年 4 月 20 日至 2022 年 10 月 30 日；合同价款为 4000 万元，新宇公司不支付预付款，由昊翔公司垫资，工程竣工并经验收合格后，新宇公司按合同约定支付工程款。

合同签订后，昊翔公司如期开工。但开工仅半个月，新宇公司突然向昊翔公司提出，合同价款过高，本公司资金紧张，无力支付全额工程款，要求减少工程款，否则就解除合同。对新宇公司的无理要求，昊翔公司表示，双方签订合同时已经做出极大让步，合同价款压得很低，本公司只能取得非常微薄的利润，如果再减少价款，肯定赔钱。昊翔公司遂与新宇公司协商，能否适当让步。新宇公司称，如昊翔公司不同意减少工程款，该公司将修改工程设计，并提供或者指定昊翔公司购买价格低的建筑材料、建筑构配件、设备，以减少成本。昊翔公司认为，合同规定的工程设计及建筑材料、建筑构配件、设备均符合国家要求及强制性标准，不能变更，否则将不能保证工程质量，而且极有可能发生重大工程事故。新宇公司则十分强硬地表示，要么减少工程款，要么变更工程设计及建筑材料、建筑构配件、设备，否则当即解除合同。昊翔公司迫于失去工程的压力，只得违心屈从。新宇公司于是修改了工程设计，并提供或者指定昊翔公司购买了价格低的建筑材料、建筑构配件、设备。

工程如期竣工，经验收，质量不合格。新宇公司要求昊翔公司修复。昊翔公司修复后经工程鉴定机构鉴定质量仍不合格，且已无法修复。随后，昊翔公司请求新宇公司支付工程款，新宇公司以昊翔公司无建筑施工企业资质及工程质量不合格为由而拒绝。昊翔公司多次追索未果，遂诉至法院。

【问题】

法院应如何判理此案？

【分析】

《建筑法》规定，承包建筑工程的单位应当持有依法取得的资质证书，并在其资质等级许可的业务范围内承揽工程。原告昊翔公司未取得建筑施工企业资质，而与被告新宇公司签订建设工程施工合同的行为违反了该规定，所以该合同无效。

《建筑法》规定，建筑施工企业对工程的施工质量负责，建筑施工企业必须按照工程设计图和施工技术标准施工；建筑施工企业必须按照工程设计要求、施工技术标准和合同的约定，对建筑材料、建筑构配件和设备进行检验，不合格的不得使用；建设单位不得以任何理由，要求建筑设计单位或者建筑施工企业在工程设计或者施工作业中，违反法律、行政法规和建筑工程质量、安全标准，降低工程质量。建筑设计单位和建筑施工企业对建设单位违反前款规定提出的降低工程质量的要求，应当予以拒绝。

《民法典》第七百九十三条规定，建设工程施工合同无效，但是建设工程经验收合格的，可以参照合同关于工程价款的约定折价补偿承包人。建设工程施工合同无效，且建设工程经验收不合格的，按照以下情形处理：①修复后的建设工程经验收合格的，发包人可以请求承包人承担修复费用；②修复后的建设工程经验收不合格的，承包人无权请求参照合同关于工程价款的约定折价补偿。发包人对因建设工程不合格造成的损失有过错的，应当承担相应的责任。

本案中，新宇公司为降低工程成本而擅自修改工程设计，并提供或者指定昊翔公司购买价格低的建筑材料、建筑构配件、设备，昊翔公司明知该做法违反我国相关法律规定且必然导致工程质量降低，但迫于新宇公司的重压而未予以拒绝，致使合同所涉工程质量严重不合格，且无法修复。合同双方均违反了我国相关法律规定。因此，昊翔公司就质量不合格的工程请求支付工程款，不予支持。新宇公司的上述行为有严重过错，是造成工程质量严重不合格的主要原因，应当依法承担主要民事责任。

法院经审理查明后认为，原告某建筑工程公司未取得建筑施工企业资质，与被告某有限公司签订建设工程施工合同的行为违反了《建筑法》《建筑企业资质管理规定》的规定，原告与被告双方所签订的合同无效；根据《民法典》关于合同无效后的处理原则及《新施工合同司法解释一》规定，合同所涉工程经工程鉴定机构鉴定，质量严重不合格，且无法修复，故对原告支付工程价款的请求，不予支持。被告对工程质量不合格有严重过错，应承担主要民事责任，赔偿原告的损失2000万元。被告某有限公司不服上诉，被二审法院依法驳回。

【案例8-4】

某大厦是一座现代化的智能型建筑，框架剪力墙结构，地下3层，地上28层，建筑面积5.8万 m²。该大厦的施工总承包单位是市第三建筑公司，由于该工程设备先进，质量要求高，因此该公司将机电设备安装工程分包给具有相应资质的某大型安装公司。在工程档案归档中，发生以下事件：

事件一：安装公司将机电设备分包部分的竣工资料直接交给监理单位。

事件二：发包人要求设计、监理及施工总承包单位将工程档案直接移交给市档案馆。

【问题】

（1）事件一的做法是否妥当？为什么？

（2）事件二的做法是否妥当？为什么？

【分析】

（1）不妥。建设工程项目实行总承包的，总包单位负责收集、汇总各分包单位形成的工程档案，并应及时向建设单位移交；各分包单位应将本单位形成的工程文件，整理、立卷后及时移交总包单位。

（2）不妥。建设单位应收集和汇总勘察、设计、施工、监理等单位立卷归档的工程档案，并向当地档案馆（室）移交一套符合规定的工程档案。

【案例8-5】

某建筑公司承包了某小区的施工建设，地下2层，地上8层，在未取得施工许可证的情况下擅自进行施工，并把工程肢解发包给各个不同的单位。监理单位对此事没有进行调查，在施工过程中，春节来临，部分安全管理人员放假回家，由于人手不够，工地的安全工作只由4名施工人员负责。在墙体施工过程中，左边墙体脚手架底部倒塌，站在脚手架上面的所有施工人员摔落，造成2人死亡、12人受伤。事后，施工人员请求赔偿未得到施工单位回复，并且施工单位在向安全生产监督管理部门报告时隐瞒了伤亡人数。

建设单位在工程施工的同时未向施工单位提供现场及相邻地区内供水、排水的情况，没有保证资料的真实完整。分包单位没有服从管理制度导致生产安全事故后，拒绝承担责任。施工单位在采用新设备时，没有对施工人员进行培训。另外，建设单位为了赶工期，在设计图未经过有关部门审查的情况下，交给施工单位进行施工。在第三年，建设单位发现屋面出现漏水，于是要求施工单位保修，施工单位以合同中该项工程约定的保修期为2年为理由拒绝保修。

【问题】

分析该项目在实施过程中存在的各种安全及质量管理违法问题。

【分析】

该项目在实施过程中存在以下问题：

（1）施工单位未取得施工许可证。《建筑工程施工许可证管理办法》规定，必须申请领取施可证的工程未取得施工许可证的，一律不得开工。

（2）把工程肢解发包给各个不同的单位。禁止承包单位将其承包的全部建筑工程转包给他人，禁止承包单位将其承包的全部建筑工程肢解以后以分包的名义分别转包给他人。

（3）监理单位没有履行监理义务。工程监理单位不按照委托监理合同的约定履行监理义务，对应当监督检查的项目不检查或者不按照规定检查，给建设单位造成损失的，应当承担相应的赔偿责任。

（4）安全工作只由4名施工人员负责。建筑施工单位应当设置安全生产管理机构，按照国家有关规定配备专职安全生产管理人员。

（5）在请求赔偿后，未得到施工单位回复。《安全生产法》规定，因生产安全事故受到损害的从业人员，除依法享有工伤社会保险外，依照有关民事法律尚有获得赔偿的权利的，有权向本单位提出赔偿要求。

（6）在给安全生产监督管理部门报告时，隐瞒了伤亡人数。施工单位发生生产安全事故，应按国家有关伤亡事故报告和调查处理的规定，及时、如实地向负责安全生产监督管理部门报告。

（7）未向施工单位提供现场及相邻地区内供水、排水的情况，没有保证资料的真实完整。建设单位应当向施工单位提供现场及毗邻区域内供水、排水、供电、供气、供热、通信、广播电视等地下管线资料，气象和水文观测资料，相邻建筑物和构筑物、地下工程的有关资料，并保证资料的真实、准确、完整。

（8）分包单位没有服从管理制度导致生产安全事故后，拒绝承担责任。分包电单位应当服从总承包单位的安全生产管理，分包单位不服从管理导致生产安全事故的，由分包单位承担主要责任。

（9）施工单位在采用新设备时没有对施工人员进行培训。施工单位在采用新技术、新工艺、新设备、新材料时，应当对作业人员进行相应的安全生产教育培训。

（10）设计图在未经过有关部门审查的情况下，交给施工单位进行施工。施工图设计文件未经审查批准的，不得使用。

（11）施工单位以合同中该项工程约定的保修期为2年为理由拒绝保修。屋面防水工程、有防水要求的卫生间、房间和外墙面的防渗漏，保修期为5年。

【案例8-6】

2022年4月29日12时24分，某省发生一起特别重大居民自建房倒塌事故，房屋整体"下坐"式倒塌，历时4s，造成54人死亡，9人受伤，直接经济损失9077.86万元，其中大学生44人。

调查认定，该起特别重大居民自建房倒塌事故是一起因房主违法违规建设、加层扩建和用于出租经营，地方党委政府及其有关部门组织开展违法建筑整治、风险隐患排查治理不认真不负责，有的甚至推卸责任、放任不管，造成重大安全隐患长期未得到整治而导致的特别重大生产安全责任事故。

调查组认定事故的直接原因：

一是违法违规建设的原5层房屋质量先天不足。2003年，房主在分得的安置重建地上建设了一栋3层房屋。随着邻近学校消费需求增大，2012年7月，在未履行任何审批手续的情况下，房主请建筑公司退休工人手绘设计图、雇用无资质的流动施工队施工，原址拆除3层并重建5层（局部6层）作为自住和出租经营房屋，所用混凝土和砌筑砂浆抗压强度远低于国家标准，建筑质量差、结构不合理、承载能力低。

二是违法违规加层扩建至8层后超出极限承载力。2018年7月，涉事房主再次违法违规加层扩建至8层（局部9层），加建的3层采用现浇钢筋混凝土框架结构，房屋总荷载比之前增加46%，加剧了"头重脚轻"的状态。

三是对重大安全隐患未有效处理。随着时间的推移，自建房屋混凝土柱等构件受压破坏并持续发展，2019年7月、2022年3月房屋相继出现网状裂缝、支顶槽钢变形等重大隐患，房主均未采取有效处理措施，直至事故发生。

四是未采取紧急避险疏散措施。事发前2个多小时，在出现明显倒塌征兆的情况下，房主拒不听从劝告，未通知自建房内的餐饮、住宿、私人影院等场所人员紧急避险疏散，是导致人员伤亡多的重要原因。

2022年4月12日，某公司受涉事房屋内的旅馆经营者委托，未带任何检测仪器，仅拍照即完成所谓"检测"，13日为旅馆出具了虚假的安全性鉴定报告："可按现状作为旅馆用途正常使用、结构安全"。报告审核、批准等文书签字，均通过使用挂证人员电子签名形式造假。

涉事房主违反有关规定未依法履行基本建设程序，未取得建设工程规划许可证，未经有资质的单位进行勘察设计，未取得建筑工程施工许可证，未办理工程质量监督手续，组织无相应资质的个人施工，工程完成后未组织竣工验收即投入使用；在违法加层扩建施工时，拒不执行城管部门责令停止施工的行政指令，拒不接受调查问询，仍违法建设并投入使用。

住房和城乡建设主管部门未依法依规对限额以上自建房工程实施有效监管；在涉事房屋2012年7月拆除重建和2018年7月加层扩建期间，未依法处理无设计资质和无施工许可施工等违法行为；未履行房屋安全鉴定监管职责，对涉事检测公司历次弄虚作假行为均没有发现和查处。

国务院对58名公职人员进行了严肃处理，对事故涉及的有关单位和其他人员处罚。事故发生后，司法机关对房主和房屋设计、施工人员，检测公司负责人和技术人员等14人，依法采取强制措施；对某公司按照《检验检测机构资质认定管理办法》依法处罚；对公司出具虚假报告行为依法处罚。由省人力资源和社会保障厅按照有关规定对两位工程师职称"挂证"行为进行处理。由省住房和城乡建设厅按照《勘察设计注册工程师管理规定》第二十九条的规定，对某注册结构工程师"挂证"行为进行处理。

本章习题

一、单选题

1. 根据《建设工程质量管理条例》，下列关于勘察设计单位质量责任和义务的说法，错误的是（　　）。

A. 从事勘察、设计业务的单位应当依法取得相应等级的资质证书

B. 勘察单位提供的地质、测量、水文等勘察成果必须真实、准确

C. 设计单位应当根据勘察成果文件进行建设工程设计

D. 勘察、设计单位不得分包所承揽的工程

2. 建设工程质量保修书的提交时间是（　　）。

A. 自提交工程竣工验收报告之日起 15 日内

B. 工程竣工验收合格之日

C. 自工程竣工验收合格之日起 15 日内

D. 提交工程竣工验收报告时

3. 分包工程发生质量、安全、进度等问题给建设单位造成损失的，关于承担方的说法，正确的是（　　）。

A. 分包单位只对总承包单位负责

B. 建设单位只能向给其造成损失的分包单位主张权利

C. 总承包单位赔偿金额超过其应承担份额的，有权向有责任的分包单位追偿

D. 建设单位与分包单位无合同关系，无权向分包单位主张权利

4. 甲公司与乙公司组成联合体共同承包了某大型建筑工程的施工。下列关于该联合体承包行为的说法，正确的是（　　）。

A. 乙按照承担施工内容及工程量的比例对建设单位负责

B. 建设单位应当与甲、乙分别签订承包合同

C. 甲和乙就工程质量和安全对建设单位承担连带责任

D. 该行为属于肢解工程发包的违法行为

5. 若施工过程中发现设计文件和设计图差错，施工企业的正确做法是（　　）。

A. 有权进行修改　　　　　　　　B. 可以按照规范施工

C. 有权拒绝施工　　　　　　　　D. 应当及时提出意见和建议

6. 涉及建筑主体和承重结构变动的装修工程，应当在施工前委托原设计单位或者（　　）提出设计方案。

A. 其他设计单位　　　　　　　　B. 具有相应资质等级的设计单位

C. 监理单位　　　　　　　　　　D. 装修施工单位

7. 根据《建设工程质量管理条例》，建设工程保修期自（　　）之日起计算。

A. 竣工验收合格　　　　　　　　B. 交付使用

C. 发包方支付全部价款　　　　　D. 竣工验收备案

8. 下列关于建设单位质量责任和义务的说法，错误的是（　　）。

A. 不得明示或暗示设计单位或者施工企业违反工程建设强制性标准，降低建设工程质量

B. 应当依法报审施工图设计文件

C. 不得将建设工程肢解发包

D. 在领取施工许可证或开工报告后，按照国家有关规定办理工程质量监督手续

9. 甲建筑公司为项目总承包单位，按照合同约定将幕墙工程分包给乙施工单位，施工完毕交付后，在使用过程中幕墙密封出现质量问题，造成建设单位一定的损失，则（　　）。

A. 只能由乙施工单位自己承担责任

B. 建设单位可以直接要求乙施工单位予以赔偿

C. 建设单位只能要求甲建筑公司予以赔偿

D. 在乙施工单位无力赔偿的情况下，建设单位才可以向甲建筑公司要求赔偿

10. 施工企业承建的办公大楼没有经过验收，建设单位就提前使用，2 年后办公楼主体结构出现质量问题。关于该大楼质量问题的说法，下列说法正确的是（　　）。

A. 主体结构的最低保修期限是设计的合理使用年限，施工企业应当承担保修责任

B. 由于建设单位提前使用，施工企业不需要承担保修责任

C. 施工企业是否承担保修责任，取决于建设单位是否已经全额支付工程款

D. 超过 2 年保修期后，施工企业不承担保修责任

11. 某办公大楼在保修期间出现外墙裂缝，经查是由设计缺陷造成的。原施工单位进行维修之后应向（　　）主张维修费用。

A. 建设单位　　　　　　　　　　　　B. 设计单位

C. 物业管理单位　　　　　　　　　　D. 办公大楼使用者

12. 某施工单位为避免破坏施工现场区域原有地下管线，欲查明相关情况，需（　　）负责向其提供施工现场的地下管线资料。

A. 相关管线产权部门　　　　　　　　B. 市政管理部门

C. 城建档案管理部门　　　　　　　　D. 建设单位

13. 下列关于建设单位的质量责任和义务的表述中，错误的是（　　）。

A. 建设单位不得暗示施工单位违反工程建设强制性标准，降低建设工程质量

B. 建设单位不得任意压缩合理工期

C. 建设单位进行装修时不得变动建筑主体和承重结构

D. 建设工程发包单位不得迫使承包方以低于成本价格竞标

14. 根据《建设工程质量管理条例》，建设工程竣工验收应当具备的条件不包括（　　）。

A. 完成建设工程设计和合同约定的各项内容

B. 已签署的工程结算文件

C. 完整的技术档案和施工管理资料

D. 勘察、设计、施工、工程监理等单位已分别签署质量合格文件

15. 某建筑公司与安装公司组成联合体承包工程，并约定质量缺陷引起的赔偿责任由双方各自承担 50%。施工中由于安装公司技术问题导致质量缺陷，造成工程 20 万元损失，则下列说法正确的是（　　）。

A. 建设单位可以向建筑公司索赔 20 万元

B. 建设单位只能向安装公司索赔 20 万元

C. 建设单位只能向建筑公司和安装公司分别索赔 10 万元

D. 建设单位不可以向安装公司索赔 20 万元

16. 施工人员对涉及结构安全的试块、试件以及有关材料应当在（　　）的监督下现场取样并送检。

A. 设计单位　　　　　　　　　　　　B. 工程质量监督机构

C. 监理单位　　　　　　　　　　　　D. 施工企业质量管理部门

17. 某商业写字楼工程竣工交付后，其地下车库汽车坡道挡土墙因倾斜而部分坍塌，后经鉴定确认是

由于高厚比的设计不符合要求造成的，则（　　）。

　　A. 应由施工单位承担维修责任

　　B. 应由建设单位负责维修，再向设计单位索赔

　　C. 应由设计单位负责维修

　　D. 应由施工单位负责维修，再通过建设单位向设计单位索赔

18. 根据《建筑法》，下列有关监理的说法正确的是（　　）。

　　A. 建设工程监理企业可以将监理业务部分转让给别的监理企业

　　B. 由于监理工作的失误给建设单位造成的损失由承包商承担

　　C. 建设工程监理企业可以与承包商隶属于一家单位的不同部门

　　D. 监理的权限要视建设单位的委托而定

二、多选题

1. 下列质量问题中，不属于施工单位在保修期内承担保修责任的有（　　）。

　　A. 因使用不当造成的质量问题

　　B. 质量监督机构没有发现的质量问题

　　C. 第三方造成的质量问题

　　D. 监理单位没有发现的质量问题

　　E. 不可抗力造成的质量问题

2. 关于施工单位的质量责任与义务，下列说法中正确的有（　　）。

　　A. 施工单位必须按其资质等级承担工程任务，不得擅自越级承包工程

　　B. 施工单位在施工过程中，根据需要可修改工程设计，不必事先征得建设单位的同意

　　C. 实行分包的，总承包单位应当对分包工程的质量与分包单位承担连带责任

　　D. 如果厂家提供合格证，施工单位对使用的建材可不进行检测

　　E. 施工单位应接受工程质量监督机构的监督检查

3. 根据《建设工程质量管理条例》，工程监理单位与被监理工程的（　　）有隶属关系或者其他利害关系，不得承担该工程的监理业务。

　　A. 建筑材料供应商　　　　　　　　　B. 勘察设计单位

　　C. 施工企业　　　　　　　　　　　　D. 建设单位

　　E. 设备供应商

4. 下列情形中，属于设计单位相关质量责任和义务的有（　　）。

　　A. 按照工程建设强制性标准进行设计

　　B. 组织建设工程质量事故分析，提出技术处理方案

　　C. 向建设单位详细说明施工图设计文件

　　D. 设计文件选用的建筑材料必须符合国家规定的标准

　　E. 设计文件应符合国家规定设计深度，注明工程合理使用年限

第 8 章练习题
扫码进入小程序，完成答题即可获取答案

第**9**章

建设工程合同法律制度

本章提要及学习目标

订立合同的程序、合同的效力、合同的变更转让和终止、合同履行及违约责任、建设工程合同及最新施工合同纠纷司法解释。

培养学生树立重合同、守信用的基本理念。

合同在工程实施过程中是双方的最高行为准则，也是双方纠纷解决的法律依据。2021年1月1日生效的《民法典合同编》是建设工程合同管理最基本的法律。建筑市场中的各方主体，包括建设单位、勘察设计单位、施工单位、咨询单位、监理单位、材料设备供应单位等都要依靠合同确立相互之间的关系，以保证工程项目有序地按计划进行，顺利地实现工程总目标。

建设工程合同可分为建设工程勘察合同、建设工程设计合同、建设工程施工合同等。

为了规范工程合同格式及内容，住房和城乡建设部还先后制定并发布了建设工程勘察合同、建设工程设计合同、建设工程施工合同、建筑装饰工程合同的示范文本，如《建设工程施工合同（示范文本）》（GF—2017—0201），《建设工程勘察合同（示范文本）》（GF—2016—0203）和《建设工程设计合同（示范文本）》（GF—2015—0209、GF—2015—0210），《建设工程监理合同（示范文本）》（GF—2012—0202）。

上述各种合同示范文本对我国建设工程中勘察、设计、施工、监理等合同的签订起了积极的规范和约束作用，是目前签订和管理建设工程合同的依据。在国际工程承包市场，FIDIC（国际咨询工程师联合会的法文缩写）的合同条件是国际通用的建设工程合同示范文本。

本章将主要介绍《民法典合同编》总则及相关建设工程合同的主要内容。

9.1 合同概述

1. 合同的概念

合同是平等主体的自然人、法人、其他组织之间设立、变更、终止民事权利义务关系的协议。

2. 合同的基本原则

（1）平等原则　当事人无论是有什么身份，其在合同关系中相互之间的法律地位是平等的，都是独立的、享有平等主体资格的合法当事人。法律地位平等是自愿原则的前提。

（2）自愿原则　合同当事人依法享有自愿订立合同的权利，不受任何单位和个人的非法干预，包括合同当事人有订立合同或者不订立合同的自由；当事人有权选择合同相对人；合同当事人有权决定合同内容；合同当事人有权决定合同形式的自由。

（3）公平原则　合同当事人应当遵循公平原则确定各方的权利和义务。在合同的订立和履行中，合同当事人应当正当行使合同权利和履行合同义务，兼顾他人利益，使当事人的利益能够均衡。

（4）诚实信用原则　诚实信用，即讲究信用，恪守诺言，诚实不欺。

（5）遵守法律法规和公序良俗原则　建设工程合同的当事人应当遵守法律法规。公序良俗原则要求当事人订立、履行合同时，不但应当遵守法律、行政法规，而且应当尊重社会公德，不得扰乱社会经济秩序，损害社会公共利益。

9.2　合同的订立

按照合同的表现形式，合同可分为书面合同、口头合同及其他形式。法律要求应当采用书面形式的，应当采用书面形式，如建设工程合同。

合同的内容由当事人约定，但一般应当包括主体，标的，数量，质量，价款或酬金，履行期限、地点和方式，违约责任，争议的解决方法。

要约与承诺是当事人订立合同必经的程序，也就是当事人双方就合同的一般条款经过协商一致并签署书面协议的过程。

9.2.1　要约

1. 要约的概念

要约是指当事人一方向另一方提出合同条件，希望另一方订立合同的意思表示。提出要约的一方称为要约人，另一方则称为受要约人。要约是以签订合同为目的的一种意思表示，其内容必须具体明确，并应当包括合同应具备的主要条款，要约具有法律约束力，以对话方式做出的要约，相对人知道其内容时生效。以非对话方式做出的要约，到达相对人时生效。在要约中一般要规定有效期间，受要约人要在此期间内承诺。

在建设工程合同签订过程中，承包人向发包人递交投标文件的投标行为就是一种要约行为，投标文件中应包含建设工程合同具备的主要条款，如工程造价、工程质量、工程工期等内容，作为要约的投标对承包人具有法律约束力，承包人在投标文件生效后无权修改或撤回投标以及一旦中标就必须与发包人签订合同，否则要承担相应的法律责任。

2. 要约邀请

要约邀请是指希望他人向自己发出要约的意思表示。要约邀请并不是合同成立过程中的必经过程，它是当事人订立合同的预备行为，在法律上无须承担责任。这种意思表示的内容往往不确定，不含有合同得以成立的主要内容，也不含有相对人同意后受其约束的表示。

在建设工程合同签订过程中，发包人发布招标公告或投标邀请书或招标文件的行为就是一种要约邀请行为，其目的在于邀请承包人投标。

3. 要约撤回

要约撤回是指要约在发生法律效力之前，欲使其不发生法律效力而取消要约的意思表示。要约人可以撤回要约，撤回要约的通知应当在要约到达受要约人之前或同时到达受要约人。

4. 要约撤销

要约撤销是指要约在发生法律效力之后，要约人欲使其丧失法律效力而取消该项要约的意思表示。要约可以撤销，撤销要约的意思表示以对话方式做出的，该意思表示的内容应当在受要约人做出承诺之前为受要约人所知道；撤销要约的意思表示以非对话方式做出的，应当在受要约人做出承诺之前到达受要约人。

但有下列情形之一的，要约不得撤销：要约人以确定承诺期限或者其他形式明示要约不可撤销；受要约人有理由认为要约是不可撤销的，并已经为履行合同做了合理准备工作。

9.2.2 承诺

1. 承诺的概念

承诺是指受要约人完全同意要约的意思表示。招标人向中标人发出的中标通知书是承诺。

1）承诺必须由受要约人向要约人做出，它是受要约人愿意按照要约的内容与要约人订立合同的允诺。

2）承诺必须是在有效时间内做出。要约在其存续期间内才有效力，一旦受要约人承诺便可成立合同，因此承诺必须在此期间内做出。

3）承诺必须与要约的内容一致。

承诺不能对要约的内容做出实质性（如标的、数量、质量、价款和酬金、履行期限、履行地点和方式、违约责任和争议解决办法等）变更。做出实质性变更的，视为新要约。

承诺应当以通知的方式做出，但根据交易习惯或者要约表明可以通过行为做出承诺的除外。

2. 承诺生效

承诺应当在要约确定的期限内到达要约人。承诺不需要通知的，根据交易习惯或者要约的要求做出承诺的行为时生效。以对话方式做出的承诺，相对人知道其内容时生效。以非对话方式做出的承诺，到达相对人时生效。承诺的通知到达要约人时生效，承诺生效时合同成立。

3. 承诺超期

承诺超期是指受要约人在超过承诺期限而发出的承诺，即迟发的承诺。超过有效的承诺期限，要约已经失效，对于失效的要约发出承诺，不能发生承诺的效力，应视为新要约。

4. 承诺撤回

承诺可以撤回，撤回承诺的通知应当在承诺通知到达要约人之前或者与承诺通知同时到达要约人。

招标人发出中标通知书，是招标人同意接受中标的人的投标条件，即同意接受该投标人的要约的意思表示，属于承诺。

《招标投标法》规定，中标通知书对招标人和中标人具有法律效力。中标通知书发出后，招标人改变中标结果的，或者中标人放弃中标项目的，应当依法承担法律责任。中标人应当自中标通知书发出之日起三十日内，按照投标文件和招标人签订书面合同时，合同成立并生效。

> **【例题 1】**　某施工企业向某玻璃厂发出购买玻璃的要约。要求玻璃厂 5 月 20 日之前确认，玻璃厂于 5 月 25 日答复同意。玻璃厂同意的行为应视为（　　）。
> A. 要约邀请　　　　B. 承诺　　　　C. 承诺意向　　　　D. 新要约
> **【答案】**　D

9.2.3　合同示范文本

合同示范文本是指由一定的机关事先拟订的对当事人订立相关合同起示范作用的合同文本，只对当事人在订立合同时起参考作用。国家鼓励参照相关合同示范文本签订合同。

9.3　合同的效力

《民法典》第四百六十五条规定，依法成立的合同，仅对当事人具有法律约束力，但是法律另有规定的除外。

9.3.1　合同的成立时间

1）依法成立的合同，自成立时生效，但是法律另有规定或者当事人另有约定的除外。也就是说，除了法律另有规定或者当事人另有约定外，合同原则上在成立时就对当事人产生法律约束力，任何一方都不得擅自变更或者解除，双方当事人应当根据合同约定，行使合同权利，履行合同义务。

2）当事人采用合同书形式订立合同的，自当事人均签名、盖章或者按指印时合同成立。在签名、盖章或者按指印之前，当事人一方已经履行主要义务对方接受时，该合同成立。

3）当事人一方通过互联网等信息网络发布的商品或者服务信息符合要约条件的，对方选择该商品或者服务并提交订单成功时合同成立，但是当事人另有约定的除外。

9.3.2　合同生效的条件

1）当事人具有相应的民事行为能力。①完全民事行为能力人：年满 18 周岁的自然人；16 周岁以上不满 18 周岁的未成年人以自己的劳动收入为主要生活来源的。②限制民事行为能力人：8 周岁以上（含 8 周岁）不满 18 周岁的未成年人和不能完全辨认自己行为的精神病人。③无民事行为能力人：不满 8 周岁的未成年人和不能辨认自己行为的精神病人。

2）意思表示真实。要求行为人的内心意愿自由产生，同时与其表达出来的意思相一致。

3）不违反法律法规的强制性规定，不违背公序良俗。合同内容不得与法律强制性或禁止性规范相抵触。合同行为遵守国家法律、国家政策、不得违反社会公共利益和公序良俗。

> **【例题 2】**　甲公司向乙公司购买了一批钢材，双方约定采用合同书的方式订立合同。由于施工进度紧张，在甲公司的催促之下，双方在未签字盖章之前，乙公司将钢材送到了甲公司，甲公司接受并投入工程使用。甲、乙公司之间的买卖合同（　　）。
>
> A. 无效　　　　　　　B. 成立　　　　　　C. 可变更　　　　　　D. 可撤销
>
> **【答案】**　B

9.3.3　无效合同

无效合同是指合同内容或者形式违反了法律、行政法规的强制性规定和社会公共利益，因而不能产生法律约束力，不受法律保护的合同。无效合同自订立之时就不具有法律效力。

合同无效的确认权属于人民法院或仲裁机构。合同无效并不影响合同中独立存在的、有关解决争议条款的效力。

《民法典》规定的无效合同有以下几种：

1）无民事行为能力人订立的合同无效。

2）双方以虚假意思表示订立的合同无效。

3）违反法律、行政法规效力性强制性规定的合同无效。

4）违背公序良俗的合同无效。

5）恶意串通损害他人利益的合同无效。

无效免责条款：①造成对方人身伤害的；②因故意或者重大过失造成对方财产损失的。因上述两种情形导致合同条款无效时，不影响整个合同的效力，原合同仍然有效。

> **【例题 3】**　下列关于无效合同的说法，正确的有（　　）。
>
> A. 无效合同不具有违法性
>
> B. 无效合同具有违法性
>
> C. 无效合同部分无效会影响其他部分的效力
>
> D. 无效合同自订立之时就不具有法律效力
>
> E. 无效合同自确认无效时起无效
>
> **【答案】**　BD

9.3.4　可撤销的合同

可撤销的合同是指因当事人在订立合同的过程中意思表示不真实，经有撤销权人的请求，使已经生效的意思表示归于无效的合同。

可撤销的合同与无效合同不同，在有撤销权的一方行使撤销权之前，合同对双方当事人都是有效的。已被撤销的可撤销的合同与无效合同一样，自始就没有法律约束力。

根据《民法典》规定，有下列情形之一的，受损害方有权提请撤销：

1）基于重大误解实施的民事法律行为，行为人有权请求人民法院或者仲裁机构予以撤销。重大误解是指由于行为人自己的大意、缺乏经验或者信息不通而造成的。

2）在订立合同时显失公平的合同。一方利用对方处于危困状态、缺乏判断能力等情形，致使民事法律行为成立时显失公平的，受损害方有权请求人民法院或者仲裁机构予以撤销。

3）以欺诈手段订立的合同。一方以欺诈手段，使对方在违背真实意思的情况下实施的民事法律行为，受欺诈方有权请求人民法院或者仲裁机构予以撤销。第三人实施欺诈行为，使一方在违背真实意思的情况下实施的民事法律行为，对方知道或者应当知道该欺诈行为的，受欺诈方有权请求人民法院或者仲裁机构予以撤销。

4）以胁迫的手段订立的合同。一方或者第三人以胁迫手段，使对方在违背真实意思的情况下实施的民事法律行为，受胁迫方有权请求人民法院或者仲裁机构予以撤销。

合同撤销权的行使期限：

《民法典》规定，有下列情形之一的，撤销权消灭：

1）当事人自知道或者应当知道撤销事由之日起1年内、重大误解的当事人自知道或者应当知道撤销事由之日起90日内没有行使撤销权。

2）当事人受胁迫，自胁迫行为终止之日起1年内没有行使撤销权。

3）当事人知道撤销事由后明确表示或者以自己的行为表明放弃撤销权。当事人自民事法律行为发生之日起5年内没有行使撤销权的，撤销权消灭。

9.3.5　合同无效或合同被撤销的法律后果

《民法典》规定，无效的或者被撤销的民事法律行为自始没有法律约束力。民事法律行为部分无效，不影响其他部分效力的，其他部分仍然有效。

合同不生效、无效、被撤销或者终止的，不影响合同中有关解决争议方法的条款的效力。

民事法律行为无效、被撤销或者确定不发生效力后，行为人因该行为取得的财产，应当予以返还，不能返还或者没有必要返还的，应当折价补偿。有过错的一方应当赔偿对方由此所受到的损失；双方都有过错的，应当各自承担相应的责任。

【例题 4】 甲公司以国产设备为样品，谎称进口设备，与乙施工企业订立设备买卖合同，后乙施工企业知悉实情。下列关于该合同争议处理的说法，正确的有（   ）。

A. 买卖合同被撤销后，有关争议解决条款也随之无效

B. 乙施工企业有权自主决定是否行使撤销权

C. 乙施工企业有权自合同订立之日起 1 年内主张撤销该合同

D. 该买卖合同被法院撤销，则该合同自始没有法律约束力

E. 乙施工企业有权自知道设备为国产之日起 1 年内主张撤销该合同

【答案】 BDE

【解析】 选项 A 错误，合同无效、被撤销或者终止的，不影响合同中独立存在的有关解决争议方法的条款的效力。

【例题 5】 甲、乙两企业于 2023 年 8 月 12 日签订了货物买卖合同，甲企业在 8 月 25 日向人民法院请求撤销该合同，原因是甲企业在 8 月 20 日发现自己对合同的标的有重大误解，8 月 30 日人民法院依法撤销了该合同。关于该合同的效力，下列说法正确的是（   ）。

A. 该合同在 8 月 30 日被撤销前为无效合同

B. 该合同在 8 月 30 日被撤销，自 8 月 30 日起无效

C. 该合同在 8 月 30 日被撤销，自 8 月 12 日起无效

D. 该合同在 8 月 30 日被撤销，自 8 月 20 日起无效

【答案】 C

【解析】 可撤销合同的撤销权人可以撤销，该合同在 8 月 30 日被撤销前为有效合同，所以选项 A 错误；如果当事人不行使撤销权，该合同属于有效合同，只有申请撤销且被撤销的合同，才没有法律效力。该行为一经撤销，其效力自签订合同时无效。

9.3.6 效力待定的合同

合同虽然已经成立，但因其不完全符合有关生效要件的规定，因此其效力能否发生，尚未确定，一般需要经有权人表示承认才能生效。

1. 限制行为能力人订立的合同

《民法典》规定，限制民事行为能力人实施的纯获利益的民事法律行为或者与其年龄、智力、精神健康状况相适应的民事法律行为有效；实施的其他民事法律行为经法定代理人同意或者追认后有效。

相对人可以催告法定代理人自收到通知之日起 30 日内予以追认。法定代理人未做表示的，视为拒绝追认。民事法律行为被追认前，善意相对人有撤销的权利。撤销应当以通知的方式做出。

2. 无权代理人订立的合同

行为人没有代理权、超越代理权或者代理权终止后，仍然实施代理行为，未经被代理人

追认的，对被代理人不发生效力。

相对人可以催告被代理人自收到通知之日起 30 日内予以追认。被代理人未做表示的，视为拒绝追认。行为人实施的行为被追认前，善意相对人有撤销的权利。撤销应当以通知的方式做出。

行为人实施的行为未被追认的，善意相对人有权请求行为人履行债务或者就其受到的损害请求行为人赔偿。但是，赔偿的范围不得超过被代理人追认时相对人所能获得的利益。

相对人知道或者应当知道行为人无权代理的，相对人和行为人按照各自的过错承担责任。无权代理人以被代理人的名义订立合同，被代理人已经开始履行合同义务或者接受相对人履行的，视为对合同的追认。

9.4　合同履行、变更、转让和终止

9.4.1　合同履行

合同履行是指合同各方当事人按照合同的约定，全面履行各自的义务，实现各自的权利，使各方的目的得以实现的行为。合同依法成立，合同当事人就应当按照合同的约定，全面履行自己的义务。

合同一经签订，即具有法律约束力，合同当事人必须坚决履行合同约定的内容。《民法典合同编》规定，当事人应当按照约定全面履行自己的义务。当事人应当遵循诚信原则，根据合同的性质、目的和交易习惯履行通知、协助、保密等义务。当事人在履行合同过程中，应当避免浪费资源、污染环境和破坏生态。

1. 合同没有约定或者约定不明的补救措施

《民法典合同编》规定，合同生效后，当事人就质量、价款或者报酬、履行地点等内容没有约定或者约定不明确的，可以协议补充；不能达成补充协议的，按照合同相关条款或者交易习惯确定。

当事人就有关合同内容约定不明确，依据上述规定仍不能确定的，适用下列规定：

1）质量要求不明确的，按照强制性国家标准履行；没有强制性国家标准的，按照推荐性国家标准履行；没有推荐性国家标准的，按照行业标准履行；没有国家标准、行业标准的，按照通常标准或者符合合同目的的特定标准履行。

2）价款或者报酬不明确的，按照订立合同时履行地的市场价格履行；依法应当执行政府定价或者政府指导价的，依照规定履行。

3）履行地点不明确，给付货币的，在接受货币一方所在地履行；交付不动产的，在不动产所在地履行；其他标的，在履行义务一方所在地履行。

4）履行期限不明确的，债务人可以随时履行，债权人也可以随时请求履行，但是应当给对方必要的准备时间。

5）履行方式不明确的，按照有利于实现合同目的的方式履行。

6）履行费用的负担不明确的，由履行义务一方负担；因债权人原因增加的履行费用，由债权人负担。

2. 电子合同标的交付时间

《民法典合同编》规定，通过互联网等信息网络订立的电子合同的标的为交付商品并采用快递物流方式交付的，收货人的签收时间为交付时间。电子合同的标的为提供服务的，生成的电子凭证或者实物凭证中载明的时间为提供服务时间；前述凭证没有载明时间或者载明时间与实际提供服务时间不一致的，以实际提供服务的时间为准。

电子合同的标的物为采用在线传输方式交付的，合同标的物进入对方当事人指定的特定系统且能够检索识别的时间为交付时间。

电子合同当事人对交付商品或者提供服务的方式、时间另有约定的，按照其约定。

3. 合同履行中的抗辩权

抗辩权是指当事人一方依法对抗对方要求和权利主张的权利。合同履行中的抗辩权是指在双务合同中，在满足一定法定条件时，合同当事人一方可以对抗对方当事人的履行要求，暂时拒绝履行合同约定的义务的权利。

（1）同时履行抗辩权　同时履行抗辩权又称不履行抗辩权，是指在合同中没有约定双方履行的先后顺序，而是在一定的期限内，双方当事人不分先后地履行各自的义务的行为。

《民法典合同编》规定，当事人互负债务，没有先后履行顺序的应当同时履行。一方在对方未履行之前有权拒绝其履行要求。一方在对方履行债务不符合约定时，有权拒绝其相应的履行要求。

（2）异时履行抗辩权　异时履行是指合同已明确双方履行合同的先后顺序，此时，无论是先履行的一方，还是后履行的一方，都可以依法享有抗辩权。

1）后履行抗辩权。先履行的一方应当先履行自己的义务，当其未履行或者履行不符合合同的约定时，后履行的一方可以行使抗辩权，即有权拒绝先履行一方的履行请求。

2）不安抗辩权。不安抗辩权是指按照合同规定，本应先履行义务的一方，在有确切证据证明对方的财产明显减少或难以对待给付时，有权拒绝履行的权利，即中止履行。

不安抗辩权是指有以下四种情形可以中止履行合同：①对方经营状况严重恶化；②对方有转移财产、抽逃资金以逃避债务的情形；③对方丧失商业信誉；④对方有丧失或可能丧失履行债务的能力的其他情形。

当事人依据规定中止履行的，应当及时通知对方。对方提供适当担保的，应当恢复履行。中止履行后，对方在合理期限内未恢复履行能力且未提供适当担保的，视为以自己的行为表明不履行主要债务，中止履行的一方可以解除合同并可以请求对方承担违约责任。

9.4.2　合同的变更、转让和终止

1. 合同的变更

合同的变更是指当事人对已经发生法律效力，但尚未履行或者尚未完全履行的合同，进行修改或补充所达成的协议。当事人协商一致可以变更合同。合同变更仅指合同内容和客体的变更，不包括合同主体的变更。合同主体的变更称为合同转让。合同变更是合同关系的局部变化，如标的数量的增减、价款的变化、履行时间、地点、方式的变化。

例如，在某建筑工程承包合同中，建设单位与承包商在原合同中约定的工程项目是一个7层办公楼，后因规划要求，该楼调整为6层。这是合同标的的改变，属于合同变更。

合同变更必须针对有效合同，协商一致是合同变更的必要条件，任何一方都不能擅自变更合同。当事人对合同内容变更取得一致意见时方为有效。当事人在变更合同时，以书面形式为宜。在施工合同中，涉及变更指令，一般都是书面的。

2. 合同的转让

合同的转让是指合同一方将合同的权利、义务全部或部分转让给第三人的法律行为。合同的转让包括合同权利（债权）转让和合同义务（债务）转让及合同权利和义务一并转让，这相当于"主体变更"。

（1）合同权利（债权）转让　合同权利（债权）转让是指合同债权人通过协议其债权全部或部分转让给第三人的行为。债权人可以将合同的权利全部或者部分转让给第三人。

但是有下列情形之一的除外：①根据债权性质不得转让；②按照当事人约定不得转让；③依照法律规定不得转让。

合同权利（债权）转让应当通知债务人。债权的转让无须得到债务人的同意。未通知债务人的，该转让对债务人不发生效力。在权利转让的情况下，债务人可以向新债权人行使抗辩权。受让人不得以任何理由拒绝债务人抗辩权的行使。

（2）合同义务（债务）转让　合同义务（债务）转让是指债务人将合同的义务全部或者部分转移给第三人。债务人将合同的义务全部或部分转移给第三人的，应当经债权人的同意，否则，这种转移不发生法律效力。

承受人在受移转的债务范围内承担债务，成为新债务人，原债务人不再承担已移转的债务。债务人转移债务的，新债务人可以主张原债务人对债权人的抗辩，原债务人对债权人享有债权的，新债务人不得向债权人主张抵销。债务人转移义务的，新债务人应当承担与主债务有关的从债务，但该从债务专属于原债务人自身的除外。

（3）合同权利和义务一并转让　当事人一方经对方同意，可以将自己在合同中的权利和义务一并转让给第三人，由第三人全部承受这些权利和义务。权利和义务一并转让，导致原合同关系的消灭，第三人取代了转让方的地位，形成新的合同关系。合同权利和义务一并转让的，适用债权转让、债务转移的有关规定。

3. 合同的终止

合同的终止是指合同当事人双方依法使相互的权利义务关系终止。合同终止是合同关系的消灭。权利义务的终止不影响合同中结算和清理条款的效力。

（1）合同终止的情形　《民法典合同编》规定，有下列情形之一的，债权债务终止：

1）债务已经履行。

2）债务相互抵销。

3）债务人依法将标的物提存。

4）债权人免除债务。

5）债权债务同归于一人。

6）法律规定或者当事人约定终止的其他情形。

合同解除的，该合同的权利、义务关系终止。

（2）合同解除　合同解除是指对已经发生法律效力，但尚未履行或者尚未完全履行的合同，因当事人一方的意思表示或者双方的协议而使债权债务关系提前归于消灭的行为。合同解除适用于合法有效的合同，而无效合同、可撤销合同不发生合同解除。合同解除可分为约定解除和法定解除两类。

1）合同约定解除。当事人协商一致，可以解除合同。

当事人可以约定一方解除合同的事由。解除合同的事由发生时，解除权人可以解除合同。

2）法定解除。《民法典合同编》规定，有下列情形之一的，当事人可以解除合同：

① 因不可抗力致使不能实现合同目的。不可抗力是指合同订立时不能预见、不能避免并不能克服的客观情况。不可抗力大致包括自然灾害，如台风、地震、洪水、冰雹；政府行为，如征收、征用；社会异常事件，如罢工、骚乱等方面。

② 在履行期限届满前，当事人一方明确表示或者以自己的行为表明不履行主要债务。一般情况下，只有在合同规定的履行期限届满之后，才会存在违约的问题。如果在合同规定的履行期限届满之前，债务人明确表示拒绝履行主要债务或者债权人有确凿证据表明债务人将不履行主要债务，债权人的合同期待利益（期待债权）就此丧失，该合同也相应失去了存在的意义。解除合同使当事人可以从无益的合同约束中早日解脱出来，以减少损失。

③ 当事人一方延迟履行主要债务，经催告后在合理期限内仍未履行。根据合同的性质和当事人的意思表示，履行期限在合同的内容中非特别重要时，即使债务人在履行期届满后履行，也不致使合同目的落空。在此情况下，原则上不允许当事人立即解除合同，而应由债权人向债务人发出履行催告，给予一定的履行宽限期。债务人在该履行宽限期届满时仍未履行的，债权人有权解除合同。

④ 当事人一方延迟履行债务或者有其他违约行为致使不能实现合同目的。通常情况下，合同当事人一方迟延履行债务并不必然导致合同目的不能实现，应根据时间对实现合同目的的重要性来判断合同当事人一方迟延履行债务是否会导致合同目的不能实现。有些合同的履行期限（时间）对于实现合同目的至关重要，一旦当事人一方迟延履行债务，其结果将导致无法实现合同目的的，严重损害合同当事人另一方的合同利益，此种情况下，合同当事人另一方便享有合同解除权，这种解除权无须催告。

⑤ 法律规定的其他情形。以持续履行的债务为内容的不定期合同，当事人可以随时解除合同，但是应当在合理期限之前通知对方。

3）解除权行使期限。法律规定或者当事人约定解除权行使期限，期限届满当事人不行使的，该权利消灭。

法律没有规定或者当事人没有约定解除权行使期限，自解除权人知道或者应当知道解除事由之日起一年内不行使，或者经对方催告后在合理期限内不行使的，该权利消灭。

4）合同解除程序。当事人一方依法主张解除合同的，应当通知对方。合同自通知到达对方时解除；通知载明债务人在一定期限内不履行债务则合同自动解除，债务人在该期限内未履行债务的，合同自通知载明的期限届满时解除。对方对解除合同有异议的，任何一方当事人均可以请求人民法院或者仲裁机构确认解除行为的效力。

当事人一方未通知对方，直接以提起诉讼或者申请仲裁的方式依法主张解除合同，人民法院或者仲裁机构确认该主张的，合同自起诉状副本或者仲裁申请书副本送达对方时解除。

5）合同解除的效力。合同解除后，尚未履行的，终止履行；已经履行的，根据履行情况和合同性质，当事人可以请求恢复原状或者采取其他补救措施，并有权请求赔偿损失。

合同因违约解除的，解除权人可以请求违约方承担违约责任，但是当事人另有约定的除外。

合同的权利义务关系终止，不影响合同中结算和清理条款的效力。

【例题 6】　下列有关解除合同的表述，正确的有（　　）。

A. 当事人必须全部履行各自义务后才能解除合同

B. 当事人协商一致可以解除合同

C. 因不可抗力致使不能实现合同目的

D. 一方当事人对解除合同有异议，可以按照约定的解决争议的方式处理

E. 合同解除后，当事人均不再要求对方承担任何责任

【答案】　BCD

【例题 7】　下列关于合同解除的说法，正确的有（　　）。

A. 以持续履行的债务为内容的不定期合同，当事人可以随时解除合同，但是应当在合理期限之前通知对方

B. 当事人一方迟延履行主要债务，对方可以解除合同

C. 对方对解除合同有异议的，主张解除的当事人无权请求人民法院或者仲裁机构确认解除行为的效力

D. 当事人一方依法主张解除合同，应通知对方的，合同自通知到达对方时解除

E. 当事人方未通知对方，直接以提起诉讼方式主张解除合同并被人民法院确认的，合同自起诉状副本送达对方时解除

【答案】　ADE

【解析】　选项 B 错误，当事人一方延迟履行主要债务，经催告后在合理期限内仍未履行；当事人可以解除合同。

选项 A 正确，以持续履行的债务为内容的不定期合同，当事人可以随时解除合同，但是应当在合理期限之前通知对方。

选项 C 错误，选项 D 正确，选项 E 正确。《民法典》规定，当事人一方依法主张解除合同的，应当通知对方。合同自通知到达对方时解除。对方对解除合同有异议的，任何一方当事人均可以请求人民法院或者仲裁机构确认解除行为的效力。当事人一方未通知对方，直接以提起诉讼或者申请仲裁的方式依法主张解除合同，人民法院或者仲裁机构确认该主张的，合同自起诉状副本或者仲裁申请书副本送达对方时解除。

9.5　违约责任

违约责任是指当事人任何一方不履行或者履行合同不符合约定的，从而应承担的法律责任。违约行为的表现形式包括不履行或者不适当履行。当事人一方不履行或者履行合同不符合约定的，应当承担继续履行、采取补救措施或者赔偿损失等违约责任；当事人双方都违反合同的，应当各自承担相应的责任。

承担违约责任是以补偿性为原则的。补偿性是指违约责任旨在弥补或者补偿因违约行为造成的损失。赔偿损失额应相当于因违约行为造成的损失，包括合同履行后可获得的利益。

1. 违约责任构成条件

只要当事人有违约行为（不履行合同或者履行合同不符合约定），就要承担违约责任。违反合同从而承担违约责任，是以合同有效为前提的，必须是违反了有效合同或者合同条款的有效部分。无效合同不受法律保护，合同中约定的权利、义务无效，无效合同不存在追究违约责任的问题。

2. 违约责任承担方式

《民法典合同编》规定，当事人一方不履行合同义务或者履行合同义务不符合约定的，应当承担继续履行、采取补救措施或者赔偿损失等违约责任。

（1）继续履行　继续履行也称强制实际履行，是指对方当事人要求违约方继续履行合同规定的义务。继续履行旨在保护债权人实现其预期目标，它要求违约方按合同标的履行，不得以违约金、赔偿损失代替履行。一方违约，非违约方可以请求继续履行。继续履行可以与违约金、定金、赔偿损失并用，但不能与解除合同的方式并用。

（2）赔偿损失　赔偿损失也称违约损害赔偿，是指违约方因不履行合同或者不完全履行合同，从而给对方造成的损失，应当依法承担赔偿责任。违约损害赔偿是违约救济中最广泛、最主要的方式。其基本目的是用金钱赔偿的方式弥补一方因违约给对方造成的损害。

赔偿损失应遵循以下原则：

1）完全赔偿原则。完全赔偿原则是指因违约方的违约使受害人遭受的全部损失都应当由违约方负赔偿责任。当事人一方不履行合同义务或履行义务不符合约定，给对方造成损失的，损失赔偿额应相当于因违约所造成的损失，包括合同履行后可获得的利益。

2）合理预见原则。损害赔偿不得超过违反合同一方订立合同时预见到或应当预见到的，因违反合同可能造成的损失。

3）减轻损失原则。在一方违约并造成损失后，另一方应及时采取合理的措施以防止损失的扩大，否则应对扩大部分的损失负责。

（3）支付违约金　违约金是指当事人一方违反合同时应当向对方支付的一定数量的金钱或财物。

《民法典》规定，当事人可以约定一方违约时应当根据违约情况向对方支付一定数额的违约金。违约金是对损害赔偿的预先约定，既可能高于实际损失，也可能低于实际损失。畸高和畸低均会导致不公平结果。《民法典》还规定，约定的违约金低于造成的损失的，当事人可以请求人民法院或者仲裁机构予以增加；约定的违约金过分高于造成的损失的，当事人可以请求人民法院或者仲裁机构予以适当减少。

当事人既约定违约金又约定定金的，一方违约时，对方可以选择适用违约金或者定金条款。这两种违约责任不能合并使用。定金不足以弥补一方违约造成的损失的，对方可以请求赔偿超过定金数额的损失。

（4）采取补救措施　采取补救措施是指矫正合同不适当履行（质量不合格），使履行缺陷得以消除的具体措施。采取补救措施的具体方式为：修理、更换、重作、退货、减少价款或者报酬等。

3. 违约责任的免除

违约责任免除事由可分为两类：一类是法律规定的免责条件；另一类是当事人在合同中约定的条件，一般称为免责条款。

不可抗力发生后，应免除债务人的责任。根据不可抗力的影响范围，当债务人不能履行合同义务时，既可全部免除其责任，也可部分免除其责任。

发生不可抗力虽可以免除责任，但发生不可抗力的一方当事人在不能履行合同义务时，应当及时通知对方当事人，以使对方当事人能及时采取措施避免损失的扩大，减轻可能给对方造成的损失。若不及时通知对方，使损失扩大的，就扩大的损失仍应承担责任。发生不可抗力一方当事人除应及时行使通知义务外，还应当在合理期限内提供有关机构出具的证明不可抗力发生的文件。当事人迟延履行后发生不可抗力的，不免除其违约责任。

【例题 8】　甲公司与乙公司订立了一份建材买卖合同，乙公司按约定向甲公司支付了定金 4 万元，合同约定如任何一方不履行合同，应向对方支付违约金 6 万元。交货日期届满，甲公司无法交付合同约定的建材。乙公司诉至法院，提出的下列诉讼请求中，既能最大限度地保护自己的利益，又能获得支持的是（　　）。

A. 请求甲公司双倍返还定金 8 万元

B. 请求甲公司支付违约金 6 万元，同时请求甲公司返还支付的定金 4 万元

C. 请求甲公司双倍返还定金 8 万元，同时请求甲公司支付违约金 6 万元

D. 请求甲公司支付违约金 6 万元

【答案】　B

【解析】　履约方可以要求违约方支付双倍定金或者返款定金并支付违约金，以上两个原则只可二选一。如果适用定金罚则，乙公司可以得到 4 万元×2 = 8 万元（其中 4 万元是乙先向甲支付的）；如果适用违约金罚则，乙公司可以得到 6 万元。从表面上看，适用定金罚则得到的金额高于适用违约金罚则，但定金罚则中的 4 万元是乙先行支付的，所以若从最大限度保护乙公司的利益出发，应选择选项 B。

9.6　建设工程合同

9.6.1　建设工程合同的概念和种类

建设工程合同是承包人进行工程建设，发包人支付价款的合同。建设工程合同包括工程勘察、设计、施工合同。

《民法典》第七百九十一条规定，发包人可以与总承包人订立建设工程合同，也可以分别与勘察人、设计人、施工人订立勘察、设计、施工承包合同。发包人不得将应当由一个承包人完成的建设工程肢解成若干部分发包给数个承包人。对一个建设项目的承包，可能是一个总承包人负责工程勘察、设计、施工任务，也可能是几个承包人分别负责工程勘察、设计、施工任务，即勘察、设计、施工单位可与建设单位分别签订合同。该条还规定，总承包人或者勘察、设计、施工承包人经发包人同意，可以将自己承包的部分工作交由第三人完成。第三人就其完成的工作成果与总承包人或者勘察、设计、施工承包人向发包人承担连带责任。

《民法典合同编》规定，勘察、设计合同的内容一般包括提交有关基础资料和概预算等文件的期限、质量要求、费用以及其他协作条件等条款。

施工合同的内容一般包括工程范围、建设工期、中间交工工程的开工和竣工时间、工程质量、工程造价、技术资料交付时间、材料和设备供应责任、拨款和结算、竣工验收、质量保修范围和质量保证期、相互协作等条款。

按承包方式，施工合同又可分为工程总承包合同、工程施工合同。

（1）工程总承包合同　工程总承包合同是指承包人与建设单位签订的，由承包人承担工程建设全过程直至工程竣工验收，对工业建设项目还包括试运转、试生产，最终向建设单位移交使用的承包合同。工程总承包企业对工程项目的勘察、设计、采购、施工、试运行等实行全过程或若干阶段的承包。

（2）工程施工合同　工程施工合同是指发包人（建设单位）和承包人（施工单位）为完成商定的建筑安装工程施工任务，明确相互之间权利、义务关系的书面协议。

工程施工合同包括施工总承包合同与施工分包合同。

施工分包合同可分为专业工程分包合同与劳务作业分包合同。

专业工程分包合同是施工总承包企业将其所承包工程中的专业工程发包给具有相应资质的其他建筑企业完成的合同，如单位工程中的地基、装饰、幕墙工程。

劳务作业分包合同是施工总承包企业或者专业承包企业将其承包工程中的劳务作业发包给劳务分包企业完成的合同。劳务作业分包不用经过建设单位同意。

9.6.2　建设工程合同双方的权利义务

1. 承包人的权利义务

（1）亲自完成工作任务的义务　按照《民法典》第七百九十一条规定，承包人原则上应当自己完成承包工程。未经发包人同意，不得将工程的部分分包给第三人，更不允许将整个工程转包给第三人，或者将其承包的全部建设工程肢解以后以分包的名义分别转包给第三人。即使经发包人同意，承包人可以将自己承包的部分工作交由第三人完成，承包人也要与第三人就其完成的工作成果或者勘察、设计、施工向发包人承担连带责任。

（2）隐蔽工程隐蔽前的通知义务 隐蔽工程在隐蔽以前，承包人应当通知发包人检查，如果不先对这些地下工程进行提前验收，一旦地下工程发生争议，则纠纷解决成本将会很高。因此，隐蔽工程隐蔽前需要进行验收。为了让发包人能够及时验收，在隐蔽工程完成隐蔽前，承包人应当通知发包人。

（3）承包人（包括勘察人、设计人、施工人）的赔偿责任 勘察、设计的质量不符合要求或者未按照期限提交勘察、设计文件拖延工期，造成发包人损失的，勘察人、设计人应当继续完善勘察费、设计，减收或者免收勘察费、设计费并赔偿损失。

因施工人的原因致使建设工程质量不符合约定的，发包人有权要求施工人在合理期限内无偿修理或者返工、改建。经过修理或者返工、改建后，造成逾期交付的，施工人应当承担违约责任。因承包人的原因致使建设工程在合理使用期限内造成人身和财产损害的，承包人应当承担损害赔偿责任。

（4）工程价款优先受偿权 为保护建设工程承包人的价款确实得到支付，《民法典》第八百零七条规定，发包人未按照约定支付价款的，承包人可以催告发包人在合理期限内支付价款。发包人逾期不支付的，除根据建设工程的性质不宜折价、拍卖外，承包人可以与发包人协议将该工程折价，也可以请求人民法院将该工程依法拍卖。建设工程的价款就该工程折价或者拍卖的价款优先受偿。

（5）承包人不得将工程转包或者违法分包 承包人将建设工程转包、违法分包的，发包人可以解除合同。

2. 发包人的权利义务

（1）检查的权利 为了保障建设工程的质量，《民法典合同编》规定，发包人在不妨碍承包人正常作业的情况下，可以随时对作业进度、质量进行检查。

（2）及时验收义务 《民法典合同编》规定，隐蔽工程在隐蔽以前，承包人应当通知发包人检查。发包人没有及时检查的，承包人可以顺延工程日期，并有权请求赔偿停工、窝工等损失。建设工程竣工经验收合格后，方可交付使用；未经验收或者验收不合格的，不得交付使用。因此，建设工程竣工后，发包人应当根据施工图及说明书、国家颁发的施工验收规范和质量检验标准及时进行验收。验收合格的，发包人应当按照约定支付价款，并接收该建设工程。

（3）赔偿义务 因发包人的原因致使工程中途停建、缓建的，发包人应当采取措施弥补或者减少损失，赔偿承包人因此造成的停工、窝工、倒运、机械设备调迁、材料和构件积压等损失和实际费用。因发包人变更计划，提供的资料不准确，或者未按照期限提供必需的勘察、设计工作条件而造成勘察、设计的返工、停工或者修改设计，发包人应当按照勘察人、设计人实际消耗的工作量增付费用。

（4）支付价款的义务 支付建设工程价款是发包人的基本义务，如果发包人未及时按照合同约定支付工程价款，承包人可以催告其在合理期限内支付。经催告后，发包人仍然逾期不支付的，除根据建设工程的性质不宜折价、拍卖外，承包人可以与发包人协议将该工程折价，也可以请求人民法院将该工程依法拍卖。建设工程的价款就该工程折价或者拍卖的价款优先受偿。

（5）按照约定或者需要提供合格建材的义务　发包人提供的主要建筑材料、建筑构配件和设备不符合强制性标准或者不履行协助义务，致使承包人无法施工，且在催告的合理期限内仍未履行相应义务的，承包人可以解除合同。

合同解除后，已经完成的建设工程质量合格的，发包人应当按照约定支付相应的工程价款；已经完成的建设工程质量不合格的，参照《民法典》第七百九十三条的规定处理。

> **【例题 9】**　下列义务中，属于建设工程施工合同中承包人义务的是（　　）。
> A. 及时检查隐蔽工程
> B. 不得转包和违法分包工程
> C. 及时验收工程
> D. 及时提供合格的原材料设备
> **【答案】**　B
> **【解析】**　承包人的主要义务：不得转包和违法分包工程，自行完成建设工程主体结构施工，接受发包人的有关检查，交付竣工验收合格的建设工程，（因施工人的原因）建设工程质量不符合约定的无偿修理。选项 ACD 属于发包人的义务。

9.7　建设工程合同纠纷案件司法解释及运用

《最高人民法院关于审理建设工程施工合同纠纷案件适用法律问题的解释（一）》（法释〔2020〕25 号）（简称《新施工合同司法解释一》对施工合同纠纷做了具体规定，自 2021年 1 月 1 日起施行。

9.7.1　无效的施工合同

1. 无效施工合同的种类

1）承包人未取得建筑业企业资质或者超越资质等级的。

2）没有资质的实际施工人借用有资质的建筑施工企业名义的。

3）建设工程必须进行招标而未招标或者中标无效的。

4）承包人因转包、违法分包建设工程与他人签订的建设工程施工合同。

2. 施工合同被认定无效后的处理原则

《民法典》第七百九十三条规定，建设工程施工合同无效，但是建设工程经验收合格的，可以参照合同关于工程价款的约定折价补偿承包人。

建设工程施工合同无效，且建设工程经验收不合格的，按照以下情形处理：

1）修复后的建设工程经验收合格的，发包人可以请求承包人承担修复费用。

2）修复后的建设工程经验收不合格的，承包人无权请求参照合同关于工程价款的约定折价补偿。发包人对因建设工程不合格造成的损失有过错的，应当承担相应的责任。

建设工程质量验收不合格的，但经承包人或第三人修复合格后，发包人应当参照无效合同中约定的支付工程款的标准来支付工程款。若修复是由承包人完成的，则修复费用由承包人自己承担。

3. 不属于无效施工合同的情形

1）竣工前取得相应资质的。承包人超越资质等级许可的业务范围签订建设工程施工合同，在建设工程竣工前取得相应资质等级，当事人请求按照无效合同处理的，人民法院不予支持。

2）承揽全部劳务作业的劳务分包合同。具有劳务作业法定资质的承包人与总承包人、分包人签订的劳务分包合同，当事人请求确认无效的，人民法院依法不予支持。

3）当事人以发包人未取得建设工程规划许可证等规划审批手续为由，请求确认建设工程施工合同无效的，人民法院应予支持，但发包人在起诉前取得建设工程规划许可证等规划审批手续的除外。发包人能够办理审批手续而未办理，并以未办理审批手续为由请求确认建设工程施工合同无效的，人民法院不予支持。

9.7.2　建设工程质量纠纷

1）因承包人的原因造成建设工程质量不符合约定，承包人拒绝修理、返工或者改建，发包人请求减少支付工程价款的，人民法院应予支持。

2）发包人具有下列情形之一，造成建设工程质量缺陷，应当承担过错责任：

① 提供的设计有缺陷。

② 提供或者指定购买的建筑材料、建筑构配件、设备不符合强制性标准。

③ 直接指定分包人分包专业工程。

承包人有过错的，也应当承担相应的过错责任。这里所说承包人的过错如下：

① 承包人知道或应当知道工程设计缺陷，没有提出，继续施工的。

② 承包人对发包人提供或指定购买的建筑材料、建筑构配件和设备，未进行检验或经检验不合格仍然使用的。

③ 对发包人提出的违反法律、法规和建筑工程质量安全标准规定，降低工程质量的要求不予拒绝的。

④ 因勘察、设计造成的工程质量缺陷，属于承包人的免责范围，应当由发包人先对承包人承担责任，再由发包人依据约定向勘察、设计方主张权利。

对于工程质量缺陷原因不明的，要通过鉴定，查明原因，分清责任主体。

3）建设工程未经竣工验收，发包人擅自使用后，又以使用部分质量不符合约定为由主张权利的，人民法院不予支持，但是承包人应当在建设工程的合理使用寿命内对地基基础工程和主体结构质量承担民事责任。

4）因建设工程质量发生争议的，发包人可以以总承包人、分包人和实际施工人为共同被告提起诉讼。

5）因保修人未及时履行保修义务，导致建筑物毁损或者造成人身损害、财产损失的，保修人应当承担赔偿责任。保修人与建筑物所有人或者发包人对建筑物毁损均有过错的，各自承担相应的责任。

【例题 10】 下列关于建设工程未经竣工验收，发包人擅自使用后又以使用部分质量不符合约定为由主张权利的说法，正确的是（　　）。

A. 发包人以装饰工程质量不符合约定主张索赔的，应予支持

B. 凡不符合合同约定或者验收规范的工程质量问题，承包人均应当承担责任

C. 承包人应当在工程的合理使用寿命内对地基基础和主体结构质量承担责任

D. 承包人的保修责任可以免除

【答案】 C

9.7.3 工期纠纷处理

1. 开工日期

当事人对建设工程开工日期有争议的，人民法院应当分别按照以下情形予以认定：

1）开工日期为发包人或者监理人发出的开工通知载明的开工日期；开工通知发出后，尚不具备开工条件的，以开工条件具备的时间为开工日期；因承包人原因导致开工时间推迟的，以开工通知载明的时间为开工日期。

2）承包人经发包人同意已经实际进场施工的，以实际进场施工时间为开工日期。

3）发包人或者监理人未发出开工通知，也无相关证据证明实际开工日期的，应当综合考虑开工报告、合同、施工许可证、竣工验收报告或者竣工验收备案表等载明的时间，并结合是否具备开工条件的事实，认定开工日期。

2. 实际竣工日期

当事人对建设工程实际竣工日期有争议的，人民法院应当分别按照以下情形予以认定：

1）建设工程经竣工验收合格的，以竣工验收合格之日为竣工日期。

2）承包人已经提交竣工验收报告，发包人拖延验收的，以承包人提交验收报告之日为竣工日期。

3）建设工程未经竣工验收，发包人擅自使用的，以转移占有建设工程之日为竣工日期。

【例题 11】 根据《新施工合同司法解释一》，建设工程承包人已经提交竣工验收报告，发包人拖延验收，双方对实际竣工日期发生争议，竣工日期为（　　）。

A. 承包人提交竣工验收报告之日

B. 竣工验收合格之日

C. 建设工程移交之日

D. 竣工验收报告载明的日期

【答案】 A

9.7.4　对计价方法的争议问题

在建设工程施工合同中，当事人双方会约定计价方法，这是发包人向承包人支付工程款的基础。合同双方对于计价方法产生纠纷，需要及时妥善解决。

1. 工程款结算的依据和标准

1）当事人对建设工程的计价标准或者计价方法有约定的，按照约定结算工程价款。因设计变更导致建设工程的工程量或者质量标准发生变化，当事人对该部分工程价款不能协商一致的，可以参照签订建设工程施工合同时当地建设行政主管部门发布的计价方法或者计价标准结算工程价款。建设工程施工合同有效，但建设工程经竣工验收不合格的工程价款结算参照《民法典》第七百九十三条规定处理。

2）当事人对工程量有争议的，按照施工过程中形成的签证等书面文件确认。承包人能够证明发包人同意其施工，但未能提供签证文件证明工程量发生的，可以按照当事人提供的其他证据确认实际发生的工程量。

3）当事人约定，发包人收到竣工结算文件后，在约定期限内不予答复，视为认可竣工结算文件的，按照约定处理。承包人请求按照竣工结算文件结算工程价款的，人民法院应予支持。

4）当事人约定按照固定价结算工程价款，一方当事人请求对建设工程造价进行鉴定的，不予支持。当事人在诉讼前已经对建设工程价款结算达成协议，诉讼中一方当事人申请对工程造价进行鉴定的，人民法院不予准许。

5）当事人签订的建设工程施工合同与招标文件、投标文件、中标通知书载明的工程范围、建设工期、工程质量、工程价款不一致，一方当事人请求将招标文件、投标文件、中标通知书作为结算工程价款的依据的，人民法院应予支持。

6）发包人将依法不属于必须招标的建设工程进行招标后，与承包人另行订立的建设工程施工合同背离中标合同的实质性内容，当事人请求以中标合同作为结算建设工程价款依据的，人民法院应予支持。

2. 工程欠款和垫资

（1）工程欠款及利息　发包人应按时足额支付工程款，发包人未按时足额支付工程款，则除支付工程款外，还应支付欠付工程款的利息。

当事人对欠付工程价款利息计付标准有约定的，按照约定处理。没有约定的，按照同期同类贷款利率或者同期贷款市场报价利率计息。

（2）工程垫资及利息　工程垫资是指承包人在合同签订后，利用自有资金或融资资金先进行施工，待工程施工到一定阶段或者工程全部完成后，由发包人再支付垫付的工程款。

1）当事人对垫资和垫资利息有约定，承包人请求按照约定返还垫资及其利息的，人民法院应予支持，但是约定的利息计算标准高于垫资时的同类贷款利率或者一年期贷款市场报价利率的部分除外。

2）当事人对垫资没有约定的，按照工程欠款处理。

3）当事人对垫资利息没有约定，视为不支付利息，承包人请求支付利息的，人民法院不予支持。

（3）计息日期　利息从应付工程价款之日计付。当事人对付款时间没有约定或者约定不明的，下列时间视为应付款时间：

1）建设工程已实际交付的，为交付之日。

2）建设工程没有交付的，为提交竣工结算文件之日。

3）建设工程未交付，工程价款也未结算的，为当事人起诉之日。

施工企业应该注意建设工程实际交付日期；如果建设工程没有交付的，应该特别注意提交竣工结算文件日期；如果建设工程既没有交付，工程价款也未结算的，施工企业应该尽快向人民法院提起民事诉讼，以维护自己的合法权益。

【例题 12】　根据《新施工合同司法解释一》，关于工程垫资处理的说法，正确的（　　）。

A. 当事人对垫资有约定的，按照工程欠款处理

B. 当事人对垫资没有约定的，按照借款纠纷处理

C. 当事人对垫资利息没有约定，承包人请求支付利息的，人民法院不予支持

D. 当事人对垫资利息有约定的，人民法院最高支持的垫资利息为同类贷款利率或者同期贷款市场报价利率的 4 倍

【答案】　C

【解析】　选项 D 错误，当事人对垫资和垫资利息有约定，承包人请求按照约定返还垫资及其利息的，人民法院应予支持，但是约定的利息计算标准高于垫资时的同类贷款利率或者同期贷款市场报价利率的部分除外。

选项 AB 错误，当事人对垫资没有约定的，按照工程欠款处理。

选项 C 正确，当事人对垫资利息没有约定，承包人请求支付利息的，人民法院不予支持。

9.7.5　建设工程价款优先受偿权

《民法典》第八百零七条规定，发包人未按照约定支付价款的，承包人可以催告发包人在合理期限内支付价款。发包人逾期不支付的，除根据建设工程的性质不宜折价、拍卖外，承包人可以与发包人协议将该工程折价，也可以请求人民法院将该工程依法拍卖。建设工程的价款就该工程折价或者拍卖的价款优先受偿。如果建设单位不及时支付工程款，则施工单位可以将建成的建设项目折价、拍卖并将所得占有。

1）承包人享有的建设工程价款优先受偿权优于抵押权和其他债权。

2）装饰装修工程具备折价或者拍卖条件，装饰装修工程的承包人请求工程价款就该装饰装修工程折价或者拍卖的价款优先受偿的，人民法院应予支持。

3）建设工程质量合格，承包人请求其承建工程的价款就工程折价或者拍卖的价款优先受偿的，人民法院应予支持。

未竣工的建设工程质量合格，承包人请求其承建工程的价款就其承建工程部分折价或者拍卖的价款优先受偿的，人民法院应予支持。

4）承包人建设工程价款优先受偿的范围依照国务院有关行政主管部门关于建设工程价款范围的规定确定。承包人就逾期支付建设工程价款的利息、违约金、损害赔偿金等主张优先受偿的，人民法院不予支持。

5）承包人应当在合理期限内行使建设工程价款优先受偿权，但最长不得超过十八个月，自发包人应当给付建设工程价款之日起算。

【例题13】　发包人和承包人在合同中约定垫资但没有约定垫资利息，后双方因垫资返还发生纠纷诉至法院。关于该垫资的说法，正确的是（　　）。

A. 法律规定禁止垫资，双方约定的垫资条款无效

B. 发包人应返还承包人垫资，但可以不支付利息

C. 双方约定的垫资条款有效，发包人应返还承包人垫资并支付利息

D. 垫资违反相关规定，应予以没收

【答案】　B

【例题14】　乙与甲订立建设工程施工合同，将某房屋建筑工程的施工发包给甲。工程竣工验收合格后，乙未按约定支付工程结算价款，经甲催告后，乙仍逾期未支付。关于甲拟主张建设工程价款优先受偿权的说法，正确的是（　　）。

A. 甲有权直接向乙主张建设工程优先受偿权

B. 甲主张优先受偿权的期限不得超过6个月

C. 甲行使优先受偿权自竣工验收合格之日起算

D. 甲主张优先受偿权的范围不包括逾期支付工程结算价款的利息

【答案】　D

【解析】　选项A错误。建设工程质量合格，承包人请求其承建工程的价款就工程折价或者拍卖的价款优先受偿的，人民法院应予支持。

选项BC错误，承包人应当在合理期限内行使建设工程价款优先受偿权，但最长不得超过18个月，自发包人应当给付建设工程价款之日起算。

选项D正确，承包人就逾期支付建设工程价款的利息、违约金、损害赔偿金等主张优先受偿的，人民法院不予支持。

典
型
案
例

【案例 9-1】

　　某建筑工程公司因施工工期紧迫，而事先未能与有关厂家签订好供货合同，造成施工过程中水泥短缺，急需 100t 水泥。于是，该建筑工程公司同时向甲水泥厂和乙水泥厂发信，信件中称："如贵厂有×××强度等级的水泥现货（袋装），吨价不超过 1600 元，请求接到信 10 天内发货 100t，货到付款，运费由供货方自行承担。"甲水泥厂接信当天回信，表示愿以吨价 1700 元发货 100t，并于第 3 天发货 100t 至该建筑工程公司，建筑工程公司于当天验收并接收了货物。乙水泥厂接到要货的信件后，积极准备货源，于接信后第 7 天，将 100t 袋装×××强度等级的水泥装车，直接送至该建筑工程公司，结果遭到对方的拒收。其理由是：本建筑工程仅需要 100t 水泥，至于给乙水泥厂发函，只是进行询问协商，不具有法律约束力。乙水泥厂不服，遂向人民法院提起了诉讼，要求依法处理。

　　【问题】

　　本案应如何处理？

　　【分析】

　　本案考查合同订立中的要约、承诺规则。本案中，某建筑工程公司发给乙水泥厂的信件中，对标的、数量、规格、价款、履行期、履行地点等有明确规定，应认为内容确定。而且从其内容中可以看出，一经乙水泥厂承诺，某建筑工程公司即受该意思表示约束，所以构成有效的要约。由于要约人某建筑工程公司未行使撤回权，则在其要约有效期内，某建筑工程公司应受其要约的约束。由于某建筑工程公司在其函电中要求受要约人在 10 天内直接发货，所以乙水泥厂在接到信件 7 天后发货的行为是以实际履行行为而对要约的承诺，因此可以认定在两当事人之间存在生效的合同关系。

　　由于某建筑工程公司与乙水泥厂的要约、承诺成立，两者之间存在有效的合同，则某建筑工程公司应履行其合同义务，其拒收乙水泥厂水泥的行为构成违约。

　　由于双方当事人没有约定违约金或损失赔偿额的计算方法，所以人民法院应根据实际情况确定损失赔偿额，其数额应相当于因某建筑工程公司违约给乙公司所造成的损失，包括合同履行后可以获得的利益，但不得超过某建筑工程公司在订立合同时应当预见到的因违反合同可能造成的损失。

【案例 9-2】

　　原告：××房地产开发有限公司（以下简称甲公司）

　　被告：××设计咨询有限责任公司（以下简称乙公司）

　　甲公司与乙公司签订了一份勘察设计合同，合同约定：乙公司为甲公司筹建中的商业大厦进行勘察、设计，按照国家颁布的收费标准支付勘察设计费；乙公司应按甲公司的设计标准、技术规范等勘察设计要求，进行测量和工程地质、水文地质等勘察设计工作，并在 1 月 9 日前向甲公司提交勘察成果资料和设计文件。合同还约定了双方的违约责任、争议的解决方式。甲公司同时与某施工企业签订了建设工程施工合同，在合同中规定了开工日期。不料，乙公司迟迟不能按约定的日期提交勘察设计文件，而原告已按建设工程施工合同的约定做好了开工准备，如期进驻施工场地。在甲公司的再三催促下，乙公司迟延 25 天提交勘察设计文件，此时原告已窝工 18 天。在施工期间，原告又发现设计图中的多处错误，不得不停工等候，甲公司请乙公司对设计图进行修改。某施工企业由于窝工、停工要求甲公司赔偿损失，否则不再继续施工。甲公司将乙公司诉至法院，要求乙公司赔偿损失。

【问题】

法院是否支持甲公司的诉讼要求，判决乙公司承担违约责任？

【分析】

《民法典合同编》规定，勘察、设计的质量不符合要求或者未按照期限提交勘察、设计文件拖延工期，造成发包人损失的，勘察人、设计人应当继续完善勘察、设计，减收或者免收勘察费、设计费并赔偿损失。

本案中，乙公司不仅没有按照合同的约定提交勘察、设计文件，致使甲公司的建设工期受到延误，而且勘察、设计的质量也不符合要求，致使原告因修改施工图而停工、窝工。乙公司的上述违约行为已给甲公司造成了经济损失，使甲公司的建设工期被延误，而且还赔偿某施工企业窝工、停工的损失。因此，乙公司应当承担免收或减收勘察、设计费并赔偿甲公司损失的责任。

【案例 9-3】

A 建筑公司挂靠于一资质较高的 B 建筑公司，以 B 建筑公司的名义承揽了一项工程，并与建设单位 C 公司签订了施工合同。但在施工过程中，由于 A 建筑公司的实际施工技术力量和管理能力都较差，造成了工程进度的延误和一些工程质量缺陷。C 公司以此为由，不予支付余下的工程款。A 建筑公司以 B 建筑公司名义将建设单位 C 公司告上了法庭。

【问题】

（1）A 建筑公司以 B 建筑公司的名义与建设单位 C 公司签订的施工合同是否有效？

（2）C 公司是否应当支付余下的工程款？

【分析】

（1）《新施工合同司法解释一》规定，承包人转包、违法分包建设工程或者没有资质的实际施工人借用有资质的建筑施工企业名义与他人签订建设工程施工合同的行为无效。A 建筑公司以 B 建筑公司名义与 C 公司签订的施工合同，是没有资质的实际施工人借用有资质的建筑施工企业名义签订的合同，属无效施工合同。

（2）C 公司是否应当支付余下的工程款要视该工程验收的结果而定。《民法典》第七百九十三条规定，建设工程施工合同无效，但是建设工程经验收合格的，可以参照合同关于工程价款的约定折价补偿承包人。建设工程施工合同无效，且建设工程经验收不合格的，按照以下情形处理：①修复后的建设工程经验收合格的，发包人可以请求承包人承担修复费用；②修复后的建设工程经验收不合格的，承包人无权请求参照合同关于工程价款的约定折价补偿。

【案例 9-4】

2023 年 3 月，甲公司与乙公司签订了建设工程合同，由乙公司承建甲公司的办公楼建设项目。为确保工程质量优良，甲公司与监理公司丙公司签订了工程监理合同。合同签订后，乙公司如期开工，但开工后不久，监理工程师发现乙公司施工现场管理混乱，遂要求乙公司立即予以整改。一个月后，监理公司发现工程存在严重质量问题，总监理工程师要求乙公司停止施工。

经过调查发现，原来乙公司与甲公司签订的建设工程合同的实际施工人为丁施工队。丁施工队是一支不具有资质的施工队，施工队挂靠在乙公司名下，乙公司收取 5% 的管理费，乙公司允许施工队借用自己的资质对外承接业务。甲公司认为乙公司违反诚实信用原则，主张合同无效。乙公司要求继续履行合同。甲公司坚持要求终止合同，协商不下，双方发生争议，诉至法院。

【问题】

该合同纠纷应如何处理？

【分析】

建设工程合同主体要求有具体规定，建设工程合同的承包人应具有承包工程施工资质。

《建筑法》规定，禁止建筑施工企业超越本企业施工资质等级许可的业务范围或者以任何形式用其他建筑施工企业的名义承揽工程。禁止建筑施工企业以任何形式允许其他单位或者个人使用本企业的资质证书、营业执照以及本企业的名义承揽工程。

《新施工合同司法解释一》第一条规定，承包人未取得建筑工程施工企业资质或者超越资质等级的，没有资质的实际施工人借用有资质的建筑施工企业名义的，建设工程施工合同无效。

上述案例签订的建设工程施工合同无效。法院经审理查明后认为，乙公司与丁施工队实为挂靠，乙公司出借营业执照和公章给丁施工队，其行为违反我国《建筑法》《民法典合同编》的相关规定，认定施工合同无效。

施工合同无效的处理依照《民法典》第七百九十三条的规定。

本章习题

一、单选题

1. 施工企业根据材料供应商寄送的价目表发出了一个建筑材料采购清单，后因故又发出加急通知取消了该采购清单。如果施工企业后发出的取消通知先于采购清单到达材料供应商处，则该取消通知从法律上称为（　　）。

A. 要约撤回　　　　B. 要约撤销　　　　C. 承诺撤回　　　　D. 承诺撤销

2. 施工单位向电梯生产公司订购两部 A 型电梯，并要求 5 日内交货。电梯生产公司回函表示如果延长一周可如约供货，电梯生产公司的回函属于（　　）。

    A. 要约邀请　　　　　B. 承诺　　　　　　C. 新要约　　　　　　D. 部分承诺

    3. 承包商为赶工期，向水泥厂发函紧急订购 500t 某强度等级的水泥，要求三日内运送至工地，并要求当日承诺。承包商的订购行为（　　）。

    A. 属于要约邀请，随时可以撤销

    B. 属于要约，在水泥运抵施工现场前可以撤回

    C. 属于要约，在水泥运抵施工现场前可以撤销

    D. 属于要约，而且不可撤销

    4. 水泥厂在承诺有效期内，对施工单位订购水泥的要约做出了完全同意的答复，则该水泥买卖合同成立的时间为（　　）。

    A. 施工单位订购水泥的要约到达水泥厂时

    B. 水泥厂的答复文件到达施工单位时

    C. 施工单位发出订购水泥的要约时

    D. 水泥厂发出答复文件时

    5. 某贸易公司与某建材供应商签订合同，约定供应商于合同签订后 7 日内将 3000t 钢筋运至某工地，向施工单位履行交货义务。合同签署后，供应商未按合同约定交货，则（　　）。

    A. 施工单位与贸易公司应共同向供应商追究违约责任

    B. 供应商应向施工单位承担违约责任

    C. 供应商应向贸易公司承担违约责任

    D. 施工单位与贸易公司均可向供应商追究违约责任

    6. 在施工合同履行过程中，当事人一方可以免除违约责任的情形是（　　）。

    A. 因为建设单位拖延提供设计图，导致建筑公司未能按合同约定时间开工

    B. 因为建筑公司自有设备损坏，导致工期拖延

    C. 因为发生洪灾，建筑公司无法在合同约定的工期内竣工

    D. 因为"三通一平"工期拖延，建设单位不能在合同约定的时间内提供施工场地

    7. 某施工合同因承包人重大误解而属于可撤销合同时，则下列表述错误的是（　　）。

    A. 承包人可申请法院撤销合同

    B. 承包人可放弃撤销权继续认可该合同

    C. 承包人放弃撤销权后发包人享有该权利

    D. 承包人享有撤销权而发包人不享有该权利

    8. 甲在受到欺诈的情况下与乙订立了合同，后经甲向人民法院申请，撤销了该合同，则该合同自（　　）起不发生法律效力。

    A. 人民法院决定撤销之日　　　　　　　　B. 合同订立时

    C. 人民法院受理请求之日　　　　　　　　D. 权利人知道可撤销之日

    9. 建设工程未经竣工验收，发包人擅自使用后，在建设工程的合理使用寿命内对地基基础工程和主体结构质量承担民事责任的主体是（　　）。

    A. 发包人　　　　　　B. 承包人　　　　　C. 监理单位　　　　　D. 实际施工人

    10. 甲公司与乙公司经协商达成买卖合同，双方均未加盖公章或签字。不久甲公司交货，乙公司收货后付款。乙公司在使用中发现货物质量有问题，遂诉至法院。下列表述中，正确的是（　　）。

    A. 合同无效，已履行部分双方返还

    B. 合同无效，但已履行部分双方不再返还

C. 合同未成立，已履行部分双方相互返还

D. 合同已成立，甲公司应承担违约责任

11. 某工程在 9 月 10 日发生了地震灾害迫使承包人停止施工。9 月 15 日发包人与承包人共同检查工程的损害程度，并一致认为损害程度严重，需要拆除重建。9 月 17 日发包人将依法单方解除合同的通知送达承包人，9 月 18 日发包人接到承包人同意解除合同的回复。该施工合同解除的时间应为 (　　　)。

A. 9 月 10 日　　　　　B. 9 月 15 日　　　　　C. 9 月 17 日　　　　　D. 9 月 18 日

12. 某发包人负责材料采购，欠供应商 100 万元。在工程实施过程中，为了筹措资金又将工程抵押给银行。工程竣工后，施工单位经多次催促，发包人始终无法支付结算价款，最后不得不向法院申请拍卖该工程。供应商和银行也起诉。在拍卖完成后，最先受偿的应是 (　　　)。

A. 甲材料供应商　　　　　　　　　B. 施工单位

C. 银行　　　　　　　　　　　　　D. 按生效判决先后确定

13. 发包人与承包人约定按照固定价结算工程款。因承包人投标报价时出现少算、漏项等情形导致亏损，承包人请求进行造价鉴定据实结算的，则人民法院对承包人的请求应 (　　　)。

A. 予以支持　　　　　　　　　　　B. 不予支持

C. 征求发包人的意见　　　　　　　D. 要求承包人提供证据

二、多选题

1. 行为人超越代理权以被代理人名义订立的合同，未经被代理人追认，其法律后果有 (　　　)。

A. 由行为人承担责任　　　　　　　B. 善意相对人有撤销的权利

C. 该代理行为有效　　　　　　　　D. 相对人应该相信行为人有代理权

E. 对被代理人不发生效力

2. 当事人一方可以解除合同的情形有 (　　　)。

A. 作为当事人一方的公民死亡

B. 由于不可抗力致使合同不能履行

C. 当事人一方延迟履行主要债务，经催告后在合理期限内仍未履行

D. 法定代表人变更

E. 当事人一方发生合并、分立

3. 甲施工企业与乙起重机厂签订了一份购置起重机的买卖合同，约定 4 月 1 日甲付给乙 100 万元预付款，5 月 12 日乙向甲交付两辆起重机。但到了 4 月 1 日，甲经调查发现乙已全面停产，经营状况严重恶化。此时甲可以 (　　　)，以维护自己的合法权益。

A. 行使同时履行抗辩权　　　　　　B. 终止合同

C. 中止履行合同并通知对方　　　　D. 请求对方提供适当担保

E. 转让合同

4. 关于违约金条款的适用，下列说法正确的有 (　　　)。

A. 约定的违约金低于造成的损失的，当事人可以请求人民法院或者仲裁机构予以增加

B. 违约方支付迟延履行违约金后，另一方仍有权要求其继续履行

C. 当事人既约定违约金，又约定定金，一方违约时，对方可以选择适用违约金条款或定金条款

D. 当事人既约定违约金，又约定定金，一方违约时，对方可以同时适用违约金条款及定金条款

E. 约定的违约金高于造成的损失的，当事人可以请求人民法院或者仲裁机构按实际损失金额调减

5. 工程施工合同履行过程中，建设单位迟延支付工程款，则施工单位要求建设单位承担违约责任的方式可以有 (　　　)。

A. 继续履行合同　　　　　　　　　B. 降低工程质量标准

C. 提高合同价款　　　　　　　　　D. 提前支付所有工程款

E. 支付逾期利息

6. 因不可抗力不能履行合同的当事人的义务包括（　　）。

A. 通知对方　　　　　B. 继续履行　　　　　C. 赔偿损失

D. 解除合同　　　　　E. 提供相关证明

7. 合同解除的法律后果包括（　　）。

A. 终止履行　　　　　B. 恢复原状　　　　　C. 采取补救措施

D. 赔偿损失　　　　　E. 财产收归国有

8. 施工单位与建设单位签订施工合同，双方没有约定付款时间，后因利息计算产生争议，则下列有关工程价款应支付日期的表述正确的有（　　）。

A. 建设工程没有交付的，为提交验收报告之日

B. 建设工程已实际交付的，为交付之日

C. 建设工程没有交付的，为提交竣工结算文件之日

D. 建设工程未交付，工程价款也未结算的，为人民法院判决之日

E. 建设工程未交付，工程价款也未结算的，为当事人起诉之日

第 9 章练习题

扫码进入小程序，完成答题即可获取答案

第**10**章

工程建设环境保护法律制度

本章提要及学习目标

环境保护法的基本制度、工程建设中各种环境污染情况的防治。

宣传环境保护基本国策，提高环保节能意识。

10.1 工程建设环境保护法律制度概述

10.1.1 环境保护的基本概念

环境保护是为了保证自然资源的合理开发利用，为防止环境污染和生态环境破坏，以协调人类与环境的关系，保障社会经济持续发展为目的而采取的行政管理、经济、法律、科学技术以及宣传教育各种措施和行动的总称。

工程项目建设既要消耗大量的自然资源，又要向自然界排放大量的废水、废气、废渣以及产生噪声等，也是造成环境问题的原因之一。因此，加强工程项目建设的环境保护管理是整个环境保护工作的基础之一。

10.1.2 环境保护法及相关法规

环境保护法是调整因保护环境和自然资源、防治污染和其他公害而产生的各种社会关系的法律规范的总称。《中华人民共和国环境保护法》（简称《环境保护法》），2014 年 4 月修订。目前，我国制定的与环境保护有关的法律还有《中华人民共和国环境影响评价法》（简称《环境影响评价法》）、《中华人民共和国水污染防治法》（简称《水污染防治法》）、《中华人民共和国大气污染防治法》（简称《大气污染防治法》）、《中华人民共和国噪声污染防治法》（简称《噪声污染防治法》）、《中华人民共和国固体废物污染环境防治法》（简称《固体废物污染环境防治法》）、《建设项目环境保护管理条例》和《建设项目竣工环境保护验收暂行办法》。这些法律、法规要求在建筑工程施工过程中必须遵守。

10.1.3 环境保护法的基本制度

1. 环境规划制度

环境规划制度是调整有关环境规划的编制、审批、实施等活动的实体和程序方面的法律规定的总称，是环境规划工作的制度化、法制化。

2. 环境标准制度

环境标准是对某些环境要素所做的统一的、法定的和技术的规定。环境标准用来规定环境保护技术工作，考核环境保护和污染防治的效果。我国的环境标准一般分为五大类：环境质量标准、污染物排放标准、环境基础标准、环境方法标准和环境样品标准。

3. 环境监测制度

环境监测制度是指依法从事环境监测的机构及其工作人员，运用物理、化学、生物等科学技术手段，对反映环境质量的各种物质和现象进行监督、测定的活动。

4. 环境影响评价制度

这个制度建立的目的在于预防因规划和建设项目实施后对环境造成的不良影响，促进经济、社会和环境的协调发展。环境影响评价制度是国家通过法定程序，以法律或规范性文件的形式确立的对环境影响评价活动进行规范的制度。

建设项目的环境影响评价文件未经法律规定的审批部门审查或者审查后未予批准的，该项目审批部门不得批准其建设，建设单位不得开工建设。

5. "三同时"制度

"三同时"制度是指各种建设工程项目中对环境有影响的一切基本建设项目、技术改造项目和区域开发项目，其中的环境保护设施必须与主体工程同时设计、同时施工、同时投产的制度。它是我国环境管理的基本制度之一，也是我国所独创的一项环境法律制度，同时还是控制新污染的产生，实现预防为主的一条重要途径。

6. 排污收费制度

排污收费制度是指政府环境保护行政主管部门依法对向环境排放污染物或超过国家标准排放污染物的单位和个人，按污染物种类、数量和浓度征收一定数额费用的制度。《中华人民共和国环境保护税法》于 2018 年 1 月 1 日起施行，依照该法规定征收环境保护税，不再征收排污费。

环境保护税的纳税人为在中华人民共和国领域和中华人民共和国管辖的其他海域，直接向环境排放应税污染物的企业事业单位和其他生产经营者。这表明：不直接向环境排放应税污染物的，不缴纳环境保护税；居民个人不属于环境保护税的纳税人，不用缴纳环境保护税。与排污费制度的征收对象相衔接，环境保护税的征税对象是大气污染物、水污染物、固体废物和噪声等四类应税污染物。

7. 生态环境损害赔偿制度

《民法典》明确规定生态环境损害赔偿责任，2022 年 4 月 26 日生态环境部联合公安部等相关部门印发了《生态环境损害赔偿管理规定》。生态环境损害是指因污染环境、破坏生态造成大气、地表水、地下水、土壤、森林等环境要素和植物、动物、微生物等生物要素的不利改变，以及上述要素构成的生态系统功能退化。违反国家规定造成生态环境损害的，按照《生态环境损害赔偿制度改革方案》和本规定要求，依法追究生态环境损害赔偿责任。

10.1.4　工程建设环境保护的相关规定

《建筑法》规定，建筑施工企业应当遵守有关环境保护和安全生产的法律、法规的规定，采取控制和处理施工现场的各种粉尘、废气、废水、固体废物以及噪声、振动对环境的污染和危害的措施。

《环境保护法》规定，对依法应当编制环境影响报告书的建设项目，建设单位应当在编制时向可能受影响的公众说明情况，充分征求意见。

负责审批建设项目环境影响评价文件的部门在收到建设项目环境影响报告书后，除涉及国家秘密和商业秘密的事项外，应当全文公开；发现建设项目未充分征求公众意见的，应当责成建设单位征求公众意见。

《建设项目环境保护管理条例》规定，建设产生污染的建设项目，必须遵守污染物排放的国家标准和地方标准；在实施重点污染物排放总量控制的区域内，还必须符合重点污染物排放总量控制的要求。工业建设项目应当采用能耗物耗小、污染物产生量少的清洁生产工艺，合理利用自然资源，防止环境污染和生态破坏。

《建设项目环境保护管理条例》还规定：

1）建设项目需要配套建设的环境保护设施，必须与主体工程同时设计、同时施工、同时投产使用。

2）建设项目的初步设计，应当按照环境保护设计规范的要求，编制环境保护篇章，落实防治环境污染和生态破坏的措施以及环境保护设施投资概算。

建设单位应当将环境保护设施建设纳入施工合同，保证环境保护设施建设进度和资金，并在项目建设过程中同时组织实施环境影响报告书、环境影响报告表及其审批部门审批决定中提出的环境保护对策措施。

3）编制环境影响报告书、环境影响报告表的建设项目竣工后，建设单位应当按照国务院环境保护行政主管部门规定的标准和程序，对配套建设的环境保护设施进行验收，编制验收报告。

建设单位在环境保护设施验收过程中，应当如实查验、监测、记载建设项目环境保护设施的建设和调试情况，不得弄虚作假。

除按照国家规定需要保密的情形外，建设单位应当依法向社会公开验收报告。

4）分期建设、分期投入生产或者使用的建设项目，其相应的环境保护设施应当分期验收。

5）编制环境影响报告书、环境影响报告表的建设项目，其配套建设的环境保护设施经验收合格，方可投入生产或者使用；未经验收或者验收不合格的，不得投入生产或者使用。

建设项目投入生产或者使用后，应当按照国务院环境保护行政主管部门的规定开展环境影响后评价。

10.1.5　工程建设环境保护的法律责任

1. 违反《环境保护法》的法律责任

1）企业事业单位和其他生产经营者违法排放污染物，受到罚款处罚，被责令改正，拒不改正的，依法做出处罚决定的行政机关可以自责令改正之日的次日起，按照原处罚数额按日连续处罚。

2）企业事业单位和其他生产经营者超过污染物排放标准或者超过重点污染物排放总量控制指标排放污染物的，县级以上人民政府环境保护主管部门可以责令其采取限制生产、停产整治等措施；情节严重的，报经有批准权的人民政府批准，责令停业、关闭。

3）建设单位未依法提交建设项目环境影响评价文件或者环境影响评价文件未经批准，擅自开工建设的，由负有环境保护监督管理职责的部门责令停止建设，处以罚款，并可以责令恢复原状。

4）企业事业单位和其他生产经营者有下列行为之一，尚不构成犯罪的，除依照有关法律法规规定予以处罚外，由县级以上人民政府环境保护主管部门或者其他有关部门将案件移送公安机关，对其直接负责的主管人员和其他直接责任人员，处十日以上十五日以下拘留；情节较轻的，处五日以上十日以下拘留：①建设项目未依法进行环境影响评价，被责令停止建设，拒不执行的；②违反法律规定，未取得排污许可证排放污染物，被责令停止排污，拒不执行的；③通过暗管、渗井、渗坑、灌注或者篡改、伪造监测数据，或者不正常运行防治污染设施等逃避监管的方式违法排放污染物的；④环境影响评价机构、环境监测机构以及从事环境监测设备和防治污染设施维护、运营的机构，在有关环境服务活动中弄虚作假，对造成的环境污染和生态破坏负有责任的，除依照有关法律法规规定予以处罚外，还应当与造成环境污染和生态破坏的其他责任者承担连带责任。

2. 违反《建设项目环境保护管理条例》的法律责任

1）建设单位有下列行为之一的，依照《环境影响评价法》的规定处罚：①建设项目环境影响报告书、环境影响报告表未依法报批或者报请重新审核，擅自开工建设；②建设项目环境影响报告书、环境影响报告表未经批准或者重新审核同意，擅自开工建设；③建设项目环境影响登记表未依法备案。

2）违反该条例规定，建设单位编制建设项目初步设计未落实防治环境污染和生态破坏的措施以及环境保护设施投资概算，未将环境保护设施建设纳入施工合同，或者未依法开展环境影响后评价的，由建设项目所在地县级以上环境保护行政主管部门责令限期改正，处5万元以上20万元以下的罚款；逾期不改正的，处20万元以上100万元以下的罚款。

违反该条例规定，建设单位在项目建设过程中未同时组织实施环境影响报告书、环境影响报告表及其审批部门审批决定中提出的环境保护对策措施的，由建设项目所在地县级以上环境保护行政主管部门责令限期改正，处20万元以上100万元以下的罚款；逾期不改正的，责令停止建设。

3）违反该条例规定，需要配套建设的环境保护设施未建成、未经验收或者验收不合格，建设项目即投入生产或者使用，或者在环境保护设施验收中弄虚作假的，由县级以上环境保护行政主管部门责令限期改正，处 20 万元以上 100 万元以下的罚款；逾期不改正的，处 100 万元以上 200 万元以下的罚款；对直接负责的主管人员和其他责任人员，处 5 万元以上 20 万元以下的罚款；造成重大环境污染或者生态破坏的，责令停止生产或者使用，或者报经有批准权的人民政府批准，责令关闭。

违反该条例规定，建设单位未依法向社会公开环境保护设施验收报告的，由县级以上环境保护行政主管部门责令公开，处 5 万元以上 20 万元以下的罚款，并予以公告。

10.2　建设项目环境保护专项法律规定

10.2.1　固体废物污染环境防治法律制度

《固体废物污染环境防治法》（2020 年 4 月修订）规定，任何单位和个人都应当采取措施，减少固体废物的产生量，促进固体废物的综合利用，降低固体废物的危害性。

1）产生、收集、贮存、运输、利用、处置固体废物的单位和个人，应当采取措施，防止或者减少固体废物对环境的污染，对所造成的环境污染依法承担责任。

2）建设产生、贮存、利用、处置固体废物的项目，应当依法进行环境影响评价，并遵守国家有关建设项目环境保护管理的规定。

建设项目的环境影响评价文件确定需要配套建设的固体废物污染环境防治设施，应当与主体工程同时设计、同时施工、同时投入使用。建设项目的初步设计，应当按照环境保护设计规范的要求，将固体废物污染环境防治内容纳入环境影响评价文件，落实防治固体废物污染环境和破坏生态的措施以及固体废物污染环境防治设施投资概算。

建设单位应当依照有关法律法规的规定，对配套建设的固体废物污染环境防治设施进行验收，编制验收报告，并向社会公开。

3）收集、贮存、运输、利用、处置固体废物的单位和其他生产经营者，应当加强对相关设施、设备和场所的管理和维护，保证其正常运行和使用。

4）产生、收集、贮存、运输、利用、处置固体废物的单位和其他生产经营者，应当采取防扬散、防流失、防渗漏或者其他防止污染环境的措施，不得擅自倾倒、堆放、丢弃、遗撒固体废物。

5）转移固体废物出省、自治区、直辖市行政区域贮存、处置的，应当向固体废物移出地的省、自治区、直辖市人民政府生态环境主管部门提出申请。移出地的省、自治区、直辖市人民政府生态环境主管部门应当商经接受地的省、自治区、直辖市人民政府生态环境主管部门同意后，方可批准转移该固体废物出省、自治区、直辖市行政区域。未经批准的，不得转移。

转移固体废物出省、自治区、直辖市行政区域利用的，应当报固体废物移出地的省、自治区、直辖市人民政府生态环境主管部门备案。移出地的省、自治区、直辖市人民政府生态环境主管部门应当将备案信息通报接受地的省、自治区、直辖市人民政府生态环境主管部门。

6）工程施工单位应当编制建筑垃圾处理方案，采取污染防治措施，并报县级以上地方人民政府环境卫生主管部门备案。

工程施工单位应当及时清运工程施工过程中产生的建筑垃圾等固体废物，并按照环境卫生主管部门的规定进行利用或者处置。

工程施工单位不得擅自倾倒、抛撒或者堆放工程施工过程中产生的建筑垃圾。

7）违反本法规定，有下列行为之一，由县级以上地方人民政府环境卫生主管部门责令改正，处以罚款，没收违法所得：

随意倾倒、抛撒、堆放或者焚烧生活垃圾的；擅自关闭、闲置或者拆除生活垃圾处理设施、场所的；工程施工单位未编制建筑垃圾处理方案报备案，或者未及时清运施工过程中产生的固体废物的；工程施工单位擅自倾倒、抛撒或者堆放工程施工过程中产生的建筑垃圾，或者未按照规定对施工过程中产生的固体废物进行利用或者处置的以及在运输过程中沿途丢弃、遗撒生活垃圾等行为。

8）施工现场固体废物的减量化和回收再利用。《绿色施工导则》（建质〔2007〕223号）规定，加强建筑垃圾的回收再利用，力争建筑垃圾的再利用和回收率达到30%，建筑物拆除产生的废弃物的再利用和回收率大于40%。对于碎石类、土石方类建筑垃圾，可采用地基填埋、铺路等方式提高再利用率，力争再利用率大于50%。

10.2.2 噪声污染防治法律制度

《噪声污染防治法》2021年12月公布，自2022年6月5日起施行。《中华人民共和国环境噪声污染防治法》同时废止。《噪声污染防治法》规定，新建、改建、扩建可能产生噪声污染的建设项目，应当依法进行环境影响评价。

1）建设项目的噪声污染防治设施应当与主体工程同时设计、同时施工、同时投产使用。

2）建设项目在投入生产或者使用之前，建设单位应当依照有关法律法规的规定，对配套建设的噪声污染防治设施进行验收，编制验收报告，并向社会公开。未经验收或者验收不合格的，该建设项目不得投入生产或者使用。

3）建设噪声敏感建筑物，应当符合民用建筑隔声设计相关标准要求，不符合标准要求的，不得通过验收、交付使用；在交通干线两侧、工业企业周边等地方建设噪声敏感建筑物，还应当按照规定间隔一定距离，并采取减少振动、降低噪声的措施。

4）建筑施工噪声污染防治。

① 建设单位应当按照规定将噪声污染防治费用列入工程造价，在施工合同中明确施工单位的噪声污染防治责任。

② 施工单位应当按照规定制定噪声污染防治实施方案，采取有效措施，减少振动、降低噪声。建设单位应当监督施工单位落实噪声污染防治实施方案。

③ 在噪声敏感建筑物集中区域施工作业，应当优先使用低噪声施工工艺和设备。

④ 在噪声敏感建筑物集中区域施工作业，建设单位应当按照国家规定，设置噪声自动监测系统，与监督管理部门联网，保存原始监测记录，对监测数据的真实性和准确性

负责。

⑤ 在噪声敏感建筑物集中区域，禁止夜间进行产生噪声的建筑施工作业，但抢修、抢险施工作业，因生产工艺要求或者其他特殊需要必须连续施工作业的除外。

⑥ 因特殊需要必须连续施工作业的，应当取得地方人民政府住房和城乡建设、生态环境主管部门或者地方人民政府指定的部门的证明，并在施工现场显著位置公示或者以其他方式公告附近居民。

⑦《建筑施工场界环境噪声排放标准》（GB 12523—2011）中规定，建筑施工过程中场界环境噪声不得超过规定的排放限值。建筑施工过程中场界环境噪声排放限值是昼间70dB（A）、夜间55dB（A），夜间噪声最大声级超过限值的幅度不得高于15dB（A）。昼间是指6:00 至22:00 之间的时段；夜间是指22:00 至次日6:00 之间的时段。

噪声敏感建筑物集中区域是指医疗区、文教科研区和以机关或者居民住宅为主的区域。噪声敏感建筑物是指医院、学校、机关、科研单位、住宅等需要保持安静的建筑物。

⑧ 法律责任。相在法律责任具体如下：

a. 违反本法规定，建设单位建设噪声敏感建筑物不符合民用建筑隔声设计相关标准要求的，由县级以上地方人民政府住房和城乡建设主管部门责令改正，处建设工程合同价款百分之二以上百分之四以下的罚款。

b. 违反本法规定，建设单位在噪声敏感建筑物禁止建设区域新建与航空无关的噪声敏感建筑物的，由地方人民政府指定的部门责令停止违法行为，处建设工程合同价款百分之二以上百分之十以下的罚款，并报经有批准权的人民政府批准，责令拆除。

c. 违反本法规定，在噪声敏感建筑物集中区域新建排放噪声的工业企业的，由生态环境主管部门责令停止违法行为，处十万元以上五十万元以下的罚款，并报经有批准权的人民政府批准，责令关闭。

d. 违反本法规定，在噪声敏感建筑物集中区域改建、扩建工业企业，未采取有效措施防止工业噪声污染的，由生态环境主管部门责令改正，处十万元以上五十万元以下的罚款；拒不改正的，报经有批准权的人民政府批准，责令关闭。

e. 违反本法规定，建设单位、施工单位有下列行为之一，由工程所在地人民政府指定的部门责令改正，处一万元以上十万元以下的罚款；拒不改正的，可以责令暂停施工：

超过噪声排放标准排放建筑施工噪声的；未按照规定取得证明，在噪声敏感建筑物集中区域夜间进行产生噪声的建筑施工作业。

f. 违反本法规定，有下列行为之一，由工程所在地人民政府指定的部门责令改正，处五千元以上五万元以下的罚款；拒不改正的，处五万元以上二十万元以下的罚款：

建设单位未按照规定将噪声污染防治费用列入工程造价的；施工单位未按照规定制定噪声污染防治实施方案，或者未采取有效措施减少振动、降低噪声的；在噪声敏感建筑物集中区域施工作业的建设单位未按照国家规定设置噪声自动监测系统，未与监督管理部门联网，或者未保存原始监测记录的；因特殊需要必须连续施工作业，建设单位未按照规定公告附近居民的。

【案例 10-1】

2023 年 4 月 19 日夜间 23 时，某市生态环境主管部门接到居民举报，某项目工地有夜间施工噪声存在扰民情况。执法人员立刻赶赴施工现场，并在施工场界进行了噪声测量。经现场勘查，施工噪声源主要是挖掘机施工作业噪声，施工场界噪声经测试为 72.4dB。通过调查，执法人员认为夜间施工作业既不属于抢修、抢险作业，也不属于因生产工艺要求必须进行的连续作业，并且没有有关主管部门出具的因特殊需要必须连续作业的证明。

【问题】

（1）施工单位的夜间施工作业行为是否合法？

（2）对施工单位夜间施工作业的行为应如何处理？

【分析】

（1）本案施工单位夜间施工作业的行为构成了噪声污染违法行为。《噪声污染防治法》规定，在城市市区噪声敏感建筑物集中区域内，禁止夜间进行产生环境噪声污染的建筑施工作业，但抢修、抢险作业和因生产工艺上要求或者特殊需要必须连续作业的除外。经执法人员核实，该施工单位夜间作业既不属于抢修、抢险作业，也不属于因生产工艺上要求必须进行的连续作业，并且没有有关主管部门出具的因特殊需要必须连续作业的证明。

经执法人员检测，施工场界噪声为 72.4dB，超过了《建筑施工场界环境噪声排放标准》（GB 12523—2011）关于夜间噪声限制 55dB 的标准。

（2）依据《噪声污染防治法》规定，在城市市区噪声敏感建筑物集中区域内，夜间进行禁止进行的产生环境噪声污染的建筑施工作业的，由工程所在地县级以上地方人民政府环境保护行政主管部门责令改正，可以并处罚款。据此，应由该市环境保护行政主管部门依法对该施工单位责令改正，可以并处罚款。

10.2.3 施工现场废气污染防治

建设项目大气污染的防治，《大气污染防治法》（2018 年 10 月修正）关于扬尘污染防治规定：

1）建设单位应当将防治扬尘污染的费用列入工程造价，并在施工承包合同中明确施工单位扬尘污染防治责任。施工单位应当制定具体的施工扬尘污染防治实施方案。

从事房屋建筑、市政基础设施建设、河道整治以及建筑物拆除等施工单位，应当向负责监督管理扬尘污染防治的主管部门备案。

施工单位应当在施工工地设置硬质围挡，并采取覆盖、分段作业、择时施工、洒水抑尘、冲洗地面和车辆等有效防尘降尘措施。建筑土方、工程渣土、建筑垃圾应当及时清运；在场地内堆存的，应当采用密闭式防尘网遮盖。工程渣土、建筑垃圾应当进行资源化处理。

施工单位应当在施工工地公示扬尘污染防治措施、负责人、扬尘监督管理主管部门等信息。

暂时不能开工的建设用地，建设单位应当对裸露地面进行覆盖；超过三个月的，应当进行绿化、铺装或者遮盖。

2）运输煤炭、垃圾、渣土、砂石、土方、灰浆等散装、流体物料的车辆应当采取密闭或者其他措施防止物料遗撒造成扬尘污染，并按照规定路线行驶。

装卸物料应当采取密闭或者喷淋等方式防治扬尘污染。

3）法律责任。相关法律责任具体如下：

施工单位有下列行为之一的，由县级以上人民政府住房城乡建设等主管部门按照职责责令改正，处一万元以上十万元以下的罚款；拒不改正的，责令停工整治：

① 施工工地未设置硬质围挡，或者未采取覆盖、分段作业、择时施工、洒水抑尘、冲洗地面和车辆等有效防尘降尘措施的。

② 建筑土方、工程渣土、建筑垃圾未及时清运，或者未采用密闭式防尘网遮盖的。

③ 建设单位未对暂时不能开工的建设用地的裸露地面进行覆盖，或者未对超过三个月不能开工的建设用地的裸露地面进行绿化、铺装或者遮盖的，由县级以上人民政府住房城乡建设等主管部门依照规定予以处罚。

④ 运输煤炭、垃圾、渣土、砂石、土方、灰浆等散装、流体物料的车辆，未采取密闭或者其他措施防止物料遗撒的，由县级以上地方人民政府确定的监督管理部门责令改正，处二千元以上二万元以下的罚款；拒不改正的，车辆不得上道路行驶。

⑤ 有下列行为之一的，由县级以上人民政府生态环境等主管部门按照职责责令改正，处一万元以上十万元以下的罚款；拒不改正的，责令停工整治或者停业整治：

未密闭煤炭、煤矸石、煤渣、煤灰、水泥、石灰、石膏、砂土等易产生扬尘的物料的；对不能密闭的易产生扬尘的物料，未设置不低于堆放物高度的严密围挡，或者未采取有效覆盖措施防治扬尘污染的；装卸物料未采取密闭或者喷淋等方式控制扬尘排放的。

10.2.4 水污染的防治

《水污染防治法》（2017 年修正）规定，新建、改建、扩建直接或者间接向水体排放污染物的建设项目和其他水上设施，应当依法进行环境影响评价。

禁止在饮用水水源一级保护区内新建、改建、扩建与供水设施和保护水源无关的建设项目；已建成的与供水设施和保护水源无关的建设项目，由县级以上人民政府责令拆除或者关闭。禁止在饮用水水源二级保护区内新建、改建、扩建排放污染物的建设项目；已建成的排放污染物的建设项目，由县级以上人民政府责令拆除或者关闭。

禁止在饮用水水源准保护区内新建、扩建对水体污染严重的建设项目；改建建设项目，不得增加排污量。

排放水污染物，不得超过国家或者地方规定的水污染物排放标准和重点水污染物排放总量控制指标。

违反本法规定，建设项目的水污染防治设施未建成、未经验收或者验收不合格，主体工程即投入生产或者使用的，由县级以上人民政府环境保护主管部门责令停止生产或者使用，直至验收合格，处五万元以上五十万元以下的罚款。

10.3　环境影响评价法律制度

《环境影响评价法》2018年修正。环境影响评价制度是指对规划和建设项目实施后可能造成的环境影响进行分析、预测和评估，提出预防或者减轻不良环境影响的对策和措施，进行跟踪监测的方法与制度。

国家根据建设项目对环境的影响程度，对建设项目的环境影响评价实行分类管理。

建设单位应当按照规定组织编制环境影响报告书、环境影响报告表或者填报环境影响登记表（以下统称环境影响评价文件）。

10.3.1　环境影响评价文件编制及审批

1）可能造成重大环境影响的，应当编制环境影响报告书，对产生的环境影响进行全面评价。

2）可能造成轻度环境影响的，应当编制环境影响报告表，对产生的环境影响进行分析或者专项评价。

3）对环境影响很小、不需要进行环境影响评价的，应当填报环境影响登记表。

除国家规定需要保密的情形外，对环境可能造成重大影响、应当编制环境影响报告书的建设项目，建设单位应当在报批建设项目环境影响报告书前，举行论证会、听证会，或者采取其他形式，征求有关单位、专家和公众的意见。

建设单位报批的环境影响报告书应当附具对有关单位、专家和公众的意见采纳或者不采纳的说明。建设项目的环境影响报告书、报告表，由建设单位按照国务院的规定报有审批权的生态环境主管部门审批。

建设项目的环境影响评价文件经批准后，建设项目的性质、规模、地点、采用的生产工艺或者防治污染、防止生态破坏的措施发生重大变动的，建设单位应当重新报批建设项目的环境影响评价文件。

建设项目的环境影响评价文件自批准之日起超过五年，方决定该项目开工建设的，其环境影响评价文件应当报原审批部门重新审核；原审批部门应当自收到建设项目环境影响评价文件之日起十日内，将审核意见书面通知建设单位。

建设项目的环境影响评价文件未依法经审批部门审查或者审查后未予批准的，建设单位不得开工建设。

建设项目在建设过程中，建设单位应当同时实施环境影响报告书、环境影响报告表以及环境影响评价文件审批部门审批意见中提出的环境保护对策措施。

在项目建设、运行过程中产生不符合经审批的环境影响评价文件的情形的，建设单位应当组织环境影响的后评价，采取改进措施，并报原环境影响评价文件审批部门和建设项目审批部门备案；原环境影响评价文件审批部门也可以责成建设单位进行环境影响的后评价，采取改进措施。

生态环境主管部门应当对建设项目投入生产或者使用后所产生的环境影响进行跟踪检

查，对造成严重环境污染或者生态破坏的，应当查清原因、查明责任。对属于建设项目环境影响报告书、环境影响报告表存在基础资料明显不实，内容存在重大缺陷、遗漏或者虚假，环境影响评价结论不正确或者不合理等严重质量问题的，依照本法规定追究建设单位及其相关责任人员和接受委托编制建设项目环境影响报告书、环境影响报告表的技术单位及其相关人员的法律责任。

10.3.2　工程建设项目环境影响的法律责任

建设单位未依法报批建设项目环境影响报告书、报告表，或者未依照《环境影响评价法》规定重新报批或者报请重新审核环境影响报告书、报告表，擅自开工建设的，由县级以上生态环境主管部门责令停止建设，根据违法情节和危害后果，处建设项目总投资额百分之一以上百分之五以下的罚款，并可以责令恢复原状；对建设单位直接负责的主管人员和其他直接责任人员，依法给予行政处分。

建设项目环境影响报告书、报告表未经批准或者未经原审批部门重新审核同意，建设单位擅自开工建设的，依照上述规定处罚、处分。

建设单位未依法备案建设项目环境影响登记表的，由县级以上生态环境主管部门责令备案，处五万元以下的罚款。

10.4　建设项目环境保护验收

为贯彻落实新修订的《建设项目环境保护管理条例》，规范建设项目竣工后建设单位自主开展环境保护验收的程序和标准，2017 年环境保护部制定了《建设项目竣工环境保护验收暂行办法》。该办法适用于编制环境影响报告书（表）并根据环保法律法规的规定由建设单位实施环境保护设施竣工验收的建设项目以及相关监督管理。

10.4.1　验收主体

建设单位是建设项目竣工环境保护验收的责任主体，应当按照该办法规定的程序和标准，组织对配套建设的环境保护设施进行验收，编制验收报告，公开相关信息，接受社会监督，确保建设项目需要配套建设的环境保护设施与主体工程同时投产或者使用，并对验收内容、结论和所公开信息的真实性、准确性和完整性负责，不得在验收过程中弄虚作假。

10.4.2　验收的程序和内容

1）建设项目竣工后，建设单位应当如实查验、监测、记载建设项目环境保护设施的建设和调试情况，编制验收监测（调查）报告。

建设单位不具备编制验收监测（调查）报告能力的，可以委托有能力的技术机构编制。建设单位对受委托的技术机构编制的验收监测（调查）报告结论负责。建设单位与受委托的技术机构之间的权利义务关系，以及受委托的技术机构应当承担的责任，可以通过合同形式约定。

2）需要对建设项目配套建设的环境保护设施进行调试的，建设单位应当确保调试期间污染物排放符合国家和地方有关污染物排放标准及排污许可等相关管理规定。

环境保护设施未与主体工程同时建成的，或者应当取得排污许可证但未取得的，建设单位不得对该建设项目环境保护设施进行调试。

3）验收监测（调查）报告编制完成后，建设单位应当根据验收监测（调查）报告结论，逐一检查是否存在该办法第八条所列验收不合格的情形，提出验收意见。存在问题的，建设单位应当进行整改，整改完成后方可提出验收意见。

验收意见包括工程建设基本情况、工程变动情况、环境保护设施落实情况、环境保护设施调试效果、工程建设对环境的影响、验收结论和后续要求等内容，验收结论应当明确该建设项目环境保护设施是否验收合格。

建设项目配套建设的环境保护设施经验收合格后，其主体工程方可投入生产或者使用；未经验收或者验收不合格的，不得投入生产或者使用。

4）建设项目环境保护设施存在下列情形之一的，建设单位不得提出验收合格的意见：

① 未按环境影响报告书（表）及其审批部门审批决定要求建成环境保护设施，或者环境保护设施不能与主体工程同时投产或者使用的。

② 污染物排放不符合国家和地方相关标准、环境影响报告书（表）及其审批部门审批决定或者重点污染物排放总量控制指标要求的。

③ 环境影响报告书（表）经批准后，该建设项目的性质、规模、地点、采用的生产工艺或者防治污染、防止生态破坏的措施发生重大变动，建设单位未重新报批环境影响报告书（表）或者环境影响报告书（表）未经批准的。

④ 建设过程中造成重大环境污染未治理完成，或者造成重大生态破坏未恢复的。

⑤ 纳入排污许可管理的建设项目，无证排污或者不按证排污的。

⑥ 分期建设、分期投入生产或者使用依法应当分期验收的建设项目，其分期建设、分期投入生产或者使用的环境保护设施防治环境污染和生态破坏的能力不能满足其相应主体工程需要的。

⑦ 建设单位因该建设项目违反国家和地方环境保护法律法规受到处罚，被责令改正，尚未改正完成的。

⑧验收报告的基础资料数据明显不实，内容存在重大缺项、遗漏，或者验收结论不明确、不合理的。

⑨ 其他环境保护法律法规规章等规定不得通过环境保护验收的。

5）除按照国家需要保密的情形外，建设单位应当通过其网站或其他便于公众知晓的方式，向社会公开下列信息：

建设项目配套建设的环境保护设施竣工后，公开竣工日期；对建设项目配套建设的环境保护设施进行调试前，公开调试的起止日期；验收报告编制完成后5个工作日内，公开验收报告，公示的期限不得少于20个工作日。

建设单位公开上述信息的同时，应当向所在地县级以上环境保护主管部门报送相关信息，并接受监督检查。

6）除需要取得排污许可证的水和大气污染防治设施外，其他环境保护设施的验收期限一般不超过 3 个月；需要对该类环境保护设施进行调试或者整改的，验收期限可以适当延期，但最长不超过 12 个月。

验收期限是指自建设项目环境保护设施竣工之日起至建设单位向社会公开验收报告之日止的时间。

验收报告公示期满后 5 个工作日内，建设单位应当登录全国建设项目竣工环境保护验收信息平台，填报建设项目基本信息、环境保护设施验收情况等相关信息，环境保护主管部门对上述信息予以公开。

建设单位应当将验收报告以及其他档案资料存档备查。

10.4.3　验收的监督检查

1）各级环境保护主管部门应当按照《建设项目环境保护事中事后监督管理办法（试行）》等规定，通过"双随机一公开"抽查制度，强化建设项目环境保护事中事后监督管理。要充分依托建设项目竣工环境保护验收信息平台，采取随机抽取检查对象和随机选派执法检查人员的方式，同时结合重点建设项目定点检查，对建设项目环境保护设施"三同时"落实情况、竣工验收等情况进行监督性检查，监督结果向社会公开。

2）需要配套建设的环境保护设施未建成、未经验收或者经验收不合格，建设项目已投入生产或者使用的，或者在验收中弄虚作假的，或者建设单位未依法向社会公开验收报告的，县级以上环境保护主管部门应当依照《建设项目环境保护管理条例》的规定予以处罚，并将建设项目有关环境违法信息及时记入诚信档案，及时向社会公开违法者名单。

3）相关地方政府或者政府部门承诺负责实施的环境保护对策措施未按时完成的，环境保护主管部门可以依照法律法规和有关规定采取约谈、综合督查等方式督促相关政府或者政府部门抓紧实施。

本章习题

一、单选题

1. 某施工单位在城市市区内进行夜间 23 点施工影响周围居民休息，市环保部门接到投诉后对施工现场噪声进行测量，确认场界噪声为 58dB（A）。环保部门的正确做法应是（　　）。

A. 向周围居民解释后可继续施工

B. 要求办理手续后继续施工

C. 要求施工单位增加补偿费

D. 责令立即停止施工

2. 根据《建筑施工场界环境噪声排放标准》（GB 12523—2011）规定，推土机在夜间施工时的施工噪声应控制在（　　）dB（A）以内。

A. 60　　　　　　　　B. 65　　　　　　　　C. 70　　　　　　　　D. 55

3. 根据《建筑施工场界环境噪声排放标准》（GB 12523—2011）规定，建筑施工过程中夜间施工的噪声排放限值是（　　），夜间施工时间是指（　　）。

A. 70dB（A），20点至次日6点

B. 60dB（A），22点至次日7点

C. 55dB（A），22点至次日6点

D. 55dB（A），20点至次日6点

4. 某施工单位在居民区内承建一施工项目，下列有关该施工项目的说法正确的是（　　　）。

A. 禁止夜间施工

B. 夜间24点前可以施工

C. 公告附近居民后，可以在夜间施工

D. 因特殊需要，取得主管部门证明并公告后可以施工

5. 根据《噪声污染防治法》，关于建设工程项目噪声污染防治的说法，正确的是（　　　）。

A. 噪声污染防治费用应当列入工程造价

B. 建设单位应当制定噪声污染防治实施方案

C. 监理单位应当落实噪声污染防治实施方案

D. 在施工合同中，应当明确建设单位的噪声污染防治责任

6. 可能造成重大环境影响的必须编制（　　　）。

A. 环境影响报告书   B. 环境影响报告表

C. 环境保护方案   D. 环境污染防治方案

二、简答题

1. 简述不同项目环境影响评价文件的编制要求。

2. 建筑施工噪声污染是如何规定的？

3. 违反《环境保护法》的法律责任有哪些？

4. 简述建设项目环境保护验收的主体和程序。

第**11**章

建设工程纠纷的解决方式及法律责任

本章提要及学习目标

建设工程纠纷的解决方式、仲裁和诉讼程序、建设工程法律责任。

增强学生的法制观念和法律意识。提升学生分析解决工程纠纷的能力，依法从事工程建设活动，维护合法权益。

建设工程纠纷是指在工程建设过程中，合同当事人之间及当事人与有关行政管理机关之间所产生的纠纷。就工程建设当事人与有关行政管理机关而言，其纠纷主要体现为工程当事人不服相关行政机关的处罚，进而产生的分歧。就工程建设当事人之间，其纠纷主要表现在合同履行上。

在工程建设的过程中，纠纷是普遍存在的，工程当事人和有关行政机关间的争议，主要通过行政复议和行政诉讼来解决。就工程当事人间的争议，主要的处理办法有和解、调解、争议评审、仲裁和诉讼。

11.1 建设工程纠纷的解决方式

11.1.1 和解

和解是指当事人在自愿互谅的基础上，就已经发生的争议进行协商并达成协议，自行解决争议的一种方式。

和解达成的协议不具有强制执行的效力。但是可以成为原合同的补充部分。当事人不按照和解达成的协议执行，另一方当事人不可以申请强制执行，但是可以追究其违约责任。

和解的应用很灵活，可以在多种情形下达成和解协议。

（1）诉讼前的和解　诉讼前的和解是指当事人之间就争议的事项，自愿达成协议、解决纠纷。

（2）诉讼中的和解　诉讼中的和解在法院做出判决前，当事人都可以进行。诉讼阶段的和解没有法律效力。当事人和解后，可以请求法院调解，制作调解书，经当事人签名盖章产生法律效力，从而结束全部或部分诉讼程序。

（3）执行中的和解　执行中的和解是在发生法律效力的民事判决、裁定后，法院在执行中，当事人互相协商，达成协议，解决双方的争执。

《中华人民共和国民事诉讼法》（简称《民事诉讼法》）规定，在执行中，双方当事人自行和解达成协议的，执行员应当将协议内容记入笔录，由双方当事人签名或者盖章。一方当事人不履行和解协议的，人民法院可以根据对方当事人的申请，恢复对原生效法律文书的执行。

（4）仲裁中的和解　《中华人民共和国仲裁法》（简称《仲裁法》）规定，当事人申请仲裁后，可以自行和解。

和解是双方当事人的自愿行为，不需要仲裁庭的参与。达成和解协议的，可以请求仲裁庭根据和解协议做出裁决书，也可以撤回仲裁申请。当事人达成和解协议，撤回仲裁申请后又反悔的，可以根据原仲裁协议重新申请仲裁。

【例题1】　和解（　　）进行。

A. 可以在民事纠纷的任何阶段　　　　　B. 只能在诉讼阶段

C. 只能在诉讼之前　　　　　　　　　　D. 只能在诉讼之后

【答案】　A

【例题2】　下列关于和解的说法，错误的是（　　　）。

A. 和解是当事人自行解决争议的一种方式

B. 当事人在申请仲裁或提起民事诉讼后仍然可以和解

C. 和解协议具有强制执行的效力

D. 和解可以发生在民事诉讼的任何阶段

【答案】　C

【解析】　和解达成的协调不具有强制执行力，性质上属当事人之间的约定，只相当于签订了一个补充协议。

11.1.2　调解

1. 调解的概念

调解是指第三人（调解人）应纠纷当事人的请求，依法或依合同约定，对双方当事人进行说服教育，居中调停，使其在互相谅解、互相让步的基础上解决其纠纷的一种途径。

和解与调解的区别在于：和解是当事人之间自愿协商，达成协议，没有第三人参加，而调解是在第三人主持下进行疏导、劝说，使之相互谅解，自愿达成协议。

2. 调解的形式

（1）民间调解　这类调解是指在当事人以外的第三人或组织的主持下，通过相互谅解，使纠纷得到解决的方式。民间调解达成的协议不具有强制约束力。

（2）行政调解　这类调解是指在有关行政机关的主持下，依据相关法律、行政法规、规章及政策，处理纠纷的方式。行政调解达成的协议也不具有强制约束力。

（3）法院调解　法院调解是人民法院对受理的民事案件、经济纠纷案件在双方当事人自愿的基础上进行的调解，法院调解书经双方当事人签收后，即具有法律效力，效力与判决书相同。调解未达成协议或者调解书送达前一方反悔的，人民法院应当及时判决。

（4）仲裁调解　仲裁调解是仲裁机构对受理的仲裁案件进行的调解。仲裁调解是指仲裁庭在做出裁决前进行调解的解决纠纷的方式。当事人自愿调解的，仲裁庭应当调解。仲裁调解达成协议，仲裁庭应当制作调解书或者根据协议的结果制作裁决书。调解书与裁决书具有同等法律效力，调解书经双方当事人签收后即发生法律效力。

> **【例题 3】**　下列纠纷解决途径中，可以获得具有强制执行效力的法律文书是（　　）。
>
> A. 诉讼　　　　　B. 法院调解　　　　C. 和解
>
> D. 行政调解　　　E. 仲裁
>
> **【答案】**　ABE

11.1.3　争议评审

1. 争议评审的概念

争议评审是指争议双方通过事前协商，选定独立公正的第三人对争议做出决定，并约定双方都愿意接受该决定约束的一种解决争议的程序。

争议评审是国际工程合同争议解决中出现的一种新的方式，其特点介于调解与仲裁之间，但与两者又有所不同，双方不愿和解、调解或者和解、调解不成的，可以将争议提请争议评审小组决定。

《中华人民共和国标准施工招标文件》（简称《标准施工招标文件》）中的"通用合同条款"的争议解决条款部分规定了争议评审内容，即当事人之间的争议在提交仲裁或者在诉讼前可以申请专家组成的评审组进行评审。

2. 争议评审解决争议方式的优点

1）技术专家的参与，处理方案符合实际。由于争议评审委员会成员都是具有施工和管理经验的技术专家，其处理结果更符合实际，有利于执行。

2）节省时间，解决争议便捷。争议评审委员会可以在工程施工期间直接在现场处理大量常见争议，避免了争议的拖延解决从而导致工期延误。

3）争议评审方式的成本比起仲裁和诉讼更便宜。不仅总费用较少，而且所花费用是由争议双方平均分摊的。

4）不妨碍再进行仲裁或诉讼。争议评审委员会的建议不具有终局性和约束力，如一方不执行争议评审小组决定的，另一方可根据合同相关条款申请仲裁或提起诉讼。

3.《建设工程施工合同（示范文本）》对争议评审的规定

（1）争议评审小组的确定　合同当事人可以共同选择一名或三名争议评审员，组成争议评审小组。除专用合同条款另有约定外，合同当事人应当自合同签订后28天内，或者争议发生后14天内，选定争议评审员。

选择一名争议评审员的，由合同当事人共同确定；选择三名争议评审员的，各自选定一名，第三名成员为首席争议评审员，由合同当事人共同确定或由合同当事人委托已选定的争议评审员共同确定，或由专用合同条款约定的评审机构指定第三名首席争议评审员。除专用合同条款另有约定外，评审员报酬由发包人和承包人各承担一半。

（2）争议评审小组的决定　合同当事人可在任何时间将与合同有关的任何争议共同提请争议评审小组进行评审。争议评审小组应秉持客观、公正原则，充分听取合同当事人的意见，依据相关法律、规范、标准、案例经验及商业惯例等，自收到争议评审申请报告后14天内做出书面决定，并说明理由。合同当事人可以在专用合同条款中对本项事项另行约定。

（3）争议评审小组决定的效力　发包人和承包人接受评审意见的，由监理人根据评审意见拟定执行协议。经争议双方签字后作为合同的补充文件，并遵照执行。发包人或承包人不接受评审意见，并要求提交仲裁或提起诉讼的，应在收到评审意见后的14天内将仲裁或起诉意向书面通知另一方，并抄送监理人。但在仲裁或诉讼结束前应暂按总监理工程师的确定执行。

任何一方当事人不接受争议评审小组决定或不履行争议评审小组决定的，双方可选择采用其他争议解决方式。一方不满意而不接受该建议，仍然可以再诉诸仲裁或诉讼。

11.1.4　仲裁

1. 仲裁的概念

仲裁是指发生争议的当事人（申请人与被申请人），根据其达成的仲裁协议，自愿将该争议提交中立的第三者（仲裁机构）进行裁判的争议解决的方式。仲裁也是解决民事纠纷的重要途径。由于仲裁本身的特点，在建设工程纠纷的解决过程中更是被广泛选用。仲裁可使纠纷解决得更及时、快捷、高效，也有利于争议双方继续合作。

《仲裁法》是调整和规范仲裁制度的基本法律，但《仲裁法》的调整范围仅限于民商事仲裁，即"平等主体的公民、法人和其他组织之间发生的合同纠纷和其他财产权纠纷"仲裁，劳动争议仲裁和农业承包合同纠纷仲裁不受《仲裁法》的调整。此外，根据《仲裁法》第三条的规定，下列纠纷不能仲裁：

1）婚姻、收养、监护、扶养、继承纠纷。

2）依法应当由行政机关处理的行政争议。

2. 仲裁的特点

作为一种解决财产权益纠纷的民间性裁判制度，仲裁既不同于解决同类争议的司法、行政途径，也不同于人民调解委员会的调解和当事人的自行和解。其具有以下特点：

（1）自愿性　当事人的自愿性是仲裁最突出的特点。仲裁以双方当事人的自愿为前提，即当事人之间的纠纷是否提交仲裁，交与谁仲裁，仲裁庭如何组成，由谁组成，以及仲裁的审理方式、开庭形式等都是在当事人自愿的基础上，由双方当事人协商确定的。因此，仲裁协议是当事人仲裁自愿的体现，没有仲裁协议，一方申请仲裁的，仲裁委员会不予受理。

（2）专业性　民商事纠纷往往涉及特殊的知识领域，会遇到许多复杂的法律、经济贸易和有关的技术性问题，故专家裁判更能体现专业权威性。因此，具有一定专业水平和能力的专家担任仲裁员，对当事人之间的纠纷进行裁决是仲裁公正性的重要保障。专家仲裁是民商事仲裁的重要特点之一。

（3）灵活性　由于仲裁充分体现当事人的意思自治，仲裁中的许多具体程序都是由当事人协商确定和选择的，因此与诉讼相比，仲裁程序更加灵活、更具弹性。

（4）保密性　仲裁以不公开审理为原则。有关的仲裁法律和仲裁规则也规定了仲裁员及仲裁秘书人员的保密义务。仲裁的保密性较强。

（5）快捷性　仲裁实行一裁终局制，仲裁裁决一经仲裁庭做出即发生法律效力。当事人就同一纠纷再申请仲裁或者向人民法院起诉的，仲裁委员会或者人民法院不予受理。这使当事人之间的纠纷能够迅速得以解决。

（6）经济性　时间上的快捷性使仲裁所需费用相对减少；仲裁一次裁决，所以仲裁费往往低于诉讼费；仲裁的自愿性、保密性使当事人之间通常没有激烈的对抗，且商业秘密不必公之于世，对当事人之间今后的商业机会影响较小。

（7）独立性　仲裁机构独立于行政机构，仲裁机构之间也无隶属关系。仲裁庭独立进行仲裁，不受任何机关、社会团体和个人的干涉，显示出最大的独立性。

3. 仲裁协议

仲裁协议是仲裁的前提，没有仲裁协议，就不存在有效的仲裁。

（1）仲裁协议的概念　仲裁协议是指当事人自愿将他们之间已经发生或者可能发生的争议提交仲裁解决的协议。

仲裁协议法律效力表现为以下几个方面：

1）对双方当事人的法律效力。仲裁协议是双方当事人就纠纷解决方式达成的一致意思表示。发生纠纷后，当事人只能通过向仲裁协议中所确定的仲裁机构申请仲裁的方式解决纠纷，而丧失了就该纠纷提起诉讼的权利。如果一方当事人违背仲裁协议就该争议起诉的，另一方当事人有权要求法院停止诉讼，法院也应当驳回当事人的起诉。

2）对法院的法律效力。有效的仲裁协议可以排除法院对订立了仲裁协议中的争议事项的司法管辖权。这是仲裁协议法律效力的重要体现。

3）对仲裁机构的效力。仲裁协议是仲裁委员会受理仲裁案件的依据。没有仲裁协议就没有仲裁机构对案件的管辖权。同时，仲裁机构的管辖权又受到仲裁协议的严格限制。仲裁庭只能对当事人在仲裁协议中约定的争议事项进行仲裁，而对仲裁协议约定范围之外的其他争议无权仲裁。

（2）仲裁协议的内容　合法有效的仲裁协议应当具备以下法定内容：

1）请求仲裁的意思表示。

2）仲裁事项。

3）选定的仲裁委员会。

4. 仲裁程序

仲裁程序即仲裁委员会对当事人提请仲裁的争议案件进行审理并做出仲裁裁决，以及当事人为解决争议案件进行仲裁活动所遵守的程序规定。

（1）申请与受理　当事人申请仲裁必须符合下列条件：①存在有效的仲裁协议；②有具体的仲裁请求、事实和理由；③属于仲裁委员会的受理范围。

当事人申请仲裁，应当向仲裁委员会递交仲裁协议、仲裁申请书及副本。

仲裁委员会收到仲裁申请书之日起五日内经审查认为符合受理条件的，应当受理，并通知当事人；认为不符合受理条件的，应当书面通知当事人不予受理，并说明理由。

（2）组成仲裁庭　仲裁庭是行使仲裁权的主体。在我国，仲裁庭的组成形式有两种，即合议仲裁庭和独任仲裁庭。仲裁庭的组成必须按照法定程序进行。

《仲裁法》规定，当事人约定由三名仲裁员组成仲裁庭的，应当各自选定或者各自委托仲裁委员会主任指定一名仲裁员，第三名仲裁员由当事人共同选定或者共同委托仲裁委员会主任指定。第三名仲裁员是首席仲裁员。

独任仲裁员应当由当事人共同选定或者共同委托仲裁委员会主任指定。当事人没有在规定期限内选定的，由仲裁委员会主任指定。

（3）仲裁审理　仲裁审理的主要任务是审查、核实证据，查明案件事实，分清是非责任，正确适用法律，确认当事人之间的权利义务关系，解决当事人之间的纠纷。

（4）仲裁和解、仲裁调解　仲裁和解是指仲裁当事人通过协商，自行解决已提交仲裁的争议事项的行为。《仲裁法》规定，当事人申请仲裁后，可以自行和解。当事人达成和解协议的，可以请求仲裁庭根据和解协议做出裁决书，也可以撤回仲裁申请。当事人撤回仲裁申请后反悔的，可以仍根据原仲裁协议申请仲裁。

仲裁调解是指在仲裁庭的主持下，仲裁当事人在自愿协商、互谅互让基础上达成协议，从而解决纠纷的一种制度。《仲裁法》规定，在做出裁决前可以先行调解。当事人自愿调解的，仲裁庭应当调解。调解不成的，应当及时做出裁决。

经仲裁庭调解，双方当事人达成协议的，仲裁庭应当制作调解书，经双方当事人签收后即发生法律效力。如果在调解书签收前当事人反悔的，仲裁庭应当及时做出裁决。仲裁庭除了可以制作仲裁调解书之外，也可以根据协议的结果制作裁决书。调解书与裁决书具有同等的法律效力，调解书经双方当事人签收后，即发生法律效力。

（5）仲裁裁决　仲裁裁决是由仲裁庭做出的具有强制执行效力的法律文书。仲裁裁决的做出标志着当事人之间的纠纷最终解决。

仲裁裁决是由仲裁庭做出的。独任仲裁庭审理的案件由独任仲裁员做出仲裁裁决；合议仲裁庭审理的案件由三名仲裁员集体做出仲裁裁决。当仲裁庭成员不能形成一致意见时，按多数仲裁员的意见做出仲裁裁决；在仲裁庭无法形成多数意见时，按首席仲裁员的意见做出裁决。

仲裁裁决从裁决书做出之日起发生法律效力。当事人不得就已经裁决的事项再行申请仲裁，也不得就此提起诉讼。仲裁裁决具有强制执行力。

（6）仲裁裁决的执行　在裁决履行期限内，若义务方不履行仲裁裁决，权利方可申请人民法院强制执行。按照《民事诉讼法》的规定，申请执行的期间为 2 年。

【例题 4】　关于仲裁的说法，正确的是（　　）。

A. 仲裁委员会隶属行政机关

B. 仲裁以公开审理为原则

C. 仲裁委员会由当事人协商确定

D. 仲裁裁决做出后可以上诉

【答案】　C

【例题 5】　关于我国仲裁基本制度，正确的是（　　）。

A. 当事人对仲裁不服的，可以提起诉讼

B. 当事人达成仲裁协议，一方向法院起诉的，人民法院不予受理

C. 当事人没有仲裁协议而申请仲裁的，仲裁委员会应当受理

D. 仲裁协议不能排除法院对案件的司法管辖权

【答案】　B

【解析】　选项 A 错误，仲裁一裁终局，当事人对仲裁不服的不能提起诉讼。选项 C、D 错误，有效的仲裁协议排除了法院对案件的司法管辖权。

【例题 6】　关于仲裁裁决的说法，正确的有（　　）。

A. 仲裁裁决应当根据仲裁员的意见做出，形不成多数意见的，由仲裁委员会讨论决定

B. 仲裁裁决没有强制执行力

C. 当事人可以请求仲裁庭根据双方的和解协议出具裁决书

D. 仲裁实行一裁终局，当事人不可以就已经裁决的事项再次申请仲裁

E. 仲裁裁决一经做出立即发生法律效力

【答案】　CDE

【例题 7】　某建设工程施工合同纠纷案件在仲裁过程中，首席仲裁员甲认为应裁决合同无效，仲裁员乙和仲裁员丙认为应裁决合同继续履行，则仲裁庭应（　　）做出裁决。

A. 重新组成仲裁庭经评议后　　　　　　B. 请示仲裁委员会主任并按其意见

C. 按乙和丙的意见　　　　　　　　　　D. 按甲的意见

【答案】　C

11.1.5 民事诉讼

1. 民事诉讼的概念

民事诉讼是指人民法院在当事人和其他诉讼参与人的参加下，以审理、裁判、执行等方式解决民事纠纷的活动。民事诉讼是以司法方式解决平等主体之间的纠纷，是由法院代表国家行使审判权解决民事争议的方式。民事诉讼是解决民事纠纷的最终方式，只要没有仲裁协议的民事纠纷最终都是可以通过民事诉讼解决的。

《民事诉讼法》是调整和规范法院和诉讼参与人的各种民事诉讼活动的基本法律。

诉讼参与人包括原告、被告、第三人、证人、鉴定人、勘验人等。

2. 民事诉讼的基本特点

与调解、仲裁这些非诉讼解决纠纷的方式相比，民事诉讼有如下特征：

（1）公权性　民事诉讼是由法院代表国家行使审判权解决民事争议。它既不同于群众自治组织性质的人民调解委员会以调解方式解决纠纷，也不同于由民间性质的仲裁委员会以仲裁方式解决纠纷。

（2）强制性　民事诉讼的强制性表现在案件的受理上和判决的执行上。调解、仲裁均建立在当事人自愿的基础上，只要有一方不愿意选择上述方式解决争议，调解、仲裁就无从进行。民事诉讼的特点是，只要原告起诉符合民事诉讼法规定的条件，无论被告是否愿意，诉讼均会发生。同时，若当事人不自动履行生效裁判所确定的义务，法院可以依法强制执行。

（3）程序性　民事诉讼是依照法定程序进行的诉讼活动，无论是法院还是当事人或者其他诉讼参与人，都应按照《民事诉讼法》设定的程序实施诉讼行为，违反诉讼程序常常会引起一定的法律后果。人民调解没有严格的程序规则，仲裁虽然需要按预先设定的程序进行，但其程序相当灵活，当事人对程序的选择权也较大。

3. 民事诉讼基本制度

（1）公开审判制度　公开审判制度是指人民法院审理民事案件，除法律规定的情况外，审判过程及结果应当向社会公开的制度。

（2）回避制度　回避制度是指为了保证案件的公正审判而要求与案件有一定利害关系的审判人员或其他有关人员不得参与本案的审理活动或诉讼活动的审判制度。

（3）合议制度　合议制度是指由3人以上单数人员组成合议庭，对民事案件进行集体审理和评议裁判的制度。合议庭评议案件，实行少数服从多数的原则。在民事诉讼过程中，除适用简易程序由审判员一人独任审判以外，均采用合议制度。

（4）两审终审制度　两审终审制度是指一个民事案件经过两级法院审理就宣告终结的制度。

4. 民事诉讼参加人

民事诉讼参加人包括当事人和诉讼代理人。

（1）当事人　当事人是指因民事权利和义务发生争议，以自己的名义进行诉讼，请求人民法院进行裁判的公民、法人或其他组织。民事诉讼当事人主要包括原告和被告。

（2）诉讼代理人　诉讼代理人是指根据法律规定或当事人的委托，在民事诉讼活动中为维护当事人的合法权益而代为进行诉讼活动的人。民事诉讼代理人可分为法定诉讼代理人与委托诉讼代理人。

5. 审判程序

审判程序是民事诉讼法规定的最为重要的内容，它是人民法院审理案件适用的程序，可以分为第一审程序、第二审程序。

起诉的条件如下：

1）原告是与本案有直接利害关系的公民、法人和其他组织。

2）有明确的被告。

3）有具体的诉讼请求、事实和理由。

4）属于人民法院受理民事诉讼的范围和受诉人民法院管辖的范围。

第二审程序又称为终审程序，是指民事诉讼当事人不服地方各级人民法院未生效的第一审裁判，在法定期限内向上级人民法院提起上诉，上一级人民法院对案件进行审理所适用的程序。第二审程序并不是每一个民事案件的必经程序，如果当事人在案件第一审过程中达成调解协议或者在上诉期内未提起上诉，第一审法院的裁判就发生法律效力，第二审程序也因无当事人的上诉而无从发生，当事人的上诉是第二审程序发生的前提。

我国实行两审终审制度，第二审法院对上诉案件做出裁判后，该裁判发生如下效力：

1）当事人不得再行上诉。

2）不得就同一诉讼标的，以同一事实和理由再行起诉。

3）对具有给付内容的裁判具有强制执行的效力。

6. 执行程序

申请强制执行应提交申请强制执行书，申请执行的期间为 2 年。

【例题 8】　关于和解的说法，正确的是（　　　）。

A. 和解只能在一审开庭审理前进行

B. 和解是民事纠纷的当事人在自愿互谅的基础上，就已经发生的争议进行协商、妥协与让步并达成协议，自行解决争议的一种方式

C. 和解不可以与仲裁诉讼程序相结合

D. 当事人自行达成的和解协议具有强制执行力

【答案】　B

【解析】　选项 A 错误，和解可以发生在诉前、诉中和执行中。选项 C 错误，仲裁诉讼程序均可和解。选项 D 错误，当事人自行达成的和解协议不具有强制执行力。

11.2　行政复议与行政诉讼

行政复议是指行政机关根据上级行政机关对下级行政机关的监督权，在当事人的申请和参加下，按照行政复议程序对具体行政行为进行合法性和适当性审查，并做出裁决解决行政

争议的活动。行政复议的基本法律依据是《中华人民共和国行政复议法》（简称《行政复议法》）。

行政诉讼是指人民法院应当事人的请求，通过审查行政行为合法性的方式，解决特定范围内行政争议的活动。行政诉讼的基本法律依据是《中华人民共和国行政诉讼法》（简称《行政诉讼法》）。行政诉讼和民事诉讼、刑事诉讼构成我国基本诉讼制度。

除法律、法规规定必须先申请行政复议的以外，行政纠纷当事人可以自由选择申请行政复议还是提起行政诉讼。行政纠纷当事人对行政复议决定不服的，除法律规定行政复议决定为最终裁决的以外，可以依照《行政诉讼法》的规定向人民法院提起行政诉讼。

与建设工程密切相关且容易引发争议的具体行政行为是行政许可和行政强制。

11.2.1 行政复议

1. 可以申请行政复议的事项

行政复议保护的是公民、法人或其他组织的合法权益。行政争议当事人认为行政机关的具体行政行为侵犯其合法权益的，有权依法提出行政复议申请。当事人可以申请复议的情形通常包括以下几个方面：

1）行政处罚，即当事人对行政机关做出的警告、罚款、没收违法所得、没收非法财物、责令停产停业、暂扣或者吊销许可证、暂扣或者吊销执照、行政拘留等行政处罚决定不服的。

2）行政强制措施，即当事人对行政机关做出的限制人身自由或者查封、扣押、冻结财产等行政强制措施决定不服的。

3）行政许可，包括当事人对行政机关做出的有关许可证、执照、资质证、资格证等证书变更、中止、撤销的决定不服的，以及当事人认为符合法定条件，申请行政机关颁发许可证、执照、资质证、资格证等证书，或者申请行政机关审批、登记等有关事项，行政机关没有依法办理的。

4）认为行政机关侵犯其合法的经营自主权的。

5）认为行政机关违法集资、征收财物、摊派费用或者违法要求履行其他义务的。

6）认为行政机关的其他具体行政行为侵犯其合法权益的。

2. 不得申请行政复议的事项

下列事项应按规定的纠纷处理方式解决，而不能提起行政复议：

1）行政机关的行政处分或者其他人事处理决定。当事人不服行政机关做出的行政处分的，应当依照有关法律、行政法规的规定提起申诉。

2）行政机关对民事纠纷做出的调解或者其他处理。当事人不服行政机关对民事纠纷做出的调解或者处理，如建设行政管理部门对有关建设工程合同争议进行的调解、劳动部门对劳动争议的调解、公安部门对治安争议的调解等，当事人应当依法申请仲裁，或者向法院提起民事诉讼。

3. 行政复议程序

根据《行政复议法》的有关规定，行政复议应当遵守如下程序规则：

（1）行政复议申请　当事人认为具体行政行为侵犯其合法权益的，可以自知道该具体行政行为之日起 60 日内提出行政复议申请，但法律规定的申请期限超过 60 日的除外。因不可抗力或者其他正当理由耽误法定申请期限的，申请期限自障碍消除之日起继续计算。

申请人对县级以上地方各级人民政府工作部门的具体行政行为不服的，申请人可以向该部门的本级人民政府申请行政复议，也可以向上一级主管部门申请行政复议。

【例题 9】　某企业对 H 市甲县环保局做出的罚款行为不服，可以向下列行政机关提起行政复议的有（　　）。

A. H 市环保局
B. H 市人民政府
C. 甲县环保局
D. 甲县人大常委会
E. 甲县人民政府

【答案】　AE

【解析】　对县级以上地方各级人民政府工作部门的具体行政行为不服的，由申请人选择，可以向该部门的本级人民政府申请行政复议，也可以向上一级主管部门申请行政复议。

（2）行政复议受理　行政复议机关收到复议申请后，应当在 5 日内进行审查。对不符合法律规定的行政复议申请，决定不予受理的，应书面告知申请人。行政复议期间具体行政行为不停止执行。但是，有下列情形之一的，可以停止执行：

1）被申请人认为需要停止执行的。

2）行政复议机关认为需要停止执行的。

3）申请人申请停止执行，行政复议机关认为其要求合理，决定停止执行的。

4）法律规定停止执行的。

（3）行政复议决定

1）具体行政行为认定事实清楚，证据确凿，适用法律正确，程序合法，内容适当的，决定维持。

2）被申请人不履行法定职责的，决定其在一定期限内履行。

3）具体行政行为有下列情形之一的，决定撤销、变更或者确认该具体行政行为违法。决定撤销或者确认该具体行政行为违法的，可以责令被申请人在一定期限内重新做出具体行政行为：①主要事实不清、证据不足的；②适用依据错误的；③违反法定程序的；④超越或者滥用职权的；⑤具体行政行为明显不当的。

4）被申请人不按照法律规定提出书面答复，不提交当初做出具体行政行为的证据、依据和其他材料的，视为该具体行政行为没有证据、依据，决定撤销该具体行政行为。

《行政复议法》还规定，申请人在申请行政复议时，可以一并提出行政赔偿请求。行政复议机关对于符合法律规定的赔偿要求，在做出行政复议决定时，应当同时决定被申请人依法给予赔偿。

除非法律另有规定，行政复议机关一般应当自受理申请之日起 60 目内做出行政复议决定。行政复议决定书一经送达，即发生法律效力。申请人不服行政复议决定的，除法律规定为最终裁决的行政复议决定外，可以根据《行政诉讼法》的规定，在法定期间内提起行政诉讼。

11.2.2　行政诉讼

行政诉讼是国家审判机关为解决行政争议，运用司法程序依法实施的整个诉讼行为及其过程。其包括第一审程序、第二审程序。

在行政诉讼的双方当事人中，行政诉讼的被告只能是行政管理中的管理方，即作为行政主体的行政机关和法律、法规授权的组织。行政诉讼的原告只能是行政管理中的相对方，即公民、法人或者其他组织。他们在行政管理活动中处于被管理者的地位。两者之间的关系是管理者与被管理者之间的从属性行政管理关系。但是，双方发生行政争议依法进入行政诉讼程序后，他们之间就由原来的从属性行政管理关系，转变为平等性的行政诉讼关系，成为行政诉讼的双方当事人。在整个诉讼过程中，原告与被告的诉讼法律地位是平等的。

1. 第一审程序

行政争议未经行政复议，当事人立即向法院提起行政诉讼的，除法律另有规定的外，应当在知道或者应当知道做出行政行为之日起 6 个月内起诉。经过行政复议但对行政复议决定不服而依法提起行政诉讼的，可以在收到行政复议决定书之日起 15 日内起诉，行政复议机关逾期不做复议决定的，除法律另有规定的外，申请人可以在行政复议期满之日起 15 日内起诉。

2. 第二审程序

第二审程序是人民法院对下级人民法院第一审案件所做出的判决、裁定在发生法律效力之前，基于当事人的上诉，依据事实和法律，对案件进行审理的程序。当事人不服人民法院第一审判决的，有权在判决书送达之日起 15 日内提起上诉，不服人民法院第一审裁定的，有权在裁定书送达之日起 10 日内提起上诉。逾期不提起上诉的，人民法院的第一审判决或者裁定发生法律效力。

第二审判决、裁定是终审判决、裁定。当事人对已经发生法律效力的行政判决、裁定，认为确有错误的，可以向上一级人民法院申请再审，但判决、裁定不停止执行。

3. 执行

当事人必须履行人民法院发生法律效力的判决、裁定、调解书。公民、法人或者其他组织拒绝履行判决、裁定、调解书的，行政机关或者第三人可以向第一审人民法院申请强制执行，或者由行政机关依法强制执行。

公民、法人或者其他组织对行政行为在法定期间不提起诉讼又不履行的，行政机关可以申请人民法院强制执行，或者依法强制执行。

11.3　建设工程法律责任

11.3.1　建设工程行政法律责任

行政法律责任是指有违反有关行政管理的法律规范的规定，但尚未构成犯罪的行为所依法应当承担的行政法律后果。行政法律责任主要包括行政处分和行政处罚。

1. 行政处分

行政处分是指国家机关、企事业单位和社会团体依据行政管理法规、规章、章程、纪律等，对其所属国家工作人员违法失职行为尚不构成犯罪的，依据法律、法规所规定的权限而给予的一种惩戒。

行政处分包括警告、记过、记大过、降级、撤职、开除等。

建筑行政法律责任中，关于行政处分主要包括以下情形：

1）在工程发包与承包中索贿、受贿、行贿，不构成犯罪的，对直接负责的主管人员和其他直接责任人员给予行政处分。

2）违反法律规定，对不具备相应资质等级条件的单位颁发该登记资质证书，不构成犯罪的，对直接负责的主管人员和其他直接责任人员给予行政处分。

3）负责颁发建筑工程施工许可证的部门及其工作人员，对不符合施工条件的建筑工程颁发施工许可证的；负责工程质量监督检查或者竣工验收的部门及其工作人员，对不合格的建筑工程出具质量合格文件或者按合格工程验收的，由上级机关责令改正，不构成犯罪的，对责任人员给予行政处分。

4）在招标投标活动中，任何单位违反法律规定干涉招标投标活动的，对单位直接负责的主管人员和其他直接责任人员依法给予行政处分。

5）依法必须进行招标的项目，不招标或规避招标的，招标人向他人泄漏可能影响公平竞争的有关情况的，招标人与投标人违反法律规定就实质性内容进行谈判的，招标人在评标委员会否决所有投标后自行确定中标人的，对单位直接负责的主管人员和其他直接责任人员依法给予行政处分。

6）对招标投标活动、建筑工程勘察、设计活动、建筑工程质量监督管理、建筑工程安全生产监督管理负有行政监督职责的国家机关工作人员徇私舞弊、滥用职权、玩忽职守，不构成犯罪的，依法给予行政处分。

2. 行政处罚

《中华人民共和国行政处罚法》（简称《行政处罚法》，2021 年 1 月修订）规定，行政处罚是指行政机关依法对违反行政管理秩序的公民、法人或者其他组织，予以惩戒的行为。行政处罚的种类为：①警告、通报批评；②罚款、没收违法所得、没收非法财物；③暂扣许可证件、降低资质等级、吊销许可证件；④限制开展生产经营活动、责令停产停业、责令关闭、限制从业；⑤行政拘留；⑥法律、行政法规规定的其他行政处罚。

《行政处罚法》还明确规定，公民、法人或者其他组织对行政机关所给予的行政处罚，享有陈述权、申辩权；对行政处罚不服的，有权依法申请行政复议或者提起行政诉讼。公民、法人或者其他组织因行政机关违法给予行政处罚造成损害的，有权依法提出赔偿要求。

行政处罚由具有行政处罚权的行政机关在法定职权范围内实施。限制人身自由的行政处罚只能由公安机关和法律规定的其他机关行使。

建设工程行政处罚的种类包括：警告，罚款，没收违法所得，降低资质等级，吊销资质证件书，责令停产停业等。具体处罚情形如下：

1）罚款。罚款是指强制违反建筑法规的行为人缴纳一定数额的货币的处罚。

可以处以罚款的情形：未取得施工许可证或者开工报告未经批准擅自施工的；建筑施工企业违反规定，对建筑安全事故隐患不采取措施予以消除的；建设单位违反规定，要求建筑设计单位或者建筑施工企业违反建筑工程质量、安全标准，降低工程质量的；建筑施工企业违反规定，不履行保修义务或者拖延履行保修义务的。

应当处以罚款的情形：

① 发包单位将工程发包给不具有相应资质等级的承包单位的，或者违反规定将建筑工程肢解发包的；超越本单位资质等级承揽工程的或者以欺骗手段取得资质证书的。

② 建筑施工企业转让、出借资质证书或者以其他方式允许他人以本企业的名义承揽工程的。

③ 承包单位将承包的工程转包的，或者违反规定进行分包的。

④ 在工程分包与承包中索贿、受贿、行贿，尚未构成犯罪的。

⑤ 工程监理单位与建设单位或者建筑施工企业串通，弄虚作假、降低工程质量的。

⑥ 涉及建筑主体或者承重结构变动的装修工程擅自施工的。

⑦ 建筑设计单位不按照建筑工程质量、安全标准进行设计的。

⑧ 建筑施工企业在施工中偷工减料的，使用不合格的建筑材料、建筑构配件和设备的，或者有其他不按照工程设计图或者施工技术标准施工的行为的。

2）没收违法所得。没收违法所得是指对违反建筑法规的行为人因其违法行为获得的财产，强制收归国有的处罚。

① 超越本单位资质等级承揽工程，或者未取得资质证书承揽工程，有违法所得的。

② 建筑施工企业转让、出借资质证书或者以其他方式允许他人以本企业的名义承揽工程，有违法所得的。

③ 承包单位将承包的工程转包，或者违反规定进行分包，有违法所得的。

④ 在工程分包与承包中索贿、受贿、行贿的。

⑤ 工程监理单位与建设单位或者建筑施工企业串通，弄虚作假、降低工程质量，有违法所得的；或者工程监理单位转让监理业务的。

⑥ 建筑设计单位不按照建筑工程质量、安全标准进行设计，有违法所得的。

3）责令停业整顿、降低资质等级、吊销资质证书：①责令停业整顿是指强制违反建筑法规的行为人停止生产经营活动，并要求其整顿的处罚；②降低资质等级是指对违反建筑法规的行为人剥夺其部分资格能力的处罚；③吊销资质证书是指对违反建筑法规的行为人剥夺其资格能力的处罚。

具体规定如下：

① 超越本单位资质等级承揽工程的，可以责令停业整顿，降低资质等级；情节严重的，吊销资质证书。

② 建筑施工企业转让、出借资质证书或者以其他方式允许他人以本企业的名义承揽工程的，可以责令停业整顿，降低资质等级；情节严重的，吊销资质证书。

③ 承包单位将承包的工程转包的，或者违反规定进行分包的，可以责令停业整顿，降低资质等级；情节严重的，吊销资质证书。

④ 在工程承包中行贿的承包单位，可以责令停业整顿，降低资质等级或者吊销资质证书。

⑤ 工程监理单位与建设单位或者建筑施工企业串通，弄虚作假、降低工程质量的，可以降低资质等级或者吊销资质证书；工程监理单位转让监理业务的，可以责令停业整顿，降低资质等级；情节严重的，吊销资质证书。

⑥ 建筑施工企业违反规定，对建筑安全事故隐患不采取措施予以消除，情节严重的，责令停业整顿，降低资质等级或者吊销资质证书。

⑦ 建筑设计单位不按照建筑工程质量、安全标准进行设计，造成工程质量事故的，责令停业整顿，降低资质等级或者吊销资质证书。

⑧ 建筑施工企业在施工中偷工减料，使用不合格的建筑材料、建筑构配件和建筑设备，或者有其他不按照工程设计图或者施工技术标准施工的行为，情节严重的，责令停业整顿，降低资质等级或者吊销资质证书。

【例题 10】　下列法律责任中，属于行政处罚的有（　　　）。

A. 降低资质等级　　　B. 罚金　　　　　　C. 记过

D. 没收财产　　　　　E. 罚款

【答案】　AE

11.3.2　建设工程民事法律责任

（1）民事法律责任的种类　民事法律责任是指由于违反民事法律、违约或者由于民法规定所应承担的一种法律责任。民事法律责任可以分为违约责任和侵权责任两类。

（2）承担建筑民事法律责任的方式　《民法典总则编》将承担民事责任的方式规定为：①停止侵害；②排除妨害；③消除危险；④返还财产；⑤恢复原状；⑥修理、重做、更换；⑦继续履行；⑧赔偿损失；⑨支付违约金；⑩消除影响，恢复名誉；⑪赔礼道歉。

承担建筑民事法律责任的情形主要包括以下几个方面：

1）建筑施工企业转让、出借资质证书或者以其他方式允许他人以本企业名义承揽工程，因该项承揽工程不符合规定的质量标准造成的损失，建筑施工企业与使用本企业名义的单位或者个人承担连带赔偿责任。

2）承包单位将承包的工程转包的，或者违反法律规定进行分包的，对因转包工程或者违法分包的工程不符合规定的质量标准造成的损失，承包单位与接受转包或者分包的单位承担连带赔偿责任。

3）工程监理单位与建设单位或者建筑施工企业串通，弄虚作假、降低工程质量造成损失的，工程监理单位与建设单位或者建筑施工企业承担连带赔偿责任。

4）违反法律规定，对涉及建筑主体或者承重结构变动的装修工程擅自施工，给他人造成损失的，承担赔偿责任。

5）建筑设计单位不按照建筑工程质量、安全标准进行设计，造成损失的，设计单位承担赔偿责任。

6）建筑施工企业在施工中偷工减料，使用不合格的建筑材料、建筑构配件和设备，或者有其他不按照工程设计图或者施工技术标准施工的行为，造成建筑工程质量不符合规定的质量标准的，负责返工、修理，并赔偿因此造成的损失。

7）建筑施工企业对在工程保修期内因屋顶、墙面渗漏、开裂等质量缺陷造成的损失，承担赔偿责任。

8）负责颁发建筑工程施工许可证的部门及其工作人员对不符合施工条件的建筑工程颁发施工许可证的，负责工程质量监督检查或者竣工验收的部门及其工作人员对不合格的建筑工程出具质量合格文件或者按合格工程验收，造成损失的，由该部门承担相应的赔偿责任。

9）在建筑物的合理使用寿命内，因建筑工程质量不合格受到损害的，受损害方有权向责任者要求赔偿。

10）工程监理单位不按照委托监理合同的约定履行监理义务，对应当监督检查的项目不检查或者不按规定检查，给建设单位造成损失的，应当承当相应的赔偿责任。工程监理单位与承包单位串通，为承包单位谋取非法利益，给建设单位造成损失的，应当与承包单位承担连带赔偿责任。

11）建筑施工企业应当在施工现场采取维护安全、防范危险、预防火灾等措施，有条件的，应当对施工现场实行封闭管理。施工现场对毗邻的建筑物、构筑物和特殊作业环境可能造成损害的，建筑施工企业应当采取安全防护措施。未采取相应措施的，对方有权要求消除危险，造成损失的，对方有权要求赔偿。

12）建设单位应当向建筑施工企业提供与施工现场有关的地下管线资料，建筑施工企业应当采取措施加以保护。否则，受损害方有权要求停止侵害，造成损失的，建筑施工企业应当承担赔偿责任。

13）建筑施工企业应当遵守有关环境保护和安全生产的法律、法规的规定，采取控制和处理施工现场的各种粉尘、废气、废水、固体废物，以及噪声、振动对环境的污染和危害的措施。未采取措施给他人造成损害的，受损害方有权要求停止侵害，造成损失的，建筑施工企业应当承担赔偿责任。

11.3.3 刑事法律责任

刑事法律责任是指犯罪主体因违反刑法规定，实施犯罪行为应承担的法律责任。

刑事法律责任的承担方式是刑罚。刑罚是刑法规定的由国家审判机关依法对犯罪分子适用的剥夺或限制其某种权益的最严厉的法律强制方法。

《中华人民共和国刑法》（简称《刑法》，2023 年 12 月修正）规定，刑罚分为主刑和附加刑。主刑的种类：①管制；②拘役；③有期徒刑；④无期徒刑；⑤死刑。附加刑的种类：①罚金；②剥夺政治权利；③没收财产；④驱逐出境。附加刑也可以独立适用。

1. 工程重大安全事故的刑事法律责任

工程重大安全事故罪是指建设单位、设计单位、施工单位、工程监理单位违反国家规定，降低工程质量标准，造成重大安全事故的行为。《刑法》规定，对直接责任人员处 5 年以下有期徒刑或者拘役，并处罚金；后果特别严重的，处 5 年以上 10 年以下有期徒刑，并处罚金。

2. 重大劳动安全事故的刑事法律责任

重大劳动安全事故罪是指工厂、矿山、林场、建筑企业或者其他企业、事业单位的劳动安全设施不符合国家规定，因而发生重大伤亡事故或者造成其他严重后果的。《刑法》规定，对直接负责的主管人员和其他直接责任人员，处 3 年以下有期徒刑或者拘役；情节特别恶劣的，处 3 年以上 7 年以下有期徒刑。

重大伤亡事故是指造成 3 人以上重伤或 1 人以上死亡的事故。其他严重后果主要是指造成重大经济损失，产生极坏的影响，引起单位职工强烈不满导致停工等。

3. 重大责任事故的刑事法律责任

《刑法》规定，责任人员在生产、作业中违反有关安全管理的规定，因而发生重大伤亡事故或者造成其他严重后果的，处 3 年以下有期徒刑或者拘役；情节特别恶劣的，处 3 年以上 7 年以下有期徒刑。强令他人违章冒险作业，或者明知存在重大事故隐患而不排除，因而发生重大伤亡事故或者造成其他严重后果的，处 5 年以下有期徒刑或者拘役；情节特别恶劣的，处 5 年以上有期徒刑。

4. 串通投标罪

《刑法》规定，投标人相互串通投标报价，损害招标人或者其他投标人利益，情节严重的，处 3 年以下有期徒刑或者拘役，并处或者单处罚金。投标人与招标人串通投标，损害国家、集体、公民的合法利益的，依照以上规定处罚。

典型案例

【案例 11-1】

被告人顾某（杭州市个体建筑工匠）在没有资质承建工业厂房的情况下，超越承建范围，与某搪瓷制品有限公司法定代表人签订协议，承建该公司的球磨车间。在施工过程中，被告人顾某违反规章制度，没有按照规定要求的施工图施工，且没有采取有效的安全防范措施，冒险作业，留下事故隐患。在工程施工的某一天，工人完成球磨车间西墙的砌筑后，在墙身顶部浇筑天沟时，由于墙身全部采用五斗一盖砌筑，且中间没有立柱或砖墩加固，天沟模板没有落地支撑，致使墙身失稳倒塌，造成工人高某被墙体压住而死亡、沈某等 3 人轻伤、韩某轻微伤的重大伤亡事故。

某法院审理认为，被告人顾某在无建筑资质的情况下承建工业厂房，超越承建范围，且在施工过程中违章作业，造成一起 1 人死亡、4 人受伤的重大伤亡事故，其行为已构成重大责任事故罪。法院同时考虑到被告人顾某在案发后认罪态度较好，且已对各受害人的经济损失进行了赔偿，确有悔罪表现等情节，依法做出如下判决：被告人顾某犯重大责任事故罪，判处有期徒刑 1 年，缓刑 1 年。

【问题】

重大责任事故罪及其处罚是如何规定的？

【分析】

我国《刑法》规定，在生产、作业中违反有关安全管理的规定，因而发生重大伤亡事故或者造成其他严重后果的，对直接责任人员处 3 年以下有期徒刑或者拘役，并处罚金；后果特别严重的，处 3 年以上 7 年以下有期徒刑，并处罚金。

重大责任事故罪的成立以行为人在生产、作业过程中违反规章制度或者强令工人违章冒险作业，发生了"重大伤亡事故"或者造成了"其他严重后果"为必备条件。本案中，被告人顾某在无建筑资质的情况下承建工业厂房，超越承建范围，且在施工过程中违章作业，造成一起 1 人死亡、4 人受伤的重大伤亡事故，其行为已构成重大责任事故罪，依法应受到刑事追究。

【案例 11-2】

某施工企业承接某高校实验楼的改造工程，后因工程款发生纠纷。施工企业按照合同的约定提起仲裁，索要其工程款。期间实验楼因规划要求已被拆除，很难通过造价鉴定对工程款数额做出认定。仲裁庭在审理期间主持调解。双方均接受调解结果，并当庭签署调解协议。

【问题】

(1) 当事人不愿调解的，仲裁庭可否强制调解？

(2) 仲裁庭调解不成的应该怎么办？

(3) 调解书的法律效力如何？

(4) 调解书何时发生法律效力？

【分析】

(1)《仲裁法》规定，仲裁庭在做出裁决前，可以先行调解。当事人自愿调解的，仲裁庭应当调解。但是，仲裁庭不能强行调解。

(2) 按照《仲裁法》的规定，调解不成的，应当及时做出裁决。

(3)《仲裁法》规定，调解达成协议的，仲裁庭应当制作调解书或者根据协议的结果制作裁决书。调解书与裁决书具有同等法律效力。

(4) 按照《仲裁法》的规定，调解书经双方当事人签收后，即发生法律效力。

【案例 11-3】

2021 年 4 月，某市第一中学与某建筑公司签订了一份建筑工程承包合同。该合同约定由建筑公司为第一中学建一幢教学楼。合同规定第一中学提供建筑材料技术指标，施工单位负责采购建筑材料，竣工验收合格后交付第一中学使用。合同还约定，若验收后 6 个月内发生较大质量问题，由建筑公司修复。2022 年 5 月，教学楼竣工，双方进行验收，第一中学发现该楼的第三层承重墙墙体裂缝较多，要求修复。建筑公司认为此问题不存在安全隐患，以不影响使用为由拒绝修复。双方协商不成，未进行验收。2 个月后，第一中学发现裂缝越来越多，并认为此工程质量低劣，系危险用房不能使用，要求建筑公司拆掉第三层承重墙重建。建筑公司提出出现裂缝属于建筑材料质量问题，与施工技术无关。因双方分歧较大，第一中学以建筑工程质量不符合合同规定为由，向法院提起诉讼，要求将教学楼第三层和第四层拆除重建，并赔偿相应的损失。

【问题】

法院应如何判决？

【分析】

本案中，建筑公司对工程质量问题应该承担责任。第一中学有充分的法律依据要求该公司拆除所建教学楼有质量问题的第三层和第四层，并进行重建。《民法典》合同编规定，因施工人的原因致使建筑工程质量不符合约定的，发包人有权要求施工人在合理期限内无偿修理或者返工、改建。经过修理或者返工、改建后，造成逾期交付的，施工人应当承担违约责任。因此，因建设工程质量不符合约定而承担违约责任的前提必须是因施工人自己的原因造成质量不符合约定。因为建设工程质量不符合约定的原因可能是多方面的，既可能是施工人的责任，也可能是不可抗力，还可能是发包人的责任。只有当工程质量不符合约定是由于施工人的原因造成的，施工人才承担相应的违约责任。

因建筑公司原因返工重建后逾期交付的，还应承担违约责任。在因施工人的原因造成工程质量不符合约定时，发包人有权请求施工人在合理期限内修理或者返工、改建。同时依据《建筑法》的规定，建筑施工企业在施工中偷工减料的，使用不合格的建筑材料、建筑构配件和设备的，或者有其他不按照工程设计图或者施工技术标准施工的行为的，责令改正，处以罚款；情节严重的，责令停业整顿，降低资质等级或者吊销资质证书。

本章习题

一、单选题

1. 甲、乙双方因施工合同纠纷，经仲裁机构裁决乙方应承担责任，然而乙方拒不履行生效裁决。根据《仲裁法》规定，甲方可以（　　）。

A. 向法院申请撤销裁决

B. 向人民法院起诉

C. 向上级仲裁机构申诉

D. 向人民法院申请执行

2. 某地建设行政主管部门检查某施工企业的施工工地，发现该施工企业没有按照施工现场管理规定设置围挡，依法责令其停止施工。该建设行政主管部门对该施工企业采取的行政行为属于（　　）。

A. 行政处罚

B. 行政裁决

C. 行政处分

D. 行政强制

3. 甲、乙双方因工程施工合同发生纠纷，甲公司向法院提起了民事诉讼。经审理，在法院的主持下，双方达成了调解协议，法院制作了调解书并送达了双方当事人。双方签收后，乙公司又反悔，则下列说法正确的是（　　）。

A. 甲公司可以向人民法院申请强制执行

B. 人民法院应当根据调解书进行判决

C. 人民法院应当认定调解书无效并及时判决

D. 人民法院应当认定调解书无效并重新进行调解

4. 民事法律责任的承担方式中不包括（　　）。

A. 恢复原状　　　B. 消除危险　　　C. 赔礼道歉　　　D. 没收财产

5. 行政法律责任的承担方式包括行政处罚和（　　）。

A. 行政复议　　　　　B. 行政处分　　　　　C. 行政赔偿　　　　　D. 行政许可

6. 甲、乙两公司欲签订一份仲裁协议，仲裁协议的内容可以不包括（　　　）。

A. 选定的仲裁委员会　　　　　　　　B. 仲裁事项

C. 双方不到法院起诉的承诺　　　　　D. 请求仲裁的意思表示

7. 建设单位在施工合同履行中未能按约定付款，由此可能承担的法律责任是（　　　）。

A. 警告　　　　　B. 支付违约金　　　　　C. 罚款　　　　　D. 赔礼道歉

8. 下列关于我国仲裁基本制度的表述错误的是（　　　）。

A. 仲裁实行一裁终局的制度

B. 当事人没有仲裁协议而申请仲裁的，仲裁委员会应当受理

C. 当事人达成有效仲裁协议，一方向人民法院起诉的，人民法院不予受理

D. 有效的仲裁协议可以排除法院对案件的司法管辖权

二、多选题

1. 对市建设行政主管部门做出的具体行政行为，当事人不服，可以向（　　　）申请行政复议。

A. 市建设行政主管部门　　　　　　　B. 市人民政府

C. 省级建设行政主管部门　　　　　　D. 省级人民政府

E. 国务院建设行政主管部门

2. 建设单位因监理单位未按监理合同履行义务而受到损失，欲提起诉讼，则必须满足的条件有（　　　）。

A. 有具体的诉讼请求　　　　　　　　B. 有事实和理由

C. 有充分的证据　　　　　　　　　　D. 没有超过诉讼时效期间

E. 属于受诉法院管辖

3. 在仲裁过程中，调解是解决双方争议的有效方法。下列说法错误的是（　　　）。

A. 仲裁庭在做出裁决前，必须先行调解

B. 调解不成的，应当及时做出裁决

C. 调解达成协议的，仲裁庭只能制作调解书

D. 调解书不具有强制执行力

E. 在调解书签收前当事人反悔的，仲裁庭应当及时做出裁决

4. 仲裁和诉讼都是解决纠纷的方式，与诉讼相比，仲裁具有的特点有（　　　）。

A. 当事人对仲裁庭的组成有权选定；诉讼中审判庭人员是由法院指定的

B. 仲裁是基于当事人的协议授权；诉讼的基础是国家权力

C. 仲裁制度是基于当事人的协议授权，可以自由选择仲裁委员会；诉讼制度实行强制管辖，当事人不能随意选择管辖法院

D. 仲裁制度一次裁决即终局；诉讼实行两审终审制

E. 仲裁裁决的效力低于诉讼判决

第 11 章练习题

扫码进入小程序，完成答题即可获取答案

参考文献

［1］朱宏亮. 建设法规教程［M］. 2 版. 北京：中国建筑工业出版社，2023.

［2］马楠. 建设法规与典型案例分析［M］. 北京：机械工业出版社，2023.

［3］代春泉. 建设法规［M］. 北京：化学工业出版社，2022.

［4］王晓琴. 建设法规［M］. 武汉：武汉理工大学出版社，2021.

［5］全国一级建造师执业资格考试用书编写委员会. 建设工程法规及相关知识［M］. 北京：中国建筑工业出版社，2024.

［6］住房和城乡建设部高等学校土建学科教学指导委员会. 建设法规教程［M］. 4 版. 北京：中国建筑工业出版社，2022.

［7］刘文峰. 建设法规教程［M］. 北京：中国建材工业出版社，2020.

［8］李永军. 合同法［M］. 北京：中国人民大学出版社，2020.

［9］杜月秋. 民法典条文对照与重点解读［M］. 北京：法律出版社，2020.

［10］何红锋. 建设法规教程［M］. 4 版. 北京：中国建筑工业出版社，2022.